境外投资

规则与案例

龚柏华　伍穗龙◎主编

美国卷

CHINA'S INVESTMENT INTO U.S.A.

Rules and Cases

上海人民出版社

序

《境外投资：规则与案例（美国卷）》是“境外投资：规则与案例”系列丛书之一。本卷编写分两部分。第一部分对美国涉及来自境外投资的相关法律法规进行归纳介绍。这部分主要归纳介绍了美国涉及来自境外投资的国家安全审查法律、反垄断法律和境外投资在美国上市法律。需要说明的是，上述法律有的有专门针对来自境外投资的规定，有的是内外资不作区分规定的。为了保持各章风格一致及便于叙述，本书一并将之称为有关来自境外投资的法律。

第二部分是美国涉华投资的争端案例。这部分收集的7个案例，是美国法院或行政机构涉及来自中国投资者争议的典型案例。其中有中国投资者胜诉的案例，也有中国投资者败诉的案例，还有双方调解妥协的案例。由于美国采取判例法制度，这些判例对今后中国投资者在美国从事投资活动有着直接的借鉴或警示意义。这些判例中涉及的法律问题分析对相关涉外法律学术研究或涉外法务实践都有一定的参考价值。本书可以作为国际经济法、涉外经贸法等教学的参考资料。由于部分判例可能处于动态发展中，本书描述信息可能会有滞后或遗漏，提请读者注意。

本书得以完成受惠于多方面的支持或帮助。上海WTO事务咨询中心新老领导班子一贯支持基础案例研究，并提供了优良的研究环境和出版资助。上海人民出版社及本书责任编辑默默奉献，才使得本书能够付梓出版。本书也是2020年度教育部哲学社会科学研究重大课题攻关项目“境外投资重大问题研究”（20JZD08）阶段性成果。

最后，要特别感谢参加本书撰写、编写、校对或提供其他帮助的人员，包括但不限于以下人员：林惠玲，梅盛军，杨思远，施时栩，丁伯涛，龚娜，尹红，刘思嘉，秦逸冰。

欢迎读者对本书提供反馈意见。

龚柏华　伍

2023年

目　　录

第一部分　美国有关来自境外投资的法律规定

第二部分　美国涉华投资的争端案例

附　相关法规（英文原文）

第一部分

美国有关来自境外投资的法律规定

第一章　美国有关来自境外投资国家安全审查法律

国际投资监管中的国家安全审查制度，指的是一国相关国家机关，根据程序性规定，依据一定的审查标准，就外国投资者对本国投资（主要包括设立、并购、收购及互换等投资方式）可能影响国家安全利益进行审查的一种审查制度。其作为国际投资监管的重要模式，在外国投资监管法律制度中占据重要地位。从实践经验来看，由于国家安全审查所涉及的考虑因素的相对主观性，以及国家安全概念内涵与外延的模糊性与非穷尽性导致国家安全审查与“开放投资”始终存在一个彼此如何平衡的问题。

随着中国海外投资金额及数量的增多，中国企业赴美投资遭遇国家安全审查的数量也与日俱增。从 1991 年中国航空技术进出口总公司收购美国 MAMCO 公司被美国外国投资委员会以国家安全为由驳回以来，中国企业在美投资正面临着越来越大的投资安全审查压力。投资并购国家安全审查内容的不公开性、国家安全判断标准的自我决断性，使得中国投资者在此领域似乎无所适从。充分了解美国有关外资国家安全审查法律规则体系，对于更好地促进中国企业赴美投资具有重大的理论与现实意义。

第一节　美国有关外资并购的国家安全审查制度

美国作为第二次世界大战后唯一的超级经济大国，其外资并购国家安全审查制度具备设立早、体系全、配套完善等特征。针对在美国的并购投资，美国从 1950 年《国防生产法》第 721 节首次确立外员国家安全审查制度以来，一直在根据国际地缘政治和国内形势的发展完善其外资国家安全审查制度。美国的外资国家安全审查制度较为完备，对负责审查的相关部门、审查标准及审查程序等方面均作出了详细的规定。主要涉及审查主体、审查对象、审查标准及审查程序四个大类方面内容。

一、审查主体

在外资国家安全审查的主体方面，美国外国投资委员会（CFIUS）是美国外国投资国家安全审查的主体，主要职能是对可能影响美国国家安全的外国投资交易进行审查。该机构自 1975 年基于福特总统的行政命令成立以来，其组成历经多次修改。1988 年《埃克森—佛罗里奥修正案》将其地位法律化，并形成当前建制。

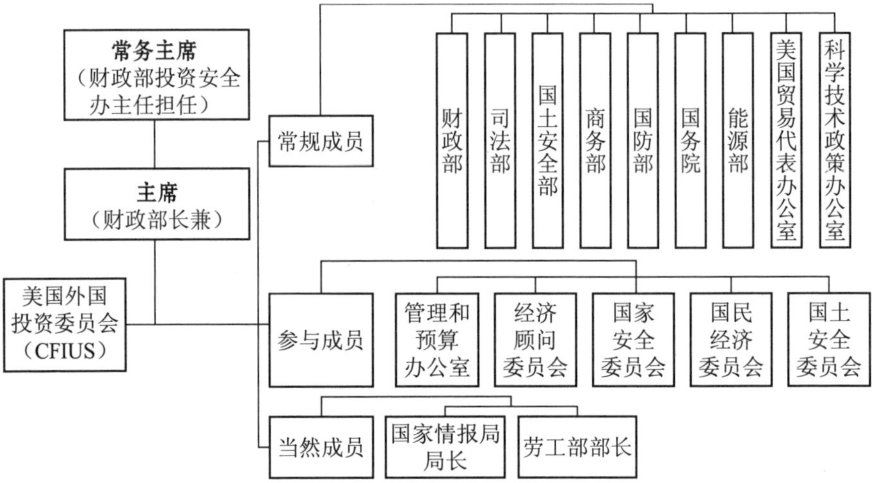

图 1-1　组成美国外国投资委员会的政府机构分布

二、审查对象

根据 2007 年《外国投资与国家安全法》的规定，美国外资国家安全审查的对象是影响美国国家安全的“涵盖交易”，即该法第二节规定的“任何导致外国人控制美国州际商业的购买、合并或接管”。该法主要审查上述交易是否存在以下三种情况：第一种为涵盖交易可能直接影响国家安全；第二种为该交易可能为外国政府控制；第三种为该交易可能会导致外国人对美国的关键基础设施进行控制，且无法通过缓冲协议予以有效解决。

美国外资国家安全审查制度对外国人、美国人、控制的概念都进行了解释。例如“外国人”是指外国国民及由外国利益方控制的实体，而外国利益方是指包括外国政府在内的任何外国人等。“控制”的定义为：“对决定企业重要事务的直接或间接的权力”，而不是简单地看股权比例、董事会比例等

境外投资

规则与案例

龚柏华 伍穗龙◎主编

美国卷

CHINA'S INVESTMENT INTO U.S.A.

Rules and Cases

上海人民出版社

序

《境外投资：规则与案例（美国卷）》是“境外投资：规则与案例”系列丛书之一。本卷编写分两部分。第一部分对美国涉及来自境外投资的相关法律法规进行归纳介绍。这部分主要归纳介绍了美国涉及来自境外投资的国家安全审查法律、反垄断法律和境外投资在美国上市法律。需要说明的是，上述法律有的有专门针对来自境外投资的规定，有的是内外资不作区分规定的。为了保持各章风格一致及便于叙述，本书一并将之称为有关来自境外投资的法律。

第二部分是美国涉华投资的争端案例。这部分收集的7个案例，是美国法院或行政机构涉及来自中国投资者争议的典型案例。其中有中国投资者胜诉的案例，也有中国投资者败诉的案例，还有双方调解妥协的案例。由于美国采取判例法制度，这些判例对今后中国投资者在美国从事投资活动有着直接的借鉴或警示意义。这些判例中涉及的法律问题分析对相关涉外法律学术研究或涉外法务实践都有一定的参考价值。本书可以作为国际经济法、涉外经贸法等教学的参考资料。由于部分判例可能处于动态发展中，本书描述信息可能会有滞后或遗漏，提请读者注意。

本书得以完成受惠于多方面的支持或帮助。上海 WTO 事务咨询中心新老领导班子一贯支持基础案例研究，并提供了优良的研究环境和出版资助。上海人民出版社及本书责任编辑默默奉献，才使得本书能够付梓出版。本书也是2020年度教育部哲学社会科学研究重大课题攻关项目“境外投资重大问题研究”(20JZD08)阶段性成果。

最后，要特别感谢参加本书撰写、编写、校对或提供其他帮助的人员。包括但不限于以下人员：林惠玲，梅盛军，杨思远，施时栩，丁伯涛，龚文娜，尹红，刘思嘉，秦逸冰。

欢迎读者对本书提供反馈意见。

龚柏华　伍穗龙

2023年7月

目　　录

第一部分

美国有关来自境外投资的法律规定

单个因素。

因此，整合下来，满足以下两个条件的投资行为是可以进行审查的。第一是外资项目必须是并购项目，即对涉及外国人对美国实体“获取、并购或接管”的行为进行审查。第二是外资并购项目必须涉及“国家安全”，而“国家安全”的含义又具有很大的弹性，也在不断地变化。1988 年《埃克森-佛罗里奥修正案》主要是针对对于美国国防需要至关重要的产品、服务和技术的外资并购项目；2007 年《外国投资与国家安全法》则将涉及美国关键的基础设施、核心技术的外资并购项目和涉及外国政府直接或者间接参与的外资并购项目都包括在审查范围内。

三、审查程序

根据现有规定，外国投资委员会的审查程序可以由总统或委员会成员启动，也可由交易任意一方向委员会提交书面通知主动申请开始。交易方可自愿申报交易，但若未主动申报，依然可能会受到委员会审查。整个审查程序可分为审查、调查和总统裁决三个阶段。其中，审查期限为 30 天。如果委员会在审查过程中认为该交易不会对美国国家安全构成威胁，则委员会将通知相关方不予调查，程序结束。但若出现下列三种情况之一，交易需要进入为期 45 天的调查期：一是交易确实威胁到美国国家安全，二是交易由外国政府控制，三是外国人拟通过交易控制美国关键基础设施并且此控制会威胁美国国家安全。调查结束后，委员会或与交易双方协商有效的缓解措施，或提请总统中止或否决交易。如各成员机构对该交易的看法无法达成一致，委员会主席将会在向总统的报告中详细阐述各种不同的意见，请总统裁决。总统须在 15 天内作出最终决定。当且仅当有可靠证据证明交易可能会对美国国家安全造成影响，并且现行其他法律不能为国家安全提供有效保护的情况下，总统才能暂停或否决此交易。

四、国家安全考量因素

在审查考虑的因素上，2007 年《外国投资与国家安全法》第一节对“国家安全”进行了规定，即“对于国家安全的含义应被解释为与国土安全有关的问题，而且应当包括对关键基础设施的影响”。此条规定十分宽泛，为了便于操作，该法规定了总统和外资委员会在审理具体案件中应当考虑的因素：(1) 国防需求所需的国内生产；(2) 国防部长判断某个案件对美国利益构成地区军事威胁；（3）国内产业用以满足国防需求的能力，包括人力资源、产品、技术、材料及其他供给和服务；（4）外国公民对国内产业和商业活动的控制给其满足国防需求能力带来的影响；（5）交易对向支持恐怖主义或从事导弹技术、化学和生物武器扩散国家出口军事物资、设备或技术产生的潜在影响；（6）对美国关键的基础设施，包括主要能源资产造成潜在的在国家安全方面的影响；（7）在国家安全方面对于美国关键技术造成的潜在影响；（8）是否属于隐藏着外国政府控制的交易；（9）是否国有企业进行并购，该国有企业所属国是否有在防止核扩散、反恐、技术转移方面的不良记录；（10）并购对于能源和重要资源和原材料供给的长期影响；（11）总统或外国投资委员会认为适当、普遍和与特定审查和调查程序有关的其他因素。

除了最后一个兜底条款外，上述十个应考虑因素都仅为描述性规定，而且相关立法或行政部门亦无就上述措辞作出明确解析。

总之，美国的外国投资国家安全审查体系通过立法及司法判例的互动构筑了一个完整的体系，其他国家的外国投资国家安全审查制度都在一定程度上借鉴了其相关制度设计。

第二节　美国外资并购国家安全审查制度的新发展

2018 年的《外国投资风险审查现代化法》（FIRRMA）①，旨在系统性改革现有外国投资国家安全审查制度。当前，以《外国投资风险审查现代化法》为主体，分别于 2018 年 10 月 10 日及 2019 年 9 月 27 日由美国财政部提出的《关键技术先行计划》② 及《外国投资风险审查现代化法实施细则》③ 为两翼的美式外国投资安全审查法律体系业已构建完成。这一法律体系旨在通过扩大美国外国投资委员会权限，系统性改革现有投资者赴美投资国家安全审查制度，收紧国家安全审查门槛，以解决日益突出的当前外国投资委员会机制不足以处理外国投资对美国国家安全构成

① Review of Foreign Investment and Export Controls，Title XVII，H.R. 5515，John S. McCain National Defense Authorization Act for Fiscal Year 2019.

② Determination and Temporary Provisions Pertaining to a Pilot Program to Review Certain Transactions Involving Foreign Persons and Critical Technologies，Department of the Treasury，31 CFR Part 801，FR Vol.83，No.197，Oct. 11，2018.

③ See https：//home.treasury.gov/policy-issues/international/the-committee-on-foreign-investment-in-the-united-states-cfius.

的威胁问题。该体系加严了现有美国外国投资国家安全审查体系，主要表现在以下几个方面。

一、深度扩展外资国家安全审查的管辖范围，重点关注“关键技术”交易

美国新修订通过的2018年《外国投资风险审查现代化法》通过扩大外国投资安全审查主体美国外国投资委员会的审查对象——“涵盖交易”的范围、扩展“关键技术”的外延，进一步严格外国投资者在美从事技术贸易为目的投资的国家安全审查，并主要表现在如下方面：

首先，2018年《外国投资风险审查现代化法》新增涉及“关键技术”的交易为审查对象，并通过缩小上述领域“被动投资”的外延，从而扩大对投资“控制权”的管辖范围，进一步扩大对涉及“关键技术”交易的审查范围。具体表现为，2018年《外国投资风险审查现代化法》规定，美国外国投资委员会对外国投资者或者外国政府控制的涉及“关键技术”美国企业的非被动投资[①]也具有管辖权，在涉及“关键技术”领域的并购时，若外国投资者在董事会占有席位，或者行使观察员权利，从而参与相应美国企业重大公司决策，有可能接触到机密技术信息，上述行为则均会被视为是“非被动投资”，构成对企业的控制权。上述法律变化意味着，中国企业将在以下两种国际技术贸易中遭遇更大可能的美国国家安审：(1)对特定“关键技术”企业以非被动投资而实现的国际技术贸易；以及(2)在“关键技术”领域通过低于一定股权比率的“财务性质”而非“控制性质”的投资，或在董事会占有席位的方式从事投资形式的国际技术贸易。

其次，扩大受管辖的“关键技术”概念的外延。2018年《外国投资风险审查现代化法》规定，“新兴技术”是指对于维护或提高美国在国防、情报或其他国家安全领域特别关心的国家的技术优势可能至关重要的新兴技术，或者在目前不存在这种优势的地区获得这样的优势的相关技术。该法将“关键技术”的外延扩大至涵盖新兴技术范围，而不仅仅包括美国军需物品清单中的国防技术或服务以及出口管制清单（CCL）中的技术。同时，该法进一步明确，新兴技术的范围需要商务部、国防部、国务院等机构通过具体条例或程序加以明确。2018年11月19日，美国商务部工业安全局提出

---

① 被动投资指的是没有实施控制的任何计划、意图、当前或将来的目的、行为的交易。新法将被动投资的股权占比降低为10%。

了一份针对关键技术和相关产品的出口管制方案，方案考虑对包括生物技术、人工智能及其学习技术、定位导航和定时技术、微处理器技术、先进的计算技术、数据分析技术、量子信息和传感技术、物流技术、增材制造、机器人、脑机接口、高超音速空气动力学、先进材料、先进监控技术在内的 14 个"具有代表性的技术类别"领域的前沿技术进行出口管制。[①] 而上述 14 个领域的关键技术也必将对商务部、国防部、国务院等机构通过具体条例或程序加以明确的新兴技术范围产生影响。上述法律变化意味着，中国企业在更为广泛的"关键技术"领域所从事的投资形式的国际技术贸易将受到一定限制，新兴技术领域的国际技术贸易将愈发困难。

第三，对以投资基金形式的投资予以关注。2018 年《外国投资风险审查现代化法》规定，不满足以下特定条件的以投资基金形式进行的投资交易也需要受到外国投资委员会审查。特定条件包括：（1）基金的管理人为美国人或美国实体；（2）外国有限合伙人对基金的投资和基金本身没有直接或间接的决策权和控制权（包括投资决策以及管理合伙人的收入和回报）；（3）外国有限合伙人无权接触保密的技术信息。上述法律变化意味着，日后，中国企业若不能以满足以上三种条件形式的投资基金形式、作为外国有限合伙人对美国相关技术企业进行技术贸易，则交易将存在更高的被审查风险。

二、首次针对具体国家详细规定相应监控义务，重点关注中国

自 1950 年《国防生产法》初步确立美国外国投资国家安全审查相关制度以来，虽经历次修订，但该制度从未针对一个具体国家作出相应的详细规定。但 2018 年《外国投资风险审查现代化法》一改既有历史，明确提出需要对中国及中国企业赴美投资进行监控，这成为美国外国投资国家安全审查体系改革的一大焦点。

2018 年《外国投资风险审查现代化法》第 1719 节题为"对年度报告的修正及其他报告要求"，其内容首次对与中国投资相关内容的报告义务作出详细规定。相关条款要求"商务部长，不迟于法律颁布之日起 2 年，每 2 年应向国会和美国外国投资委员会提交关于中华人民共和国在美国的实体进行的外商直接投资交易的报告，直至 2026 年"。

① https：//www.gibsondunn.com/new-export-controls-on-emerging-technologies-30-day-public-comment-period-begins/；https：//www.lexology.com/library/detail.aspx?g=e0d6e82f-f6cc-4613-beb5-4456c7cbec57.

在报告的内容上，相应条款要求商务部需要提供如下内容，包括“（1）中华人民共和国在美国的外商直接投资总额，当中包括由最终实益拥有人分解的外商直接投资总额；（2）中华人民共和国在美国的细分投资，包括政府和非政府投资以及每类投资的数量、行业和类型；（3）通过中华人民共和国政府投资购买的在美国注册的公司名单；（4）中华人民共和国管辖实体的美国附属公司数量、这些附属公司的员工总数以及该实体美国附属公司的任何公开交易的估值等。”

商务部需要对上述细分投资就投资的数量、行业、类型以及投资模式与“中国制造2025”计划中的目标的契合度及一致性作出评估，当中包括对中华人民共和国在美国的投资和在美国的所有外商直接投资作比较分析。

可见，2018年《外国投资风险审查现代化法》，是自1950年美国初步建立外国投资国家安全审查制度以来，对相关审查实体规定与程序性规定做出的最为重大的修改。其开创性地“点名”中国及中国企业赴美投资，要求对相应的投资与交易进行监控，并评估相应投资与交易与“中国制造2025”目标的一致性。

三、扩大对“国家安全”内涵与外延的主观裁量性，强化对技术贸易威胁国家安全的考量

“国家安全”概念具有十分强烈的政治性。故在立法技术上，外国投资安全审查法律体系下的“国家安全”均是通过非穷尽列举性的方式予以落实。

作为对2007年《外国投资与国家安全法》的更新，2018年《外国投资风险审查现代化法》对现有的国家安全考虑事项作出补充，增加了五项与“国家安全”考量相关的因素：（1）交易是否涉及特殊关注国家，该国明确或已宣布的战略目标是获得一项与美国国家安全相关领域的领导地位的关键技术或关键设施；（2）外国政府或外国个人对涉及任一类关键设施、能源资产、关键材料或关键技术近期交易的趋势或累积市场份额可能对国家安全产生的影响；（3）与美国企业进行涵盖交易外国人是否有遵守美国法律和法规的历史；（4）就外国人对美国工业和商业活动的控制而言，其影响美国满足国家安全要求的能力，包括人力资源、产品、技术、材料和其他供应和服务的可及性。同时，在考虑“人力资源可及性”这一措辞时，应该将其解释为包括由于专业知识或技能对国家安全至关重要美国人之雇佣减少而

造成的潜在损失的可及性，包括为促进美国国家安全，而可能会被国防部或其他联邦部门或机构采购之商品的持续生产；（5）为外国政府或外国人获得，其公开可能威胁国家安全的涵盖交易公开的程度，其可能直接或间接暴露个人身份信息、遗传信息或美国公民的其他敏感数据；（6）交易是否有可能在美国形成新的网络安全漏洞，或加剧现有的网络安全漏洞；交易是否有可能导致外国政府获得进行针对美国的网络恶意活动，包括旨在影响联邦机构选举结果的活动的重大新能力。①

新的修订进一步增加对国家安全的考虑因素，强调交易是否涉及特殊关注国家（其实就是中国）；交易是否与该国明确或已宣布的战略目标（中国 2025 计划）是获得一项与美国国家安全相关领域的领导地位的关键技术相关；关键技术近期交易的趋势或累积市场份额可能对国家安全产生的影响。上述法律变化意味着，日后，中国企业在美国以投资形式开展国际技术贸易时，将面临美国外国投资委员会对技术贸易更为全面且认真的考量。

① Sec. 1701，H.R. 5515，John S. McCain National Defense Authorization Act for Fiscal Year 2019.

第二章　美国有关来自境外投资的反垄断法规

自 1890 年《谢尔曼法》(Sherman Act) 颁布以降，美国的反垄断法律制度始终走在全球前列。尽管美国反垄断法并没有特意区分来自境外投资的反垄断行为，但该法同样适用来自境外投资的相关行为特别是并购行为。因此，了解美国反垄断法规及其在实践中的运行逻辑，对于中国企业赴美投资具有重要意义。

第一节　美国反托拉斯法概述

一、美国反托拉斯法的构成

现代意义上的美国反托拉斯法（antitrust）始于 1890 年出台的《谢尔曼法》。就国会颁布的成文法而言，作为美国反托拉斯法“三根支柱”的《谢尔曼法》第 1、第 2 条和《克莱顿法》(Clayton Act) 第 7 条，分别旨在规制不合理的共谋（conspiracy）、垄断（monopolization）和限制竞争的并购（trade-restraining acquisition）行为。《联邦贸易委员会法》(Federal Trade Commission Act)、《罗宾逊—帕特曼法》(Robinson-Patman Act)、《反托拉斯民事程序法》(Antitrust Civil Process Act)、《哈特—斯科特—罗迪诺法》(Hart-Scott-Rodino Act) 等法律，同样构成美国反托拉斯成文法的重要部分。①

美国反托拉斯法的实施以司法程序为主导，兼具执法机构的事前审查程序。尽管司法部反托拉斯局和相对更为独立的联邦贸易委员会，确实也会行使一定的反托拉斯行政职能（比如两者对于并购前审查，享有并行的管辖权），然而它们更多还是在调查取证之后，以民事原告地位向联邦地区

① 美国作为联邦制国家，州议会同样有权就竞争与反垄断事项制定法律，但囿于篇幅，本章重点关注联邦反托拉斯法和联邦法院相关判例。

法院起诉，① 并且，在“三倍损害赔偿规则”（rule of treble damages）的激励下，私人主体更有动力发起民事反托拉斯诉讼。当然，州政府也有权以私人主体或“国家亲权”（本州人民的代表）身份，担纲民事反托拉斯诉讼的原告。《谢尔曼法》第 1、第 2 条和《克莱顿法》第 7 条，为联邦执法机构、私人主体和州政府创设了反托拉斯的三项基本诉因，并且通常在民事诉讼程序的运行过程中得到具体实施。司法部和联邦贸易委员会通过发布并不定期更新“指南”的方式，阐述其今后一段时间内的执法口径、思路和倾向，以及自身对于相关反托拉斯规则的理解。尽管“指南”是不具有法律约束力的指导性意见，但在实践中发挥着巨大的影响力。

二、美国反托拉斯法核心概念

在美国反托拉斯法中，存在一项几近贯穿始终的重要概念——“市场势力”（market power）。所谓“市场势力”可以理解为：经营者在“相关市场”中拥有的，将价格提升至竞争水平之上（或者采取其他损害消费者利益的行为）而不会遭受损失（比如交易机会减少或顾客转向竞争对手）的一种“权力”。在绝大多数的反托拉斯诉因中，原告都须证明市场势力的存在，除了以横向协议“公然”实施固定价格、划分市场等少数“本身违法”（per se illegal）行为。如果某一行为落入判例法所确立的“快速 / 简化审查的合理原则”，或者原告能够提供市场受到损害的“直接证据”，市场势力的证明标准可以相应降低。在绝大多数适用“合理原则”（rule of reason）的场合，市场势力的证明都是必需的且相对较为困难的。

实践中通常以市场份额作为市场势力的判断标准。准确适用市场份

① 根据《联邦贸易委员会法》第 13（b）条，当联邦贸易委员会“有理由相信某一实体正在或将要违反任何一条由其实施的法律”，它可以在行政程序未决时直接诉至联邦地区法院，请求法院初步或永久禁止某项具有违法嫌疑的行为（比如一项拟议并购，法院的禁制令可以要求维持市场原状）；联邦最高法院在新近判决的“AMG 资本管理有限责任公司诉联邦贸易委员会”一案中明确，第 13（b）条下的救济形式限于禁制令，而不包括金钱救济。*See AMG Capital Management，LLC v. Federal Trade Commission*，593 U.S. ____（2021）. 然而在通常情形下，根据《联邦贸易委员会法》第 5、第 19 条及相关部门规章，联邦贸易委员会须经简单多数票决授权“律师工作人员”提起行政控告，由“委员会行政法官”通过内部行政裁决程序审理并做出决定，任何一方可申请联邦贸易委员会复议。若委员会认定确有违法行为，则应当颁布“停止命令”（cease-and-desist order），相对人可上诉至联邦巡回上诉法院；联邦贸易委员会亦可申请联邦地区法院强制执行已生效的“停止命令”，包括颁布禁制令、处以民事罚款、授予金钱救济（赔偿消费者）。

额标准的前提，在于相关商品和地域市场的界定，并且论证被告所占市场份额表明其有能力提高价格而不失去交易机会。就界定相关商品市场而言，需要明确与案涉商品具有竞争关系，且有能力对其价格形成制约的所有商品。所以除了相同的产品，相关商品市场还应当涵盖具有“合理可替代性”的商品，即当案涉商品涨价时消费者可能转而选择的商品，故而称为“市场份额替代测试”(market share proxy test)。关于合理可替代性的判定，一方面需要考虑替代品的特性、用途、价格、品质和生产目的等因素，另一方面可以从微观经济学理论出发，测算“需求交叉价格弹性”，即消费者的需求随着商品价格涨跌的变化幅度。至于相关地域市场，重点需要考虑经营者的运输成本（或消费者的采购成本）。如果相关市场存在以下现象，则市场份额对于市场势力的证明力将会被削弱，譬如：经营者都能充分获取信息；进入门槛低；商品高度同质化；消费者的需求价格弹性较高；既有竞争者和潜在进入者的供给价格弹性较高。最后，市场集中度（concentration）是一项与市场势力相关，但通常仅用于并购场景下反托拉斯的重要指标，实践中主要通过计算赫芬达尔—赫希曼指数（Herfindahl-Hirschman Index）予以衡量；该数值越大，则市场集中度越高。①

第二节　有关并购的联邦反托拉斯法规

1914 年《克莱顿法》第 7 条，系联邦反托拉斯实体法所创设的三项基本案由之一；其现行主干部分规定，任何人不得收购其他人的股票、股份或资产，如果此等收购可能会实质性减少竞争或者趋向于形成垄断。随着 1976 年《哈特—斯科特—罗迪诺法》出台，联邦最高法院再未审理过有关并购的反托拉斯案件，而实施相关法规的“主战场”也变为司法部反垄断局和联邦贸易委员会。该法要求达到一定规模的并购交易当事方，主动向两家联邦执法机构进行事前申报。由于大多数交易的当事方会通过合理设计并购方案（或者在执法机构的压力下作出适当调整）以获得事前批准，抑或鉴于执法机构的明确反对而选择“知难而退”，故并购交易在当下较少进入司法程序。

---

① 赫芬达尔—赫希曼指数是相关市场内所有企业各自市场份额（去掉百分号后的数值）的平方和，最大值为 10000，最小值可无限逼近 0。

一、并购场景下反托拉斯的实体问题

（一）《克莱顿法》第7条的适用范围

《克莱顿法》第7条适用于全部或部分股票、股份或资产的直接或间接收购行为。首先，“收购”（acquire）是一个含义极其宽泛的概念，可以理解为“将足够部分的法律权利和特权，从转让方手中移转至收购方，从而赋予此等转让行为经济意义和被禁止的负面影响”，[①] 或者简言之，存在对于某物控制权的转移，以使收购方从中获得经济利益。实现“收购”的交易方式可以是多样的，比如购买、转让、租赁、许可等。新设和吸收合并、若干实体出资新设实体，都有可能构成《克莱顿法》第7条下的“收购”。其次，“股票”“股份”包括任何具有表决权的利益（含表决权代理），而“资产”更是涵盖一切具有价值的事物。“部分”和“间接”两处表述，则进一步扩大了《克莱顿法》第7条的范围。当然，仅为投资目的（不旨在实现控制）而实施、不会通过表决或其他方式将所持股票用于实质减损竞争的股票收购行为，可以得到《克莱顿法》第7条的豁免。[②]

任何“实体”（person）收购股票或股份，以及任何受联邦贸易委员会管辖的“实体”收购资产的行为，都受到《克莱顿法》第7条的规制。之所以强调“受联邦贸易委员会管辖”，是为了将《克莱顿法》下的“资产”收购主体，限于运输业、通信业、银行业和信托业实体（它们受专门行业监管）之外的营利性组织，以及向成员授予经济利益的非营利组织。

《克莱顿法》第7条覆盖横向、纵向和混合并购。横向（horizontal）是指处在某一商品或服务供应链同一层级的、存在直接竞争的企业之间的关系；纵向（vertical）是指处在同一供应链上下游、存在供求或交易往来的企业之间的关系；混合（conglomerate）指的是处在不同营业领域、不在同一供应链的企业之间的关系。“混合并购”可能包含三类交易：（1）不同地域范围内、同一商品生产或销售商之间的并购（地域市场的延伸）；（2）不具有竞争关系但商品在某些方面存在联系或相似性的生产或销售商之间的并购（商品市场的延伸）；（3）当下和今后都不可能发生竞争、商品没有任何联系或相似性的生产或销售商之间的并购（纯粹的混合并购）。[③]

---

① *See United States v. Columbia Pictures Corp.*, 189 F. Supp. 153，181-182（S.D.N.Y. 1960）.

② *See* 15 U.S.C § 18，para.3.

③ *See* Thomas L. Vankirk，*Antitrust Consideration in Making Investment in the United States*，Penn State International Law Review，Vol.1：1，pp.87-88（1982）.

（二）《克莱顿法》第7条的运行逻辑

为论证某项受《克莱顿法》第7条规制的并购是违法的，原告有义务证明这笔交易将促成当事方从事损害竞争的行为。首先，原告应当证明案涉交易将导致相关市场集中度不当提升，被告由此形成市场势力，进而推定该笔并购可能实质性减少竞争。一旦原告完成上述举证，则举证责任转移至被告，以反驳存在市场势力和实质性减少竞争的推定。其次，如果被告能够反驳此等推定，则原告应依据适当的"损害理论"（theory of harm），进一步证明并购交易将会减损竞争。其中，"协同效应"和"单边效应"理论可以用于挑战横向并购，"排他性""促进共谋"和"竞争性敏感信息的不当交换"等损害理论可以用于挑战纵向并购。至于混合并购，"潜在竞争"是当下唯一可用的损害理论。最后，被告可以援引"困境企业抗辩"或"效率抗辩"，以证明并购交易应当获得《克莱顿法》第7条的豁免。

（三）市场势力与结构推定

《克莱顿法》第7条在司法实践中的运行，始于原告针对被告拥有市场势力的举证。联邦各级法院一贯认为，不存在触发《克莱顿法》第7条的最低市场份额或集中度，或曰某个固定的临界值，即市场势力的认定必须一事一议。①

在横向并购案中，若原告能够证明相关市场内存在某种最低水平的集中度，且并购交易会引致市场集中度发生最低限度的增长，则推定该项并购可能产生限制竞争的效果，由此构成"初步证据案件"（prima facie case）。自1992年《横向合并指南》颁布以来，赫芬达尔—赫希曼指数正式成为市场集中度和市场势力的测试基准。根据2010年版指南，相关市场通常被归为三类：（1）非集中的市场，指数低于1500；（2）中度集中的市场，指数介于1500到2500；（3）高度集中的市场，指数高于2500。结合并购交易完成前后的指数变化，执法机构一般采用如下标准：（1）指数增加值小于100，或者并购交易后仍为非集中市场，不太可能产生限制竞争的效果，通常无须进一步调查；（2）并购交易形成中度集中的市场，且指数增加值大于100，或者并购交易形成高度集中的市场，且指数增加值介于100到200之间，会引发执法机构对于市场竞争潜在减损的重大关注，通常支持进一步审查；（3）并购交易形成高度集中的市场，且指数增加值大于200，推定可

---

① *See United States v. Philadelphia National Bank*, 374 U.S. 321, 363-365 (1963).

能助长市场势力，产生限制竞争效果。[①]

上述临界值的设定，并非用于充当某种严格的筛选机制，以区分无损和有损于竞争的并购交易，而是旨在识别出不太可能限制竞争的并购，以及亟待进一步审查其他竞争因素的并购。交易完成后的指数越高、增幅越大，执法机构对于并购可能减损竞争的担忧就越重，进而越有可能要求当事方提供更多信息以协助其开展调查。联邦法院自 20 世纪 80 年代起，对于孤立的市场集中度数据开始抱有怀疑，随之减少上述推定规则的直接适用，并且强调被告反驳证据和“整体情况测试”的重要性。所以在实践中，通常仅当并购交易完成后的集中度指数（及其增幅）远高于指南设定的基准，该项并购才会受到挑战。

鉴于纵向和混合并购不会改变任一“相关市场”的集中度，此等交易的关注重点在于“主要市场”（primary market）的既有集中状况。所谓“主要市场”是指可能因“非横向并购”而产生竞争减损的市场；譬如，当某一生产商收购下游经销商、封锁部分经销渠道，可能使其他经营者难以进入前者所在市场，即生产商所在市场为“主要市场”。根据《非横向合并指南》（Non-Horizontal Merger Guidelines），执法机构原则上仅针对“主要市场”集中度高于 1800 的纵向或混合并购发起挑战；而在混合并购的场景下，当被并购企业的市场份额不足 5%，执法机构不太可能挑战该笔交易。[②]

（四）损害理论

首先，原告通常会援引“协同效应”（coordinated effects）和“单边效应”（unilateral effects）两种理论，以论证横向并购可能减损竞争。第一，“协同效应理论”是指相关市场内的企业数量越少（市场集中度越高），它们就越

---

① U.S. Department of Justice & Federal Trade Commission, *Horizontal Merger Guidelines (2010)*, section 5.3.

② U.S. Department of Justice, *Merger Guidelines* (1984), Section 4, Horizontal Effect from Non-Horizontal Mergers, available at: https: //www.justice.gov/atr/page/file/1253191/download. 该指南已于 2020 年 1 月被撤回。此外，司法部和联邦贸易委员会在 2020 年 6 月颁布《纵向合并指南》（Vertical Merger Guidelines），但联邦贸易委员会随后在 2021 年 9 月撤回，司法部也表示正在对其进行审查，以评估是否需要修改或更新。See Federal Trade Commission, *Federal Trade Commission Withdraws Vertical Merger Guidelines and Commentary* (September 15, 2021), https: //www.ftc.gov/news-events/press-releases/2021/09/federal-trade-commission-withdraws-vertical-merger-guidelines; U.S. Department of Justice, *Justice Department Issues Statement on the Vertical Merger Guidelines* (September 15, 2021), https: //www.justice.gov/opa/pr/justice-department-issues-statement-vertical-merger-guidelines.

容易进行限制竞争的合作（比如从事公开的共谋行为或者相互依赖的寡头定价行为），因为它们更加难以“偷偷背弃”此等协同关系。若采用“协同效应理论”，原告通常需要提出更高的市场集中度指数，并且证明并购交易完成后的市场条件有助于经营者之间的“协同性互动”，比如那些使协同行为难以被察觉的因素，包括商品异质性、非价格因素竞争、不常见或秘密的销售模式。第二，“单边效应理论”意指市场集中度的提高可能使收购方更容易单边抬价，具体包括两条可能的实现路径：（1）相关市场中存在生产或销售“差异化”商品的“亚市场”，相关商家享有边际的定价自由；（2）仍然存续的企业产能受限，无法对价格上涨作出适当反应。①

其次，纵向并购案件的损害理论基础通常建立在“排他性”（foreclosure）之上。其核心要义在于：假如一家企业收购竞争对手同样必需的上游（原材料）供应或下游分销渠道，这会不公平地将对手排挤出（原本向它开放的）一部分市场渠道，不当减损对手在相关市场内交易和经营的能力。如果该项纵向并购“封锁”足够多、必需的上游或下游供应／销售渠道，竞争对手甚至可能被迫同时进入为收购方所“封锁”的上游或下游市场。传统的排他性理论还指出，纵向并购交易完成后，收购方有可能停止与上游或下游市场的其他经营者进行交易。此外，“促进共谋”和“竞争性敏感信息的不当交换”也可以充当纵向并购案件的损害理论基础：前者是指上游市场的共谋者将更加方便监控商品销往下游市场的价格，或者被收购方在下游市场具有较大份额（原本或许有能力迫使上游共谋者让步，促进价格竞争）；而后者是指收购方可能有机会获悉横向竞争对手的成本、定价等商业秘密。

最后，尽管当下联邦执法机构已经很少对混合并购的反托拉斯合规问题发起挑战，但理论上依然可以援引“潜在竞争理论”。这一理论的核心逻辑是：如果没有并购交易，收购方原本可能“白手起家”、从头开始（de novo）进入被收购方所在市场（比如自己设厂生产市场上既有商品），相较之下并购策略的竞争促进价值可能更小；而且在并购交易正式实施前，“潜在进入者”的身份若为市场所知悉，可能会提前对市场内的寡头垄断行为造成一定限制，因为即便是寡头企业，也依然会受到“潜在进入者”带来的竞争威胁。

① 参见［美］克里斯托弗·萨格尔斯：《反托拉斯法：案例与解析》，谭袁译，商务印书馆 2021 年版，第 338—340 页。

（五）抗辩事由

并购场景下反托拉斯的抗辩事由，一般限于“困境企业抗辩”（failing firm defense）和“效率抗辩”。前者是指如果不完成并购，其中一方将面临破产。为使该抗辩得到支持，并购当事方必须证明：（1）综合分析被并购方的现金流、资产负债表等财会信息，其面临破产的紧迫危险（imminent danger）；（2）被并购方不存在任何重组的实际可能性；（3）经过合理、善意的努力寻找，不存在其他造成更小竞争减损风险的、可行的收购方选项。至于效率抗辩，并购活动固然能够在一定程度上提升全要素生产率，但无论联邦法院还是执法机构，都对这一抗辩的效力存疑。此外，效率抗辩的证明标准非常高：（1）对于效率提升的证明，最好存在某种历史或现实的依据；（2）效率提升是可辨识的，并且是反托拉斯所旨在达致的益处；（3）效率提升必须是唯有通过并购交易才能实现的。①

二、并购场景下反托拉斯的程序问题

（一）并购前审查程序

随着国会于 1976 年通过《哈特—斯科特—罗迪诺法》（简称《哈斯罗法》），有关并购的反托拉斯审查程序前置并趋于法典化；相关反托拉斯法规的实施场域，也切换为司法部和联邦贸易委员会。该程序主要有两大特点：第一，绝大多数的重大并购交易将被法定“搁置”至少一个月，以便联邦执法机构在此期间利用开示程序，提前收集海量信息、获知交易详情，进而分析竞争影响；第二，使得联邦执法机构能够在并购交易完成前寻求初步禁制令救济。

除了作为申报基本文件的 HSR-1 表格，并购各方还应当提交“评估或分析市场份额、竞争、竞争者、市场、潜在销量增幅、商品或地域市场扩张等交易相关信息的所有研究、调查、分析和报告复印件”。② 故而在制作这些内部文件时，必须考虑到它们会在未来某个时点被披露给执法机构，避免“自证”违法行为。至于两家联邦执法机构的并行管辖权问题，它们将根据非正式的“管辖确认协议”和长期的审查实践，在具体案件中协调确定一家审查机构，以免执法资源浪费、过度增加私主体负担。联邦贸易委员会

① 参见［美］克里斯托弗·萨格尔斯：《反托拉斯法：案例与解析》，谭袁译，商务印书馆 2021 年版，第 350—353 页。

② *See* HSR-1 Form，Item 4（c）Tip Sheet，Available at：https：//www.ftc.gov/sites/default/files/attachments/hsr-resources/4ctipsheet.pdf.

通常负责管辖消费者开支较高的经济领域，如医疗保健、制药、专业服务、食物、能源行业，以及计算机技术和互联网服务等特定高科技行业。[①]

绝大多数的并购前申报程序在30天的"初始等待期"内就会终止，顺利获得执法机构明示或默示的批准；较少并购交易会受到执法机构的高度关注，因而进入"二次要求"(second request）的审查阶段。后一种情形下，执法机构会在"初始等待期"过后，要求并购各方开示大量额外信息，而且唯有此等"开示要求"得到完全履行后，"二次要求"所触发的第二个30天等待期才会正式倒计时。实践中，执法机构还会非正式地要求更多审查时间，并购方因惮于涉诉而通常都会表示同意，所以并购前审查程序的持续时间可能长达数月甚至数年。当"二次要求"的审查阶段临近尾声，执法机构在表达对于竞争减损的担忧之余，一般还会提出相应"缓解措施"以供并购各方采纳。若执法机构与并购各方就"缓解措施"达成一致，则经过修正的交易方案可以付诸实施。

即使无法与执法机构就交易方案的修改达成某种妥协，当事方也通常不会执意推进原并购方案，而是选择"知难而退"，因为前一选择所带来的后果是严重且不确定的。执法机构将代表联邦政府迅速起诉并申请初步禁制令，上市公司股价可能应声下跌，基于《克莱顿法》的司法和准司法程序也会随之启动；即使当事方在这场旷日持久的司法战中获胜，并购交易的最佳时机也早已贻误。

（二）并购前审查程序的申报标准

关于一项并购交易是否受制于《哈斯罗法》的事前申报程序，即《哈斯罗法》的属人和属事适用范围，我们需要依次考虑交易类型和规模。其中前者既要关注正面列举的交易类型，又要关注负面排除的豁免情形，而后者需要同时评估交易本身和当事方的规模大小。

任何实体直接或间接收购其他实体的资产或具有表决权的证券，且其中一方经商或从事影响商业的活动，都位于《哈斯罗法》的适用范围之列，[②]而"实体""收购""资产""证券"等概念，与《克莱顿法》第7条相关表述的含义基本一致。豁免申报的交易类型，主要包括以下几种情形：(1)不涉及控制权移转的交易，比如在正常业务范围内购买货物或不动

---

① *See* Federal Trade Commission，*Guide to Antitrust Laws*：*The Enforcers*，https：//www.ftc.gov/tips-advice/competition-guidance/guide-antitrust-laws/enforcers.

② 与《哈斯罗法》的适用范围不同，《克莱顿法》第7条的适用前提是，并购双方都经商或者从事影响商业的活动。

产，购买债券、优先股或其他不具有表决权的证券，收购人已经拥有被收购人半数以上有表决权的证券，或者纯粹出于投资目的（且所持表决权证券不超过一定比例）；（2）交易所在行业受其他联邦机构规制（如运输业、通信业、银行业等），或者交易一方为联邦机构、州或其下辖部门；（3）明确被联邦反托拉斯法规豁免的交易。①

《哈斯罗法》对于交易规模标准的规定比较复杂，不过大致可以用“两线三区”予以概括。“两线”是指“5000 万美元”和“2 亿美元”两道分界线。“三区”则是由这两道数值分界线所划出的三片区域。具言之，若并购交易完成后，一方所持另一方资产和有表决权证券的累计总额超过 2 亿美元，则此等并购一律必须申报；若不足 5000 万美元，则无需申报。至于处在“中间地带”（5000 万美元至 2 亿美元）的并购交易，须进一步考察并购各方的“体量”和所处行业；如果符合以下三种情形之一，则该项并购交易须根据《哈斯罗法》进行事前申报：（1）被收购方从事制造业且年净销售额或总资产达到 1000 万美元，收购方的年净销售额或总资产达到 1 亿美元；（2）被收购方不从事制造业且总资产达到 1000 万美元，收购方的年净销售额或总资产达到 1 亿美元；（3）被收购方年净销售额或总资产达到 1 亿美元，收购方年净销售额或总资产达到 1000 万美元。本段出现的各项数值，在每一财年都会依据（相较于 2003 财年的）国民生产总值变化比率而相应调整并公布。②

（三）并购前审查程序的时限和结局

当两家执法机构都收到并购双方各自提交的 HSR-1 表，为期 30 日的法定“初始等待期”正式启动倒计时。当然，对于须申报的并购交易而言，即使当事方尚未提交 HSR-1 表，《哈斯罗法》的存在也使该项交易必须暂缓实施；如果当事方未予申报或没有静候“初始等待期”失效，而径自实施并购交易，将会面临巨额民事罚款和中止交易的初步禁制令。如果执法机构在“初始等待期”耗尽时仍未采取行动，并购前审查程序自动终止，当事方有权完成并购交易。此外，这里还涉及“偷偷抢跑”（gun jumping）的问题，即当事方在获得执法机构的批准之前，就开始协调彼此行为或违法共享信息。此等行为一方面违反《哈斯罗法》，另一方面如果存在固定价格、划分市场等共谋行为，还有可能触犯《谢尔曼法》第 1 条。

---

① *See* 15 U.S.C. § 18a（c）.

② *See* 15 U.S.C. § 18a（a）.

绝大多数的并购交易在“初始等待期”即可获批，不过在少数情形下，执法机构会担忧并购交易减损竞争，因而发出“二次要求”以获取更多信息辅助判断。唯有执法机构收到要求开示的全部信息，第二个 30 日的法定等待期才会启动倒计时。为了最大化自身的审查时间，执法机构通常会采取以下三种方式：(1) 在“初始等待期”的最后一天发出“二次要求”；(2) 以并购当事方未能实质遵守申报要求或额外的信息开示要求为由，向联邦地区法院申请延长等待期；(3) 以诉诸司法程序作为谈判筹码或“后手”，直接与并购各方协商延长审查时间。

即使在“二次要求”的情形下，执法机构也通常不会直接、完全否定一项并购交易，而会指出其所担忧的、可能引致竞争减损的特定问题；并购各方经与执法机构协商后，可以通过承诺实施某些“缓解措施”(即对交易细节进行一定修正)以回应执法机构的关切，比如剥离特定资产、限制特定行为等。此等协商结果（承诺事项）将被载入一份具有和解协议性质的“同意令”(consent decree)。如果并购当事方违反上述“同意令”，执法机构有权将其诉至联邦地区法院，借助法院判处“藐视法庭”及相应民事制裁措施的权限，强制并购当事方遵守并执行“同意令”。①

若执法机构直接反对某项交易，当事方通常会选择“知难而退”，放弃并购，因为“一意孤行”的结果将是直面执法机构依据《克莱顿法》第 7 条的起诉，而且相较于联邦法院在普通民事案件中授予初步禁制令的标准，此处采用的是相对较低且有利于执法机构的“合理可能性标准”。地区法院准予或拒绝颁布初步禁制令，通常会导致当事方被迫放弃并购，抑或执法机构撤诉并“放行”该项并购；当然，双方亦可就初步禁制令决定上诉至联邦巡回上诉法院，而上诉法院一般会加速审理此等事项。一旦反托拉斯诉讼进入实质审理阶段，并购当事方唯有取得终审胜诉判决后，方可完成拟议并购交易。

第三节　有关共谋的联邦反托拉斯法规

根据《谢尔曼法》第 1 条，“每一项”(every) 限制贸易或商业活动的合同、以托拉斯或其他形式的联合，或者共谋都是违法的。随着判例法的发

① *See* Christopher L. Sagers, *Antitrust: Examples & Explanations*, Wolters Kluwer Law & Business, pp.312-313, 316-317.

展，联邦最高法院逐渐摒弃对于“每一项”的严格文义解释，而是选择引入“合理性”概念，即《谢尔曼法》第1条仅旨在禁止“不合理”限制贸易的相关行为。鉴于确有特定类型的行为对于市场竞争的减损是相当明显的，可以被直接推定为不合理而违法，法院决定进一步区分“本身违法”和受制于“合理原则”的行为。然而在司法实践中，上述两者的界分并不总是清晰的，而且在某些情形下确有必要限缩“本身违法原则”的适用（比如所谓的“本身违法”行为存在极其充分、合理的正当化事由，或者竞争减损效果并不十分显著），于是法院又引入“快速／简化审查的合理原则”。至于三者之间的关系，可以理解为不同违法程度的共谋行为在一道“连续光谱”上对应的不同审查标准，进而据此在原、被告之间分配证明责任、设置证明标准。此外，美国反托拉斯法下的“共谋”，大致对应中国反垄断法下的“垄断协议”，同样分为横向和纵向的限制性协议安排；《谢尔曼法》第1条虽同时适用于两者，但显然对前者的态度更为严苛。

一、横向限制

（一）本身违法行为

在美国反托拉斯的语境下，适用“本身违法原则”的共谋行为仅包括横向固定价格、横向划分市场和横向联合拒绝交易，而且它们在表现形式上必须是直白的、赤裸裸的（naked），即纯粹为了限制贸易本身。一旦某项具体行为被归入“本身违法”之列，通常会产生以下效果：（1）无需证明市场势力的存在或造成损害的能力；（2）无需证明被告的意图；（3）无需存在实施共谋的公开（overt）行为；（4）共谋的规模或涉及的行业无关。[①]简言之，“本身违法”这一具体诉因的成立，只要求原告能够证明被告确实从事过相关行为。

横向固定价格，是指销售某种货物或提供某种服务的“直接竞争者”之间就价格达成某种协议。这种“协议”并非必须设置或提及某一特定价格，甚至不必与价格事项直接挂钩，因为其在商业实践中的表现形式是多样的，不同实体为联合抬高、压低或固定价格而采用的机制并不重要。如果达成一项横向协议的唯一目的是以某种方式影响价格，则此等协议是“本身违法”的横向固定价格行为，譬如：联合终止针对下游厂商的“赊账”惯例，共享、归拢并平摊销售收入，联合销售各自独立生产的商品，等等。

① *See United States v. Socony-Vacuum Oil Co.*，310 U.S. 150，224（1940）.

横向划分市场，主要表现为双方承诺不在对方所占据的地域市场（“势力范围”）内开展竞争。这种“协议”经常会以独家许可或授权代理的形式作为“伪装”。至于横向联合拒绝交易，又称联合抵制，则通常表现为单个或多个实体联合起来，致力于直接断绝与竞争对手之间的来往，或者说服、胁迫上游供应商或下游零售商切断与竞争对手之间的来往，以阻止其获得竞争过程中所必需的上下游原料或销售市场，进而将其置于不利的竞争地位。

（二）合理原则

事实上，本身违法原则与合理原则之间的界分并非绝对清晰。法院在确定适用何种原则前，一般会针对案件事实展开一定分析，综合考量市场状况、竞争减损效果等因素。若案涉“协议”适用合理原则，则原告通常需要提供存在实际竞争减损的直接证据（如价格上涨或产量下降），或者证明被告具有市场势力，进而有能力利用联合起来的市场势力减损竞争，并且此等损害超过“协议”促进竞争的效果。

合理原则在下级联邦法院的司法实践，目前主要表现为举证责任在原、被告之间的往复移转。原告最初有义务证明案涉“协议”已经具有或者可能具有实质损害竞争的效果，若原告顺利履行此等证明义务，则举证责任将转移至被告。若被告能够证明“协议”具有促进竞争的效果，则原告必须证明：“协议”对于实现被告宣称的目标而言不具有合理的必要性，或者“协议”减损竞争的效果超过其促进竞争的价值。

最后，当某一协议整体上促进竞争，而其中一部分安排（孤立来看）“本身违法”时，如果这一“附随性”安排与促进竞争的总体目标“合理相关”，并且对于实现该目标而言具有“合理的必要性”（即找不到既能实现同等目标、又不附随任何限制性安排的替代方案），同时没有不合理地减损竞争，此等协议仍将受制于“合理原则”。这就是所谓的“附随性限制规则”（doctrine of ancillary restraints）。

（三）快速／简化审查的合理原则

“快速／简化审查的合理原则”的适用场景主要包括以下几类：(1) 被告是某一专业社团的成员，而被诉限制性行为是社团自我管理措施的一部分；(2) 案涉协议是明显的横向固定价格或限制产量协议，但所涉商品或服务的经济特征或其他因素，会使人对其竞争减损效应产生怀疑；(3) 限制广告（尤为价格宣传广告）的协议；(4) 不进行价格谈判的协议，或者限制可以谈判价格的情形的协议；(5) 不做理性竞争者在自由竞争情形下应做之事的协议，即使该事项与价格或产量不直接相关。①

关于“快速／简化审查的合理原则”的运行逻辑，大致可以概括为以下几点：（1）若原告能够证明案涉限制性行为内在可疑（符合上述“适用场景”之一），则构成表面上证据确凿的案件，可推定其减损竞争；（2）举证责任随之转移至被告，被告应当提出看似可信且法律上承认的正当化事由，其必须有关促进竞争且来自“协议”本身，比如通过产品质量提升或成本降低，增进被告参与价格竞争的能力；（3）原告应当证明此等正当化事由不充分，并且案涉限制性行为可能损害消费者利益；若原告得证，被告必须完整证明正当化事由的充分性；（4）若原告无法证明此等正当化事由不够充分，则本案将适用传统的合理原则，由原告进一步证明被告的市场势力，或者提供存在实际竞争减损的直接证据。②

二、纵向限制

反托拉斯同样关注处于同一供应链上下游、存在供求或交易关系的企业之间的纵向限制性协议。最常见的表现形式是供应商与经销商达成关于商品转售价格的协议，包括固定转售价格、设置最低或最高转售价格。不以“转售价格维持”（resale price maintenance）形式表现的纵向限制同样存在，比如某一生产商授予某一经销商在特定地域内的独家经销（转售）权，其在本质上与限定最低转售价格的效果相同，因为经销商都无须面对同一商品的零售价格竞争。

在“利金创意皮革商品公司案”之后，除了“搭售”等少数安排适用一种被称作“结构化合理原则”的审查标准（structured rule-of-reason standard），所有的纵向限制均受制于传统的“合理原则”。③所谓搭售（tying），是指买方为了获取真正想要的商品（结卖品），而被迫购买其他商品（搭售品）；这里也包括搭售的各种衍生形式，比如捆绑销售（bundling）、全线逼销（full-line forcing）。

至于排他性交易合同（exclusive dealing contract），其通常表现为要求下游商家不得从其他上游厂家取货，抑或要求下游商家购入特定上游厂家生产的全部商品。此等纵向限制总体上适用传统的“合理原则”，甚至在特

① *See* Christopher L. Sagers, *Antitrust: Examples & Explanations*, Wolters Kluwer Law & Business, pp.91-92, 117-119.

② *See Polygram Holding, Inc. v. Federal Trade Commission*, 416 F.3d 29, 35-36 (D.C. Cir. 2005).

③ *See Leegin Creative Leather Prods., Inc. v. PSKS, Inc.*, 127 S.Ct. 1025 (2007).

定情形下适用一种更为有利于被告的特殊审查标准：一方面，（其他上游厂家）被排除进入的下游分销渠道必须占据相当比重，下级法院目前将该比率大致设定为30%；另一方面，即使被排除的市场份额很大，若该合同期限较短、易于终止，或者原告无法证明被告能够利用该合同阻碍竞争对手接触下游市场，则此等排他性交易合同不太可能被视为违法。

《谢尔曼法》第1、第2条或《克莱顿法》第3条，都有可能作为原告起诉搭售和排他性交易合同的成文法依据。通常认为，相较于其他纵向限制而言，搭售类安排受到反托拉斯更为严厉的规制。它明确适用原告举证责任相对更轻的“结构化合理原则”，其核心要义在于，原告仅须证明被告的市场势力，而无需进一步证明该市场势力能够产生减损竞争的效果。为使搭售的诉因成立，原告必须证明：（1）所谓的“结卖品”和“搭售品”是相互独立的，而独立性的测试依据在于生产者行为和消费者需求，即唯有存在足够的消费者需求，以使企业分别提供两种商品有利可图，方才可以认定两者之间的独立性；①（2）卖方迫使买方购买额外的商品；（3）卖方在结卖品市场中拥有市场势力；（4）搭售安排影响到大量商业活动（以绝对金额衡量）。当然，被告可以提出相关抗辩事由，以证明搭售确有促进竞争的效果，比如搭售对于维护商品质量和品牌形象的必要性。

第四节　有关垄断的联邦反托拉斯法规

旨在规制垄断行为的《谢尔曼法》第2条，同样是美国反托拉斯法“三大支柱”之一，而此处的垄断主要是指单边性的限制竞争行为。自当代反托拉斯法形成以降，仅仅占据很大的市场份额或者拥有很大的市场势力，甚至利用此等市场势力抬高价格的行为，都不构成对于《谢尔曼法》第2条的违反。简言之，巨型的规模和体量本身并非“原罪”，至少在反托拉斯理论层面是如此。涉嫌垄断的被告必须为获得或维持其垄断地位而实施某些行为，而且此等行为必须超出纯粹为了品质或效率竞争的范畴。②

一、垄断案由的基本构成要件

为使一项垄断案由成立，原告必须首先证明被告在相关市场中拥有垄

① *See Eastman Kodak Co. v. Image Technical Servs., Inc.*, 504 U.S. 451, 462 (1992).

② 参见［美］克里斯托弗·萨格尔斯：《反托拉斯法：案例与解析》，谭袁译，商务印书馆2021年版，第206页。

断势力（monopoly power）。“垄断势力”的证明通常源自“市场份额替代测试”，但是相较于《谢尔曼法》第1条，《谢尔曼法》第2条对此提出的要求更高，被告必须占据50%以上的市场份额，而且原告必须证明被告在市场准入或其他条件上享有某种保护因而有能力抬高价格或降低产量。①

其次，被告必须故意获得或维持此等垄断势力，而非由于优质的产品、敏锐的商业头脑或某一历史事件所带来的市场份额或企业实力增长而形成垄断势力。随着判例法的发展，这一要件逐渐被称作“排他性行为”（exclusionary conduct），因为原告通常需要证明被告将原本能够正常进入相关市场的竞争对手给排挤出去了，而这也是表现形式最为多元和复杂的一项构成要件。此外，有关垄断意图的证据，并非垄断案由的必需构成要件，但对于垄断案由的成立具有一定的说服力，有助于联邦法官理解垄断者行为可能产生的效果。至于被告可能提出此等单边性限制竞争行为具备合法的商业正当性事由，法院应当重点考察该行为如何助力被告在商品价格或质量方面开展竞争，是否能够促进消费者福利，以及是否足够具体且可证实，进而权衡利弊、判断其是否属于托辞。②

二、排他性行为概述

联邦最高法院曾将排他性行为宽泛地界定为“一种为了排除竞争、获得竞争优势或者损害竞争对手的行为”，③但这一表述显然有失精准，甚至将明显促进竞争的行为纳入“打击范围”。譬如，旨在降低生产成本或提升产品质量的创新活动，也可能使生产厂商获得竞争优势，进而损害其他效率低下的竞争对手的利益。所以，认定“排他性”的关键在于，此等对竞争对手造成的损害，必须由于正当市场竞争本身以外的因素所致。有学者就此提出，排他性行为不仅会损害竞争对手的机会，而且要么根本不促进竞争，要么通过不必要的限制方式来促进。

当下，联邦法院主要通过一种“类型化”的路径（category approach），对垄断案由的行为“排他性”要件展开分析。判例法将排他性行为大致划为以下五个类型。至于其他难以归入下述类型的潜在排他性行为，则留待联邦法官予以个案裁量和认定。第一，排他性的定价行为。相关市场

① *See* Christopher L. Sagers, *Antitrust: Examples & Explanations*, Wolters Kluwer Law & Business, pp.182-183.

② *See United States v. Grinnell Corp.*, 384 U.S. 563, 570-71（1966）.

③ *United States v. Griffith*, 334 U.S. 100, 106-07（1948）.

的垄断者可能为商品设置一个极低的价格，导致竞争对手一旦试图匹配这一低价，就难以维系下去。排他性定价策略具体又表现为以下四种形式：（1）普通的掠夺性定价（predatory pricing），目标就是通过低价策略、市场势力和资金支撑来排挤竞争对手；（2）掠夺性采购，即故意将必需投入品（如原材料）的价格抬高，使竞争对手无力负担；（3）伪装成忠实顾客奖励或促销的折扣计划，但本质上依然是价格掠夺；（4）对供应链予以纵向整合的垄断者，将其垄断的投入品以高价出售给下游竞争对手，再以低成本优势与之竞争。第二，排他性的拒绝合作行为。垄断者可能利用其占据的关键地位或掌握的稀缺资源，通过拒绝与竞争对手交易、合作或进行业务往来，损害竞争对手的利益。譬如：（1）竞争对手如果不与垄断者开展某种合作，就无法经营下去；（2）对供应链予以纵向整合的垄断者，拒绝向下游竞争对手出售其必需的投入品；（3）垄断者控制了竞争对手需要获取的某些资源，比如通信基础设施等“必要设施”。第三，排他性的分销行为。垄断者可能通过封锁分销链上的某一环节，排除竞争对手与客户或供应商的接触机会，比如“二选一”垄断行为、“搭售”行为。第四，排他性的滥用制度行为（misuse of institutions）。垄断者可能通过滥用公共制度来伤及竞争对手，比如滥诉、试图操纵政府机构或标准化组织制定规则的过程。第五，排他性的滥用知识产权行为。典型的情形是：无正当理由拒绝以公平、合理、非歧视的条件授予知识产权的使用许可；抑或对某一产品（“主物”）采用新设计、新款式，利用兼容性的障碍，使竞争对手无法提供其他可用的“从物”。

三、试图垄断和共谋垄断

除了纯粹单边的、产生实际后果的垄断行为，《谢尔曼法》第2条同样禁止试图垄断和共谋垄断。通常认为，这两项诉因在一定程度上填补了“普通共谋行为”和“纯粹单边的、产生实际后果的垄断行为”之间的反托拉斯真空地带。

相较于普通垄断，试图垄断案由的成立对于被告市场势力的要求稍低，但是除了“排他性行为”要件，原告必须额外证明被告特别希望获得垄断势力。根据“波谱体育公司诉麦奎兰案”的判理，试图垄断案由的构成要件是：（1）被告从事掠夺性或限制竞争的行为；（2）被告具有获得垄断的特定意图，而不止于从事某种排他性行为的概括意图；（3）被告具有获得垄断势力的危险可能性，也即市场势力，具体可以通过准入壁垒保护下的较高市场份额予以证明。[①]

至于共谋垄断，原告需要证明：（1）两个以上被告共谋；（2）它们具有获得垄断的特定意图；（3）它们采取了至少一次明显的、推动共谋付诸实施的行为（区别于前述的排他性行为），甚至其本身不必要具有独立的危害性。此外，联邦下级法院对于原告在共谋垄断类案件中，是否需要证明垄断势力或者获得垄断势力的危险可能性，存在一定意见分歧。[②]

① *See Spectrum Sports, Inc. v. McQuillan*, 506 U.S. 447, 456（1993）.

② 参见［美］克里斯托弗·萨格尔斯：《反托拉斯法：案例与解析》，谭袁译，商务印书馆2021年版，第261页。

第三章 美国有关来自境外证券投资的法规

了解美国有关来自境外证券投资方面法规，对于更好地促进中国企业赴美投资、保护相关中国企业海外投资权益，具有重要的理论与实践意义。

第一节 美国证券法规体系总体情况

一、美国联邦与州有关证券投资的法律规制体系

美国有关证券投资的法律规制体系主要分为联邦和州两级，在1929年至1933年的经济大萧条之前，美国对于证券投资的管理法律法规主要集中于州级层面，通过各州的民法、刑法等法律中与证券交易相关的法律规范对州内的证券交易行为进行调整。这一时期，美国各州一般由州一级政府制定有《蓝天法》(Blue Sky Act)，对州内的相关证券交易行为予以规范，同时，州一级政府也负责执行监管证券的发行和销售，以保护公众免受欺诈。随着美国金融衍生工具的不断发展，美国逐步出现众多跨州的证券交易行为，仅仅局限于州级层面的《蓝天法》治理理念与方式的诸多不足逐步凸显，如各州的《蓝天法》无法规制跨州的证券投资交易。

随着1929年来经济大萧条所造成的经济恶化，美国在联邦层面制定了1933年《证券法》以后，对于证券投资的法律规则体系正式进入了联邦治理层面，相关治理规则体系也构成了直至当下美国证券投资法律规制的根本性框架体系。

总体而言，联邦层面的境外证券投资证券法律体系主要由包括1933年《证券法》、1934年《证券交易法》、《信托凭单法》(Trust Indenture Act)、1940年《投资公司法》(Investment Company Act)、《投资顾问法》(Investment Advisor Act)、《公用事业控股公司法》(Public Utility Holding Company Act)、2002年《萨班斯—奥克斯利法》(SOX法)案、2010年《多德—弗兰克华尔街改革和消费者保护法》(Dodd-Frank Wall Street Reform and Consumer Protection Act)、2012年《创业起步法》(Jumpstart Our Business Startups Act，简称“JOBS法”)以及新近的《外国公司问责法》等构成。同时，美国联邦

各级法院的判例和美国证券交易委员会制定的规则也构成美国联邦证券法律体系的重要组成部分。其中，1933 年《证券法》、1934 年《证券交易法》及根据后法设立的美国证券交易委员会在整个美国证券投资法律管理体制中扮演核心角色。①

二、美国证券法律的核心内容

从法律规制义务检视，信息披露、防止欺诈及诚实信用是美国证券投资法律体系的核心与灵魂，并由此在上述法律的核心内容与要义中主要得到如下体现：（1）由创建于 1934 年的美国证券交易委员会执行适用于证券业的联邦法律；（2）发行证券的公司和出售证券的投资银行必须保证对证券的品质作出“充分披露”，也即其必须在上报给证券交易委员会的登记报表和提交给公众的认购说明书中披露所有相关的事实；（3）所有名字出现在登记报表和认购说明书上的个人（如执行相关职能的律师、会计师或银行家等）均必须对由于报表或认购说明书中任何事实遗漏或者信息错误而导致证券认购人遭受的损失负责；（4）禁止内部交易，禁止内部知情人（包括经纪人、交易商等）操纵证券价格，损害公众利益；（5）联邦储备系统董事会被授权确定由债券和股票之贷款的现金比例。

1. 关于信息披露与透明度义务

信息内容披露义务是美国证券市场交易中上市公司最为重要的一项义务。信息的对称性、真实性构成了证券市场上市公司与投资者之间可以达成平等交易的前提。在资本市场上，若不存在信息的对称性，则证券投资的公平性、效率性与对投资者的保护性则会沦为一纸空文，因为作为在证券交易市场中对信息占有主动地位的上市公司而言，其可以利用多种手段从对证券交易、证券价格等的操纵获益。信息披露是反欺诈和诚信义务的方法与要求，包括公开发行时的初始披露和上市交易后的持续披露。

信息披露制度，又称信息公示制度或信息公开制度，指上市公司为保障投资者利益、接收社会公众监督而依律规定将其自身财务状况、经营状况等信息和资料向证券管理部门和证券交易所报告，并向社会公开或者报告，以便投资者充分了解相关信息的制度。持续性的信息披露制度，指的是证券发行后，发行人在证券交易的过程中或公司存续期间，及时地、持续地向全体股东或社会公众披露一切与公司相关的重要信息的制度。初始

① https：//www.sec.gov.ph/laws-rules-decisions-and-resolutions/legislation/.

披露义务主要规定在《证券法》中，而持续披露义务主要规定在《证券交易法》中。此外，《证券交易法》还授权美国证券交易委员会，要求公开交易证券的公司定期报告信息。美国国会在20世纪70年代进一步对1934年《证券交易法》中首次增加的内容与信息披露义务进行了重大扩展。这一扩展使得美国财政部与美国商务部获得了监督与规制，但并非限制在美国的外国投资，特别是证券投资的权力。当前，美国证券市场针对境外企业的上市，已经形成了较为完善的综合信息披露制度（Foreign Private Issuer Integrated Disclosure System）。对于境外证券的初始披露，主要使用F-1、F-3、F-4和F-6表格。在持续披露问题上，20-F表格用于境外企业的年报披露，6-K表格用于临时报告（Current Report）披露，而40-F表格仅适用于与美国建立了多法域信息披露体系（Multi-Jurisdiction Disclosure System）的加拿大公司在美国的年报披露。①

2. 关于反欺诈与诚实信用义务

证券市场信息不对称的特性，决定了信息披露及其监管的重要性；对于欺诈行为的禁止和惩罚，更是维护证券市场稳定、保护投资者权益的重要措施。美国证券交易委员会在1942年根据1934《证券交易法》第10（b）条规定，制定了10b-5规则，即著名的反欺诈条款（anti-fraud provision）。该条款被广泛应用于证券欺诈集团诉讼，适用于追究虚假陈述、内幕交易、操纵市场、不当管理等几乎所有的证券欺诈行为，构成反欺诈法的核心。

与反欺诈的规定紧密关联的法律风险就是虚假陈述。《证券法》第11条规定"当注册报告书的任何部分在生效时含有对重大事实的虚假陈述，或漏报了规定应报的，或漏报了为使该报告书不至被误解所必要的重大事实时，任何获得这种证券的人（除非被证明在获取证券时，他已知这种不真实或漏报情况）都可以根据法律或平衡法在任何具有合法管辖权的法院提起诉讼……"。这一条明确规定公司虚假陈述的两种情形、举证责任、证明标准、投资差额计算以及相应的免责事由等等，又被称为"明示责任"（express right of action）；第二就是《证券交易法》第10（b）条的反欺诈条款。这一条与《证券交易法》第11条不同的是，它没有明文规定投资者的诉讼权利，反而是通过判例法 Superintendent v. Bankers Life 而确认其中包含对受害投资者提起民事诉讼请求损害赔偿的依据，又被称为"默示责任"

① 蒋辉宇：《境外企业境内股票发行与上市监管法律制度研究》，法律出版社2017年版，第112—113页。

（implied right of action）。在实践中，《证券交易法》第 11 条规定的范围较为有限，不仅只有持有证券的投资者才拥有诉讼资格，而且范围也只限于在注册报告书中。相反，反欺诈条款在实践中的适用更加广泛，因为其中的对“任何人”“任何方式”“任何证券”等表述，极大扩展了虚假陈述民事责任的适用范围。①

美国证券投资法律体系并无对美国境内投资者与境外投资者在保护与义务待遇上有明确的差别性分野。如若一外国企业拟在美国证券市场发行有价证券，又或者是通过美国证券市场获取美国上市公司的有价证券以获取控制权，则该外国企业必须如同美国境内企业一般，遵守上述核心成文法律以及判例所明确的若干核心法律原则与规则，当中就包括信息披露义务、公司内控管理义务、对投资者保护义务及诚实信用反欺诈义务等。美国当前法律体系明确，所有外国公司意欲申请在美国上市，都必须和美国本土公司一般，在美国证券交易委员会进行注册登记。美国国会授予证券交易委员会行使权力对上市公司相关行为进行监管，保证上市公司不存在财务欺诈和提供误导性信息，以及其他违反各项证券交易法的行为，否则相应公司将面临民事诉讼。

第二节　美国证券投资法规核心内容发展

从美国经济大萧条到 2002 年的安然财务造假事件，再到全球经济再平衡下的中美经贸摩擦，美国证券投资法律规制体系的核心义务范畴始终没有发生变化与动摇，美国规制证券投资的法律理念始终未曾发生改变，但值得注意的是，相关核心义务的内容与外延却随着时代的发展逐步进行了部分调整。

一、1933 年《证券法》与 1934 年《证券交易法》的根本性制度基础

1933 年《证券法》与 1934 年《证券交易法》是当前美国证券投资法律体系中的两部根本性法律。前者主要针对初级市场，解决的是证券发行的相关问题，对公司首次公开上市时的信息初始披露义务做了详细规定。而后者则主要针对次级市场，对证券上市后的后续交易问题作出更为细化的

① 李有星、潘政：《瑞幸咖啡虚假陈述案法律适用探讨——以中美证券法比较为视角》，《法律适用》2020 年第 9 期。

规定。

（一）1933 年《证券法》的主要内容与核心义务

1933 年《证券法》是美国联邦层面制定的第一部全面规制证券市场行为的联邦性法律。制定的目的在于通过要求证券发行人履行信息披露义务保护投资者，是美国历史上首次从联邦层面对证券发行行为进行系统管理的法律，并首次确立了信息披露制度。

1933 年《证券法》规定，除非证券首先在美国证券委员会进行登记，否则相应证券的公开销售或公开销售要约就是违法的。另外，必须将含有美国证券委员会规定内容的招股书交至购买证券或要约的人手中。根据 1933 年《证券法》的规定，上述要求因外国证券发行人（投资者）的政府、企业或个人实体身份或性质有别。

首先，就外国政府作为证券发行人而言，证券发行人发行的证券必须在美国证券委员会下做出登记。相应的登记义务主要分为以下两个方面：第一，招股书必须向所有购买证券的购买者提供；第二，包含一个不需要向证券购买者提供但必须向监管者提供的相关信息列表性内容。1933 年《证券法》第 7 节，即减让表 A，规定必须刊载于登记声明中的相关信息与内容。当中就包括如下系列信息，例如具体的行业、主要的利益所有者、公司资产及债务情况及发行证券的合法性等内容。1933 年《证券法》第 10 节第 a 款明确了招股书需要涵盖的相关信息与内容，同时，在后续的实践中，美国证券交易委员会也就需要发布的相关信息制定了若干条例。

登记制度实施的是一般加例外的管理模式。即存在不需要进行登记或可予以登记豁免的证券发行情况。若外国投资者属于以下三种情形，则可免于登记：（1）对特定对象的私募行为；（2）小额及各州境内的募集行为；（3）各州与联邦政府为自治需要所发行的市政证券。

因应急速发展的证券经济，美国证券交易委员会于 2005 年 6 月通过了 1933 年《证券法修正案》，主要修订证券发行相关程序。从发行人的种类、沟通活动、公开说明书的补充说明、相关责任、现代化的申报登记核实制度及最终版本公开说明书的送达等六个方面对证券发行程序作出修订。就外国企业证券发行人而言，1933 年《证券法》并无对其作出与美国本土企业证券发行人有别的待遇性规定，两者均应适用 S-1 注册表格。

1933 年《证券法》对不履行相应登记及披露义务、对所公开资料的重大实施虚构或者隐匿的发行人苛以民事或刑事责任。1933 年《证券法》第 11 条规定：如果公司初始上市时对重大事实虚假陈述或遗漏陈述，投资者可通过民事起诉追究相关人员的虚假陈述责任，起诉的对象包括发行人、CEO、CFO、首席会计师、董事会多数成员及公司在美代表、发行人的董事或拟提名董事、会计师、律师和承销商。1933年《证券法》第17条（反欺诈条款）规定："在发售或销售证券时，任何人不得对重大事实进行虚假陈述或遗漏陈述，也不得以任何手段进行欺诈活动。"1933年《证券法》第20条进一步明确："美国证券交易委员会有权对信息披露违规者处以罚金，如果有欺诈或故意违规行为，对自然人最高可罚10万美元，对公司可罚50万美元，如果被告违规所得更高，则罚没违规所得。"1933年《证券法》第24条规定，有证券违法行为，或在上市之时对重大事实虚假陈述或遗漏陈述的，一旦被定罪，则应被判最高5年监禁。

（二）1934年《证券交易法》主要内容与核心义务

1934年《证券交易法》的制定目的主要有：一是为投资者提供公开信息；二是防止市场欺诈；三是提供相应弥补防范的措施；四是管理证券市场。其对上市公司在上市后的持续信息披露义务及防止欺诈的义务及相关的法律后果作出详细规定。例如《证券交易法》第10（b）条规定："在证券交易中禁止使用操纵和欺诈的手段行事。"第13条规定："上市公司有向证券交易委员会提交经过独立审计师验证的年报及符合规则要求的季报的信息披露义务，任何人不得故意规避公司内部财务控制制度，不得篡改任何账簿、记录或账目"。第18条进一步规定："公司上市之后持续信披中，如果在任何报告、文件及材料里对重大事实进行虚假或误导性陈述的，应对信赖其陈述而交易股票并因此遭受损失的投资者承担民事赔偿责任。"第32条规定：有证券违法行为，或在上市之后持续信披过程中在任何报告、文件或资料中对重大事实虚假陈述或遗漏陈述的，一旦被定罪，自然人应被处以最高500万美元的罚款，或应判最高20年监禁，或两者并罚；其他主体则应被处以最高2500万美元的罚款。

二、2002年《萨班斯—奥克斯利法》透明度与公司内控义务的进一步提升

为应对由于安然等事件给美国证券市场所造成的负面冲击，重新建立投资者对美国监管机构及证券市场监管体系的信心，2002年《萨班斯—奥克斯利法》意在进一步在会计职业监管、公司治理以及证券市场监管等方面强化相应义务性要求，提升透明度与可信程度，进一步提升审计质量及用最少的成本投入降低诈欺。

《萨班斯—奥克斯利法》第 301 节要求所有上市公司必须组建由独立的公众公司会计审计委员会，负责监管执行公众公司审计的会计师事务所以及注册会计师。设立公众公司会计审计委员会，也是国会制定《萨班斯—奥克斯利法》最为重要的发明与创造。其中，《萨班斯—奥克斯利法》第 302 节、第 404 节、第 409 节及第 802 和 906 节是该法的核心内容所在，分别对上市公司的公司责任、内部控制、重要信息披露以及罚则等核心内容予以明确，从外部治理及内部治理两个维度全方位对上市公司的相关行为作出规制。总括而言，《萨班斯—奥克斯利法》的主要内容及特点有以下几个方面：

第一，创设成立公众公司会计监察委员会，监管执行公众公司审计。公众公司会计审计委员会（PCAOB）是《萨班斯—奥克斯利法》中最具原创性且意义深远的制度设计。该制度设立的原因也是为了进一步实现《萨班斯—奥克斯利法》出台所要达到的最为首要的目的——改进审计质量，同时，以成本效益为基础减少证券投资中所存在的“诈欺”。公众公司会计审计委员会拥有注册、检查、调查和处罚权限，保持独立运作，自主制定预算和进行人员管理，不应作为美国政府的部门或机构，遵从哥伦比亚非赢利公司法，其成员、雇员及所属机构不应视为联邦政府的官员、职员或机构。授权美国证券交易委员会对公众公司会计审计委员会实施监督。要求执行或参与公众公司审计的会计师事务所须向公众公司会计审计委员会注册登记。公众公司会计审计委员会将向登记会计师事务所收取“注册费”和“年费”，以满足其运转的经费需要。公众公司会计审计委员会有权制定或采纳有关会计师职业团体建议的审计与相关鉴证准则、质量控制准则及职业道德准则等。同时，该法明确，公众公司会计审计委员会对公众公司审计客户超过 100 个以上的会计师事务所，要进行年度质量检查，其他事务所每 3 年检查一次。公众公司会计审计委员会和证券交易委员会可随时对会计师事务所进行特别检查。第二，要求加强注册会计师的独立性。比较突出的修订是其修改 1934 年《证券交易法》，禁止执行公众公司审计的会计师事务所为审计客户提供列入禁止清单的非审计服务，未明确列入禁止清单的非审计服务也要经过公司审计委员会的事先批准。第三，加大公司的财务报告责任。要求公司的审计委员会负责选择和监督会计师事务所，并决定会计师事务所的付费标准。同时，该法要求公司首席执行官和财务总监对呈报给美国证券交易委员会的财务报告“完全符合证券交易法，以及在所有重大方面公允地反映了财务状况和经营成果”予以保证。第四，强化财务披露义务。主要表现为公众公司应进行实时披露，即要求及时披露导致公司经营和财务状况发生重大变化的信息。第五，加重处罚违法行为。例如，对故意犯有证券欺诈的犯罪最高可处以 25 年监禁。对个人及公司的罚金则最高可达 500 万美元及 2500 万美元。第六，强化美国证券交易委员会的监管职能。从 2003 年度起将对美国证券交易委员会的拨款增加到 7.76 亿美元，加强欺诈防范、风险管理、市场监管与投资管理。其中，9800 万美元用于招聘 200 名工作人员，加强对注册会计师和审计业务的监管。

三、《外国公司问责法》中美证券投资规制体系的制度化冲突

中美贸易摩擦以来，美国一再通过国内立法进一步对中国企业进行限制或打压。2020 年底由美国总统签署的《外国公司问责法》就是反映资本市场中美贸易摩擦的例子。

考虑到 2002 年《萨班斯—奥克斯利法》对中国在美上市企业监管的无力，2020 年 12 月，美国国会通过《外国公司问责法》(Holding Foreign Companies Accountable Act)。2021 年 3 月 24 日，美国证券交易委员会发布实施该法的暂行性规定（Interim Final Rules），对《萨班斯—奥克斯利法》的强化。其中主要内容分为两大部分：一是材料提交和信息披露要求；二是潜在退市要求。根据《外国公司问责法》要求，证券发行人若聘用公众公司会计审计委员会无法检查特定审计报告的会计师事务所，必须证明其不被外国政府拥有或控制。如果公众公司会计审计委员会连续三年无法对此等发行人的会计师事务所进行检查，证券交易委员会将会禁止其证券在美国交易所或通过其他方式进行交易。另外，此等发行人必须在每个非检查年度披露以下信息：发行人注册地政府机构的持股比例；这些政府实体是否享有控制性财务利益；董事会成员是否为中国共产党官员等相关信息；发行人的公司章程是否载有中国共产党章程。①《外国公司问责法》的出台，意味着中美跨境证券监管冲突的进一步激化；如果两国未来无法就监管合作方案达成共识，在美上市的中概股在法案生效三年后很可能面临退市风险。

① S.945-Holding Foreign Companies Accountable Act，https：//www.congress.gov/bill/116th-congress/senate-bill/945.

第二部分

美国涉华投资的争端案例

第四章　三一集团诉美国外国投资委员会不当使用国家安全审查措施案

2014 年 7 月 15 日，美国哥伦比亚特区联邦巡回上诉法院裁定，美国总统奥巴马下达的总统令侵犯了三一集团及罗尔斯公司享有的受美国宪法保护的“正当程序”，美国外国投资委员会被迫向中国公司移交相关“非保密证据”。中国企业在本案中的胜诉，对于中国赴美投资企业处理类似问题具有重要意义，但也要看到，该案并未触及美国国家安全审查的核心问题。因此，我们在关注本案胜诉意义的同时，也应当对其背后的问题进行探究。

第一节　基本案情

罗尔斯公司（Ralls Corporate）是一家在美国特拉华州注册的企业，系三一集团（Sany Group）在美国的关联公司，股东为三一集团财务总监段大为，以及三一电气副总裁兼总经理吴佳梁。

2012 年 2 月 28 日，罗尔斯公司与希腊电网特纳美国公司（Terna Energy US）签订资产收购合同，收购特纳美国公司位于俄勒冈州的 Butter Creek 风电厂项目。该项目由 Pine City、Mule Hollow、High Plateau，以及 Lower Ridge 四个风电厂组成，其中前三者距离美国海军禁飞区及轰炸区七英里，而第四个风电厂 Lower Ridge 则位于禁飞区内。罗尔斯公司事先未向美国外国投资委员会（Committee on Foreign Investment in the United States，CFIUS）[①] 申报该笔交易。

---

① 根据 1950 年美国《国防生产法》（Defense Production Act of 1950）、《埃克森—弗罗里奥修正案》（Exon-Florio Amendment，针对《国防生产法》第 721 节的修订，以下简称“721 条款”），以及 2007 年美国《外国投资与国家安全法》（Foreign Investment and National Security Act 2007，FINSA），CFIUS 有权行使外资安全审查，并且可以建议总统阻止交易。根据 FINSA 以及《关于外国人兼并、收购和接管的规定》（Regulations Pertaining to Mergers，Acquisitions，and Takeovers by Foreign Persons），CFIUS 审查的对象是在 1988 年 8 月 23 日之后提出或未决的，使外国人得以控制美国企业的任何兼并、收购和接管交易，而“控制”是指以持股、代理投票权、协议或其他方式来确定、引导或决定对企业有影响的事件。50 U.S.C. App. § 2170（a）（3）；32 CFR § 800.301（2013）；32 CFR § 800.204（2013）.

2012 年 5 月，美国海军以 Lower Ridge 可能影响其低空训练为由，敦促罗尔斯公司搬走该风电厂。此后，罗尔斯公司将 Lower Ridge 向南迁移 1.5 公里，但其仍位于禁飞区内。罗尔斯公司辩称，Butter Creek 附近区域建有 9 个使用外国风涡轮机的风电项目，其中 7 个位于禁飞区内。

2012 年 6 月，外国投资委员会得到国防部相关报告，进而介入调查罗尔斯公司发起的该项并购交易，要求其向委员会提交国家安全审查报告。

2012 年 6 月 28 日，罗尔斯公司和特纳美国公司向外国投资委员会提交报告书，并且强调该项并购交易不会对美国国家安全构成威胁。随后，委员会针对罗尔斯公司启动为期 30 天的审查（review）程序。①

2012 年 7 月 11 日，外国投资委员会在华盛顿特区就 Butter Creek 项目举行专门听证会。

2012 年 7 月 25 日，外国投资委员会以涉案并购交易威胁美国国家安全为由，发布一项旨在降低上述威胁的临时法令（以下简称“七月法令”）。“七月法令”要求罗尔斯公司：（1）停止 Butter Creek 现场所有工程建设及运营；（2）在 2012 年 7 月 30 日前，将所有堆放或储存物品搬离项目现场，并且不得在项目现场堆放或储存新的物品；（3）关闭所有通往项目现场的通道。为了减少该项法令给自身造成的损失，罗尔斯公司告知外国投资委员会，其欲将该项目工程转让给其他美国投资者。

2012 年 7 月 30 日，外国投资委员会针对罗尔斯公司启动为期 45 天的调查（investigation）程序。

2012 年 8 月 2 日，外国投资委员会发布最新修订的临时措施法令（简称“CFIUS 法令”），要求罗尔斯公司及其子公司、Butter Creek 公司，以及三一集团股东：（1）停止 Butter Creek 现场所有工程建设及运营；（2）将所有堆放或储存物品搬离，并且不得将新的项目留在项目区域或规

① 美国国家安全审查的程序可分为 30 天的审查期、45 天的调查期和 15 天的总统裁决期三个阶段。经过第一阶段 30 天的审查期，如果外国投资委员会认为该交易不会对美国国家安全构成威胁，则委员会将决定不予调查该项交易，并终止审查程序。但是在三种情况下，交易需要进入为期 45 天的调查期：一是交易确实威胁到美国国家安全，二是交易由外国政府控制，三是外国人拟通过交易控制美国关键基础设施，并且此等控制会威胁美国国家安全。45 天的调查期结束后，委员会可以与交易双方协商有效的缓解措施，或者提请总统中止或否决交易。总统须在 15 天内作出最终决定。当且仅当存在可靠证据证明，交易可能会对美国国家安全造成影响，并且现行其他法律不能为国家安全提供有效保护的情况下，总统才能暂停或否决该项交易。参见李善民、习超、万自强：《罗尔斯公司收购案与美国的安全审查——美国的外资并购审查规制框架及其对我国的启示》，《中山大学学报》（社会科学版）2014 年第 1 期。

定的区域，或距离限飞空域近于到规定地点的地方；(3) 禁止任何人进入该项目区域，除非是与该公司签订了合同，并经过外国投资委员会批准的美国公民，而且其只能是为了清除该项目；(4) 禁止出售、转让或者建议、促成出售、转让三一集团生产的任何项目给第三方使用，或者在项目区域安装；(5) 禁止将该项目公司和资产转让或出售给任何第三方，若罗尔斯公司想要转卖任何项目公司或财产，必须先将 Butter Creek 现场所有物品搬离，并将转卖事宜告知美国外国投资委员会，委员会有权在 10 个工作日内予以否决。

2012 年 8 月 29 日，美国外国投资委员会下达最终决定命令罗尔斯公司：(1) 搬走所有位于 Butter Creek 的设备并撤出股权；(2) 除了执行拆除任务的美国籍员工之外，禁止任何罗尔斯公司的员工进入风电项目现场；(3) 禁止罗尔斯公司将产品和风电项目转卖给第三方；以及 (4) 禁止将罗尔斯公司及其资产转卖给第三方，除非其已经拆除风电项目中为其所有的设备，并且买方经审核系非罗尔斯公司员工的美国人。

2012 年 9 月 12 日，罗尔斯公司将美国外国投资委员会和美国财政部部长盖特纳 (Timothy F. Geithner) 起诉至美国哥伦比亚特区联邦地区法院，要求法院判决委员会法令无效并停止执行。罗尔斯公司提出的依据是，委员会超越法定职权、武断发布法令的行为，违反《行政程序法案》规定；该法令因剥夺罗尔斯公司受宪法保护的合法财产权益，而违反美国宪法第五修正案中有关“正当程序”的规定。

2012 年 9 月 13 日，美国外国投资委员会将调查报告及建议呈交时任总统奥巴马。同日，罗尔斯公司向法院动议撤销上述法令。

2012 年 9 月 14 日，法院与当事方举行第一次电话会议，要求被告在 9 月 17 日前，就“无法挽回的损失”这一要件，针对原告动议提出部分反驳意见。

2012 年 9 月 18 日，法院与当事方举行第二次电话会议。由于美国总统将在 9 月 28 日作出决定，美国外国投资委员会命令将在十天内失效，故法院将被告针对原告动议提出全面反驳意见的期限延长了一天，并将于 9 月 20 日召开听审。

2012 年 9 月 19 日，原告主动撤回其在 9 月 13 日所提动议。

2012 年 9 月 28 日，美国总统奥巴马签发“关于罗尔斯公司收购四家美国风电项目公司的法令”，声称存在可靠证据表明，罗尔斯公司的并购交易将对美国国家安全造成威胁和破坏，必须禁止该项交易，并且要求罗尔斯公司：（1）在该法令发布 90 天内，放弃其在项目公司内所持有的全部利益和财产，并停止运营；（2）将所有堆放、储存、安装和固定在项目现场的物品搬离；（3）关闭所有通往工程现场的通道；（4）禁止向任何第三方出售、转让或促成出售、转让由罗尔斯公司制造或以其他方式生产的物品，用以在工程现场使用或安装；（5）遵守“禁止向第三方出售项目公司及其财产”的规定。

2012 年 10 月 1 日，罗尔斯公司向哥伦比亚特区联邦地区法院呈交修改后的诉状，将美国总统奥巴马追加列为本案共同被告，并且提出如下五项依据：（1）美国外国投资委员会就 Butter Creek 项目，向三一集团各公司下达的“七月法令”及美国外国投资委员会两项法令，超出“721 条款”① 授权，违反《行政程序法案》相关规定；（2）美国外国投资委员会就 Butter Creek 项目，向三一集团各公司下达的“七月法令”及委员会两项法令，在没有提供任何事实、证据和理由的情况下，即得出收购交易威胁美国国家安全的结论，并采取极为严厉的强制停工、禁用三一设备等措施，构成武断、随意的行为，违反《行政程序法案》相关规定；（3）总统奥巴马和美国外国投资委员会就 Butter Creek 项目，向三一集团各公司下达的诸项法令，超越其在宪法和相关法律项下的权限，系越权行为；（4）总统奥巴马和美国外国投资委员会就 Butter Creek 项目，向三一集团各公司下达的诸项法令，未经合法程序即剥夺罗尔斯公司的私有财产权，违反美国宪法第五修正案中有关正当程序（due process）的规定；②（5）总统奥巴马和美国外国投资委员会就 Butter Creek 项目，向三一集团各公司下达的诸项法令，突出强调了三一集团的“中国属性”，以及罗尔斯公司的实际控制人系三一集团的中国籍高管，构成针对罗尔斯公司的“选择性执法”，侵犯其享有的受宪法保护的平等权利。

2012 年 11 月 28 日，哥伦比亚特区联邦地区法院开庭审理本案。案件并未立即进入实体审理阶段，法院仅针对管辖权问题先行展开审查。

2013 年 2 月 22 日，哥伦比亚特区联邦地区法院裁定其有权审理本案。③

① “721 条款”规定，若外资并购涉及与美国国家安全相关的产业，将会受到美国外国投资委员会的审查；若审查后认定该项并购交易威胁国家安全，委员会将提请总统决策，总统有权以国家安全为由，禁止任何外国人对从事州际商务的美国企业实行兼并、收购或者接管。

② 美国宪法第五修正案中有关正当程序（due process）的规定是：未经正当法律程序，任何人不得被剥夺生命、自由或财产。

③ *Ralls Corp. v. Comm. on Foreign Inv. in the U.S.*, No. CIV.A. 12-1513 ABJ, 2013 WL 652447 (D.D.C. Feb. 22, 2013).

本案初审阶段主要围绕两个焦点问题展开：一是美国法院对本案是否享有司法管辖权；二是美国总统奥巴马剥夺罗尔斯公司财产权的程序，是否符合正当程序。

在第一次庭审中，哥伦比亚特区联邦地区法院主要针对以下三个管辖权问题展开审理：

第一，针对总统行为是否越权，法院认为自身不享有管辖权。地区法院指出，《行政程序法案》和“721 条款”都没有授予法院审查总统行为的权力，因而此等审查可能构成“非法定审查”(non-statutory review)。[①] 对此，既有判例证明，非法定审查是可行的。实际上，“721 条款”授权总统可以依据可靠证据，采取任何“适当”(appropriate) 措施，以中止或禁止交易达成。而在本案中，罗尔斯公司开展并购前并未得到美国外国投资委员会批准，呈现在委员会和总统面前的，是一项业已完成的收购交易，以及一个正在进行的风电项目，所以为了禁止罗尔斯公司的交易，总统所采取的都是适当措施，其发布的法令并未超越法定权限。

第二，针对罗尔斯公司在第五项依据中，主张总统剥夺其受到法律平等保护的财产权的行为违宪，法院认为，如果要对此进行审查，必然需要附带审查总统采取的措施是否适当。由于法院在上述分析中，已经认定总统采取的措施适当，因而法院对该项请求依据也没有管辖权。

第三，法院认定自身无权管辖罗尔斯公司针对外国投资委员会提出的各项诉求。首先，总统法令撤销了委员会早前发布的法令，这一点没有争议。其次，委员会法令也不属于“规避审查”(evade review) 的“例外情形”。哥伦比亚特区联邦地区法院认为，依据 Honig v. Doe 案[②]，联邦法院只对“实际的、正在进行的纠纷”具有管辖权；同时，根据 Clarke v. United States 案[③]，法官认为，如果一项决定在当下没有，且在将来也不可能影响当事人的权利，则针对此等决定的起诉是无效的。然而原告主张委员会法令属于“规避审查”的“例外情形”，法院对此认为，Spencer v. Kemna 案[④] 判决，给

---

① 美国行政法规定，只要法律没有明确禁止，一切行政行为都可以受到司法审查。未经法律明确规定或授权的司法审查，被称为“非法定审查”。非法定审查适用于法律没有明确规定某种行为可以受到审查的情况，或者所规定的审查不能给予适当救济的情况，它是根据法院所具有的一般管辖权限进行的审查。参见王名扬：《美国行政法》(下)，中国法制出版社 2005 年版，第 567—568 页。

② *Honig v. Doe*，484 U.S. 305，317（1988）.

③ *Clarke v. United States*，915 F.2d 699，701（D.C. Cir. 1990）.

④ *Spencer v. Kemna*，523 U.S. 1，3（1998）.

出了认定“例外情形”的两条标准：（1）被诉行为的有效期限过短，以至于当事人无法在该行为失效之前，及时向法院提起诉讼；（2）可以合理推测，同一当事人在将来会受到相同行为的影响。但在本案中，外国投资委员会的“七月法令”是2012年7月25日作出的，“CFIUS法令”是2012年8月作出的，而罗尔斯公司直至同年9月12日方才起诉，当中间隔41天，而此时距离总统作出决定的最后期限仅有15天。不过，法院仍然安排了在15天内对罗尔斯公司的动议展开听证，但罗尔斯公司在听证会前主动撤回动议。根据Newdow v. Roberts案①，原告若有意援引“例外情形”，应当尽全力避免诉讼无效，但本案中罗尔斯公司迟延起诉，以及主动撤回动议的行为，表明其并未履行此等义务。此外，罗尔斯公司也无法提供有力证据，表明其将来会再次收到委员会出具的相同法令。因此，法院对于CFIUS法令是否越权，并不享有管辖权。

2013年2月26日，哥伦比亚特区联邦地区法院针对罗尔斯公司提出的上述五项依据，仅同意受理其中的第四项依据，即“总统法令”未经合法程序剥夺罗尔斯公司私有财产权的行为，违反美国宪法第五修正案中关于“正当程序”的规定。对于罗尔斯公司提出的其余四项依据，法院支持了被告的撤销动议。②

2013年7月11日，本案进行第二次庭审，内容主要围绕“正当程序”展开。哥伦比亚特区联邦地区法院认为，“正当程序原则”要求非经正当法律程序，任何人不得被剥夺生命、自由或财产。为了达到“受正当程序保护”的标准，罗尔斯公司需要满足两项“门槛要求”：第一，证明政府剥夺了罗尔斯公司受保护的权益；第二，证明罗尔斯公司未被提供充分的、受到宪法保障的正当程序。但是法院认为，罗尔斯公司未能证明其受保护的财产权被剥夺；即便罗尔斯公司享有此等受保护的权益，也已经被赋予充分的程序保障，理由如下：

首先，地区法院认为，罗尔斯公司未能证明其被剥夺的是一项受保护的权利。根据《国防生产法》，如果外国人参与的某项并购，会导致美国企业受到外国人控制，则交易一方或双方可以向美国外国投资委员会提交关于“并购前安全审查”（pre-acquisition review）的书面申请。若经审查后认定，该笔交易不会对美国国家安全造成威胁，则委员会和总统在今后不能

---

① *Newdow v. Roberts*，603 F.3d 1002，1009（D.C. Cir. 2010）.

② *Ralls Corp. v. Comm. On Foreign Inv. in the U.S.*，926 F.Supp.2d 71（D.D.C. 2013）.

再次对其发起审查；若交易被认定存在国家安全威胁，则会触发正式的安审程序。由此可知，法律鼓励外国企业在启动并购之前主动向美国外国投资委员会进行申报，但罗尔斯公司并没有主动申请“并购前安全审查”，因而面临交易随时可能被禁止的风险。罗尔斯公司是在明知此等风险的情况下，依然自愿开展并购。此外，由于总统在国家安全审查中享有宽泛的自由裁量权，可以基于合适的理由禁止交易，因此罗尔斯公司对其收购的风电项目不具有“期待利益”。

其次，地区法院认定，即使罗尔斯公司被剥夺了一项受保护的权益，此等剥夺也已历经“正当程序”。法院认为，在剥夺一项受保护的权益时，需要做的是根据案件具体性质，采用适当方式通知当事人，并听取其反驳和申辩意见。据罗尔斯公司的起诉状所述，美国外国投资委员会在发布法令之前，曾向罗尔斯公司询问过一系列问题，并且向其提供了与之会谈的机会；此后，罗尔斯公司确实与委员会展开面谈，并作出相应陈述和申辩。此外，罗尔斯公司还曾被委员会告知，若不主动放弃项目权益，委员会建议总统发布禁令。由此可知，罗尔斯公司在被剥夺权益之前，已经收到通知，并有机会加以反驳。问题的关键在于，罗尔斯公司是否有权知晓总统禁止交易的理由，并对“这些理由”进行反驳。对此，法院认为，相较于国家安全，罗尔斯公司的财产权益微乎其微，而由于总统在国家安全审查中享有很大的自由裁量权，罗尔斯公司对“这些理由”的抗辩没有任何价值。基于利益平衡原则，法院最终认定，剥夺罗尔斯公司财产权益的程序是正当的。

2013 年 10 月 9 日，哥伦比亚特区联邦地区法院驳回罗尔斯公司关于正当程序的诉请依据，批准被告提出的撤案动议。①

2013 年 10 月 16 日，罗尔斯公司向哥伦比亚特区联邦巡回上诉法院递交上诉通知。

2014 年 7 月 15 日，哥伦比亚特区联邦巡回上诉法院裁定：奥巴马下达的总统令，侵犯了罗尔斯公司所享有的受美国宪法保护的“正当程序”。②在上诉法院作出判决之后，美国外国投资委员会向罗尔斯公司移交了长达 3487 页的“非保密证据”。

2015 年 11 月 4 日，三一集团与美国政府正式达成全面和解，并且据此

---

① *Ralls Corp. v. Comm. on Foreign Inv. in the United States*，987 F.Supp.2d 18（D.D.C. 2013）.

② *Ralls Corp. v. Comm. on Foreign Inv. in U.S.*，758 F.3d 296（D.C. Cir. 2014）.

撤销了针对奥巴马和美国外国投资委员会的诉讼。美国政府也相应撤销了针对罗尔斯公司强制执行总统法令的诉讼。

第二节　法院分析

上诉阶段，罗尔斯公司将重点放在“正当程序”上。同时，罗尔斯公司还要求法院确认美国外国投资委员会的法令具有可诉性。哥伦比亚特区联邦巡回上诉法院针对以下三个方面展开审理：

1. 正当程序的管辖权问题

哥伦比亚特区联邦巡回上诉法院指出，在审理具体问题之前，其有必要确认：对于地区法院驳回罗尔斯公司针对总统法令提出的正当程序诉求，自身是否享有管辖权。对此，被上诉方（美国政府）认为法院不具有管辖权，并提出两点抗辩理由，法院逐一作出反驳：

第一，美国外国投资委员会认为“721 条款”中“美国总统的……如下决定不得提交司法审查”的措辞表明，美国总统所作关于国家安全审查的决定不具有可诉性。然而上诉法院认为，“决定”（findings）仅指总统依据可靠证据，认定外资将威胁国家安全，并且没有其他途径避免此等威胁时作出的决定，所以此处的“不可诉”仅针对“决定”本身而言，总统作出决定的“程序”仍然具有可诉性。同时，上诉法院认为，大量判例表明，任何执行法律的程序都必须受到“正当程序原则”的规制和约束，除非法律明确作出相反规定，因而总统法令的决定程序具有可诉性。

第二，被上诉方认为，本案属于不可诉诸法院裁决的政治问题（non-justiciable political question），因而根据“政治问题原则”（political question doctrine）[①]，应当交由行政机关（而非法院）来处理。对此，上诉法院从两个方面予以回应：首先，本案不属于政治问题，因为罗尔斯公司有关正当程序的诉求，并不是挑战总统对于并购交易威胁美国国家安全的认定，也不是挑战总统中止交易的禁令。相反，罗尔斯公司要求法院裁决：根据“正当程序原则”，其享有获悉总统法令所援引的证据的权利，以及作出反驳的机会，而这些都不属于政治问题。其次，罗尔斯公司有关正当程序的诉求，不

---

① “政治问题原则”是指，如果处理某一问题必然会涉及政策选择（policy choice），那么该问题就应当交由立法或行政机关处理，而非交由法院，以司法审查为名“横加干预”。在实践中，最典型的政治问题是国家安全问题。参见赵海乐：《论外资并购国家安全审查中的投资者保护缺失——以三一集团诉奥巴马案为视角》，《现代法学》2015 年第 4 期。

会侵蚀行政部门享有的特权，也不要求司法机关行使裁量权，更何况解释宪法条款是制宪者赋予司法机构的权力。

基于上述两方面原因，上诉法院自认为对正当程序问题享有管辖权。

2. 罗尔斯公司受"正当程序"保护

哥伦比亚特区联邦巡回上诉法院指出，为判定罗尔斯公司是否受"正当程序"保护，需要考虑两个问题：一是罗尔斯公司是否享有受宪法保护的财产权；二是罗尔斯公司被剥夺财产权的过程是否历经"正当程序"。

（1）罗尔斯公司享有受宪法保护的财产权。

被上诉方认为，罗尔斯公司所获财产权益太过不确定、具有较大的或然性（contingent），以至于无法受到宪法保护，而且罗尔斯公司没有申报"并购前安全审查"。

对此，上诉法院从以下三个方面展开反驳，认定罗尔斯公司享有受宪法保护的财产权：

第一，只要一项财产权在州法律项下被认可，就足以触发正当程序的保护，而罗尔斯公司通过并购交易获得项目工程的行为，完全符合财产所在地（俄勒冈州）法律，因而该项财产权并非具有不确定性。同时，被上诉方除了依据地区法院的裁决之外，未能提供有效证据表明，罗尔斯公司根据州法律所获财产权的性质，将会使其受到联邦政府的潜在剥夺。上诉法院进一步认为，联邦政府不能仅仅因为州法律项下的某项财产权或许（may）会被剥夺，就拒绝提供正当程序的保护。此外，上诉法院还认为，本案与被上诉方所援引的 Dames & Moore v. Regan 案①不同，因为罗尔斯公司所享有的是"依据州法律而获得的完全既定财产权"（fully-vested state property interests），而非 Regan 案中"极其不确定"（contingent at best）的利益。

第二，罗尔斯公司未申请"并购前安全审查"的做法，并不构成对于财产权的放弃。根据地区法院援引的 Alvin v. Suzuki 案②和 Parker v. Board of Regents of the Tulsa Junior College 案③，当事人放弃正当程序，并不会使其失去财产权，而只是意味着原告无法再次辩称，其未能享受到充分的程序保障。因此，上诉法院认为，"并购前安全审查"属于自愿申报，即使罗尔

---

① *Dames & Moore v. Regan*, 453 U.S. 654（1981）.

② *Alvin v. Suzuki*, 227 F.3d 107（3d Cir. 2000）.

③ *Parker v. Bd. of Regents of Tulsa Jr. Coll.*, 981 F.2d 1159（10th Cir. 1992）.

斯公司未向 CFIUS 提出此等申请，它也没有违反任何法律，更不会构成自愿放弃财产权的意思表示。

（2）罗尔斯公司的财产权未经“正当程序”即被剥夺。

在确定对于正当程序问题享有管辖权，并且罗尔斯公司享有受宪法保护的财产权之后，哥伦比亚特区联邦巡回上诉法院正式进入“正当程序”这一核心问题的审理阶段。

上诉法院首先针对“正当程序”的含义进行界定，并且认为“正当程序原则”与其他法律规则不同——它不是一个具有固定内涵的技术性概念，而是与案件的时间、地点和情形密切相关。所以“正当程序”的具体标准，需要根据美国联邦最高法院在 Mathews v. Eldridge 案①中所确立的“三要素衡平标准”（three-factor balancing test）加以具体判定：（1）受到官方行为影响的私人利益；（2）当前所使用的程序可能错误剥夺此等利益的风险，以及额外或替代程序保障的可能价值（如有）；（3）政府利益，包括涉及的相关职能，以及额外或替代程序所带来的财政和行政负担。此外，“正当程序”通常还会要求提供拟议官方行为的通知程序，以及在有意义的时间、以有意义的方式进行申辩的机会。

针对“正当程序”问题，被上诉方的辩解与地区法院的说理相类似。美国政府认为，罗尔斯公司具备提交书面申辩的能力，而且与美国外国投资委员会官员会面、回答后续问题、收到委员会拟采取措施的提前通知等，均构成国家安全审查项下的“充分程序”，因而罗尔斯公司获得了充分的程序保障。此外，被上诉方还强调，一系列涉及国家安全问题的外国恐怖组织（Foreign Terrorist Organization，FTO）案件的裁决②不可适用于本案，因为中止罗尔斯公司的并购交易，完全属于总统的自由裁量权，与外国恐怖组织案件不具有相似性。最后，被上诉方辩称，罗尔斯公司不得经由上诉法院，迫使政府公开总统在面对敏感问题时行使自由裁量权的考量，也不得寻求相关司法审查。

然而，上诉法院否定了地区法院和被上诉方的观点，认为总统法令未经“正当程序”即剥夺罗尔斯公司受宪法保护的财产权，理由具体包括以下两方面：

首先，关于地区法院认为罗尔斯公司在外资安审过程中，曾向美国外

① *Mathews v. Eldridge*，424 U.S. 319，335（1976）.

② *People's Mojahedin Org. of Iran v. U.S. Dep't of State*，182 F.3d 17（D.C. Cir. 1999）.

国投资委员会提交书面申辩材料，并与之展开面谈和交流，因而满足"正当程序"要求，上诉法院予以否定。上诉法院认为，尽管美国外国投资委员会向罗尔斯公司提供了书面陈述、会谈，以及知悉拟议行动等程序保障，但根据外国恐怖组织案件相关规定，涉及国家安全审查的"正当程序"，仅允许政府拒绝披露"保密证据"(classified information)，而不得拒绝披露"非保密证据"(unclassified information)。[①] 因此，美国政府未向罗尔斯公司披露"非保密证据"的做法，不符合"正当程序原则"。

其次，上诉法院认为，一系列先例确定了"正当程序"在涉国家安全审查案件中的具体标准，即应当将官方行为告知行政相对人，并且使之能够接触到官方决策所依据的"非保密证据"，允许其就此等证据进行反驳和申辩。本案中，在没有遵循"正当程序"的情况下，总统法令就剥夺了罗尔斯公司受宪法保护的财产权。至于美国外国投资委员会的法令，法院同样认为，罗尔斯公司有权获悉该委员会否决并购交易所依据的"非保密证据"。

3. CFIUS 法令具有可诉性

地区法院认为 CFIUS 法令不构成"规避审查"，上诉法院对此予以否认，其认为 CFIUS 法令"构成规避审查，但具有重复作出的可能性，符合案件成熟性原则[②]的例外情形"(capable-of-repetition-yet-evading-review exception to mootness)。上诉法院具体从以下两方面展开回应：

（1） CFIUS 法令符合"规避审查"的情形。

根据 Christian Knights of Ku Klux Klan Invisible Empire，Inc. v. District Columbia 案[③]和 Del Monte Fresh Produce Co. v. United States 案[④]判理，上诉法院指出，如果被挑战的行政行为持续时间过短，使其在失效之前难以被充分起诉和审理，则此等行为符合"规避审查"的情形。在本案中，上诉法院基于以下两方面原因认定，CFIUS 法令构成"规避审查"。

首先，美国外国投资委员会在 75 天的期间内（包括 30 天审查期和 45 天调查期)，享有广泛的权力以减轻并购交易对国家安全造成的威胁，而在

---

① *Nat'l Council of Resistance of Iran v. Dep't of State*，251 F.3d 192，208-09（D.C. Cir. 2001）.

② 《美国联邦宪法》第 3.2 条将联邦法院的职权，限于处理案件（case）和争议（controversy)。换言之，联邦法院不得在"争议"不存在的时候作出裁决，无论是"争议"尚未实际产生，还是"争议"业已消失、不复存在。此即案件的"成熟性原则"(mootness doctrine)。

③ *Christian Knights of Ku Klux Klan Invisible Empire，Inc. v. D.C.*，972 F.2d 365，369-70（D.C. Cir. 1992）.

④ *Del Monte Fresh Produce Co. v. United States*，570 F.3d 316，322（D.C. Cir. 2009）.

此之后，委员会必须将该事项呈交总统，总统须在15天内作出决定。因此，CFIUS法令在到期或被总统法令取代之前，至多只能将一项并购交易冻结90天。可见CFIUS法令的有效存在时间太短，以至于罗尔斯公司无法有效寻求联邦法院的救济，使得CFIUS法令规避了司法审查。

其次，上诉法院认为罗尔斯公司主动撤回动议的行为，并无重大法律意义。虽然罗尔斯公司主动放弃寻求地区法院针对CFIUS法令进行审查的机会，但即便其没有这么做，也不可能在57天的时间内（在CFIUS法令被总统法令于2012年9月28日取代之前，其效力仅有57天），通过最高法院进行充分的起诉。

（2）美国外国投资委员会的行为具有重复性。

被上诉方认为，美国外国投资委员会发布的法令是针对特定地区内特定交易的特别回应，因而此等行为不具有重复出现的性质，罗尔斯公司也未能证明类似情况会再次发生。但是上诉法院认为，该委员会在未来有可能作出类似行为，理由如下：

首先，罗尔斯公司已经表明，将会继续以收购Butter Creek项目的方式，寻求并购其他美国风电项目，而此等行为势必会再次受到美国外国投资委员会管辖。故而上诉法院认为，未来该委员会仍有一定可能（some likelihood）会做出类似的回应。

其次，与罗尔斯公司一样位于禁飞区内的其他外资风电厂，并未受到来自政府的干预，由此可以推断出："邻近（proximity）"禁飞区并不是导致CFIUS发布法令的唯一因素；或者说，即便"邻近"禁飞区是美国外国投资委员会最主要的关切因素，罗尔斯公司将来仍有一定可能，再次并购涉及国家安全敏感事项的政府财产或者禁飞区内的财产，因为罗尔斯公司已经表明未来在全美境内（throughout the United States）进行风电项目并购的意图。

最后，美国外国投资委员会也没有表示将在未来提供更多程序保障，因为它认为罗尔斯公司已经获得了正当程序。

鉴于此，上诉法院认为，CFIUS法令构成规避审查，并且有重复作出的可能性，符合案件成熟性原则的例外情形，因而具备可诉性。

第三节 法院判决

美国哥伦比亚特区联邦巡回上诉法院推翻了地区法院的裁决，认定并改判：（1）罗尔斯公司享有受宪法保护的财产权；（2）总统法令未经正当程序，即剥夺罗尔斯公司受宪法保护的财产权益，不符合“正当程序”的要求，美国外国投资委员会和总统应当向罗尔斯公司提供其在作出相关决定时所依据的“非保密证据”，以及相对人进行申辩和反驳的机会；（3）CFIUS 法令不能因为总统法令的下达而“规避审查”。

第四节　简要评论

罗尔斯公司二审胜诉后，《华尔街日报》曾评论称：“一家中资公司在面对白宫时，取得了一场前所未有的法律战胜利，而这可能动摇美国政府以国家安全为由、对外资收购交易进行非公开审查的惯例”。①

由此可见，本案胜诉对于未来中国企业赴美投资具有一定意义，但必须承认的是，美国外资安全审查的核心问题仍未被真正触及。因此，我们在关注本案胜诉意义的同时，也应当对其背后的问题展开探究。

第一，虽然罗尔斯公司有关“正当程序”的诉求得到了认可，但依然无法在实体层面挑战美国外资安全审查的结果。

上诉法院在本案中承认，“721 条款”明确禁止法院对总统法令进行司法审查，而且“政治问题原则”也不允许法院审查国家安全事项。由此可知，罗尔斯公司所获救济限于程序本身，上诉法院并未推翻美国外国投资委员会和总统所颁布的法令；其收购风电项目被“叫停”的现状，也无法得到实际改变。进一步讲，这是否意味着今后赴美投资的企业，只要在外资安全审查过程中获得“正当程序”，政府就可以剥夺其财产了呢？答案不得而知。

近年来，美国外国投资委员会外资安审制度的弊端日益凸显，其宽泛的审查范围极易造成投资准入壁垒，而复杂的审查程序更是对试图并购美国企业的外资产生震慑。囿于此，许多企业往往在审查程序终结之前，就主动放弃了本可能通过审查的投资。然而这些核心问题在本案中均未涉及，其在美国司法体系中也很难得到真正的挑战。

---

① William Mauldin & Brent Kendall, *Appeals Court Faults Government Order Prohibiting Ralls Corp. Wind Farm Deal*, Wall Street Journal (July 15, 2014), https: //www.wsj.com/articles/appeals-court-faults-government-order-prohibiting-ralls-corp-wind-farm-deal-1405439077.

表 1　2005—2017 年美国外国投资委员会安全审查情况汇总　　　（单位：件）

年份	审查数	初审期撤回数	调查数	调查期撤回数	总统决策数
2017	237	7	172	67	1
2016	172	6	79	21	1
2015	143	3	66	10	0
2014	147	3	51	9	0
2013	97	3	48	5	1
2012	114	2	45	20	1
2011	111	1	40	5	0
2010	93	6	35	6	0
2009	65	5	25	2	0
2008	155	18	23	5	0
2007	138	10	6	5	0
2006	111	14	7	5	2
2005	64	1	1	1	0

数据来源：CFIUS 年度统计报告。①

第二，本案胜诉使得美国外资安审制度中存在的一系列问题，尤其是审查的透明度问题得以凸显并且受到重视，然而，投资者若试图获得与外资安审相关的全部证据，仍然存在极大困难。

在此之前，美国外资并购安全审查的透明度问题早已饱受争议，审查机构基本不对外披露资料，审查过程不对外公开，审查结果也通常不附具体理由。不过，上诉法院在本案中指出，罗尔斯公司在外资安全审查过程中，有权知悉政府作出决定所依赖的“非保密证据”，并且可以对这些证据进行反驳。这就意味着当事人在今后有可能通过司法途径，成功挑战外资安全审查中的程序性事项，而这也将极大提升美国外资并购安全审查的透明度，督促政府披露除了“保密证据”以外的其他资料，并接受相对人的反驳和申辩。对于赴美投资的中国企业而言，本案胜诉或许无法降低其遭受美国外资安全审查的概率，但将使其能够充分接触到相关证据。这对于维

① Committee on Foreign Investment in U.S., *Reports and Tables*, U.S. Department of the Treasury, https://www.treasury.gov/resource-center/international/foreign-investment/Pages/cfius-reports.aspx.

护中国企业的权益而言具有重要意义。

然而，在美中资企业要想获得与外资安审相关的全部证据，仍然存在极大困难。一方面，本案上诉法院已经明确，政府没有义务披露国家安全审查中的“保密证据”，而这往往是政府作出决定的核心依据；另一方面，即便是“非保密证据”，美国外国投资委员会和总统依然可以援引“行政特权”①而拒绝公开此等证据。

第三，本案胜诉意味着财产权益并不会仅仅因为“可能”威胁到美国国家安全即丧失其合法属性，外资可基于美国宪法寻求司法救济，然而罗尔斯公司在后续寻求美国政府的“征收”补偿方面，仍然存在一定障碍。

美国宪法向财产的所有者提供了“两层救济”。首先是“第五修正案”下“正当程序条款”所规定的，未经正当法律程序，任何人的财产不得被剥夺。上诉法院认可罗尔斯公司通过并购交易取得受到州法律保护的财产权，即便一项并购尚未得到美国外国投资委员会批准，只要取得财产权的方式符合法律规定，其无疑受到宪法保护。其次是“第五修正案”下“征收条款”(Takings Clause) 所规定的，政府在给予“公平补偿”(just compensation) 的前提下，为“公共使用”(public use) 之目的，享有征收私有财产的权力。②罗尔斯公司的合法财产权益得到认可，也就意味着其有权向美国政府主张相应补偿。

不过，罗尔斯公司要想基于“征收条款”寻求美国政府补偿，仍须满足以下两个条件。首先，征收财产是为“公共使用”之目的。由于美国外国投资委员会和总统所颁布的一系列法令和决定均涉及国家安全，因而可被认定为“公共使用”。其次，财产确被政府“征收”。这正是罗尔斯公司寻求补偿的最大障碍，因为美国政府并未“没收”罗尔斯公司的财产，对于“征收”的证明，只能借助“规制型征收”③（regulatory taking）的概念和相应规则。

① “行政特权”是指美国总统所享有的、拒绝对外发布其与行政机关之间通信内容的一种特权。由于并购禁令最终须由总统签署，“行政特权”的存在，意味着美国外国投资委员会有权将一切相关证据材料归为“总统的通信内容”，从而请求不予公开。参见赵海乐：《论外资并购国家安全审查中的投资者保护缺失——以三一集团诉奥巴马案为视角》，《现代法学》2015 年第 4 期。

② 参见张利宾：《美国法律中政府对私人财产的征收和补偿》，《中国律师》2007 年第 8 期。

③ “规制型征收”是美国法下“准征收”的一种形式，即政府行为的结果并非直接取得财产，而是使财产所有人遭受不利的影响、使财产权的行使受到限制，财产所有人可以就此等限制行为向法院起诉，要求获得相应补偿。“准征收”的核心蕴涵，在于政府基于公共利益行使规制权，针对财产权利束施加限制，使其价值出现实质性减损，并且在效果上等同于征收。参见卢超：《美国规制型征收中的司法审查——以土地利用规制为切入》，《环球法律评论》2013 年第 3 期。

然而，要证明美国政府对罗尔斯公司的项目工程存在"规制型征收"，罗尔斯公司必须首先证明，其作为投资者的"合理投资回报预期"（reasonable investment-backed expectations）因美国外国投资委员会和总统的决定而落空。[①]虽然罗尔斯公司曾在一审阶段主张，相关禁飞区内存在其他未受美国政府干涉的外资风电项目，但这能否被认定为罗尔斯公司享有不受美国外国投资委员会和总统干涉的"合理预期"呢？正如地区法院所言，美国在国家安全审查程序中，不负有平等保护外资的义务，因而罗尔斯公司的该项主张能否获得支持，仍然存在很大疑问。

近年来，在"走出去"战略的指引下，中国海外投资进入高速发展时期，但中国企业在应对外国国家安全审查的经验和能力方面仍然较弱。三一集团通过"罗尔斯案"胜诉，成为中国企业应对美国国家安全审查时"用尽当地救济"的典范，但必须承认的是，其并未在实体层面对美国外资安全审查中的核心问题形成真正挑战。因此，在未来的海外投资中，中国政府和企业有必要从以下几方面做好应对。

第一，加强对美国外资并购国家安全审查制度的研究。一方面，我国学者和相关政府部门应当加强对美国外资安审制度本身的研究，包括美国外国投资委员会和总统各自享有的职权、审查程序等，深刻理解其中的"投资保护主义色彩"；另一方面，应当加强相关案例研究，认真借鉴成功通过外资安审的经验（如 2001 年中国远洋集团收购纽约长滩码头案、2004 年联想收购 IBM 案等），总结归纳应对策略，同时，更应注重对失败案例的研究（如 2005 年中海油收购尤尼科案等），从中发现问题并吸取教训。

第二，主动向美国外国投资委员会进行"并购前安全审查"申报，并且用好外资安审制度中的有利规则。本案地区法院曾在 2013 年 10 月 9 日的庭审意见中表示："法律条文的设计，实际上是为了鼓励外资企业赴美开展投资交易之前，主动向美国外国投资委员会进行申报。"[②]外资在并购美国企业前，可以自愿申报安全审查；尽管申报并不能保证交易通过审查，但是主动申报可以避免不必要的投资损失。如果罗尔斯公司在并购前就向美国外国投资委员会主动申报，一旦委员会认定交易对美国国家安全存在威胁，罗尔斯公司就可以通过达成缓解协议，或者放弃并购交易的方式减少损失。

---

① Joshua S. Rider, *Eastern Enterprises v. Apfel*, 26 Ecology Law Quarterly 739, 742-744 (1999).

② *Ralls Corp. v. Comm. on Foreign Inv. in the United States*, 987 F. Supp. 2d 18, 28 (D.D.C. 2013).

相较于并购完成后又被中止，提前开展“并购前安全审查”申报，可以使企业通过交易所获财产受到确定的保护，减少不必要的损失。此外，赴美投资的企业还应当充分利用美国外资安审制度中非正式磋商、缓解协议等有利规则。联想收购IBM时，就曾与委员会达成缓解协议，并最终成功通过审查。因此，一旦投资可能威胁到美国国家安全，即可积极与委员会沟通，对投资内容和细节作出调整，进而在双方都能接受的合理限度内达成协议。

第三，加强并购前的可行性研究，谨慎选择投资行业或领域。一方面，中国企业赴美投资若无特殊偏好，应尽量避开国防、军工、港口、石油和关键基础设施等敏感领域或行业，降低外资安审程序启动的可能性。本案中，罗尔斯公司对Butter Creek风电厂项目的收购交易被中止，最主要的原因就是其位于美国空军划定的禁飞区内。事实上，同样的问题在2012年11月美国外国投资委员会审查普康资源公司（Procon Resources）取得林肯矿业公司（Lincoln Mining Corporation）近30%股权的交易中也出现过。中国机械工业集团公司是一家国有企业，间接持有普康资源公司60%的股权。类似地，目标资产接近内华达州和亚利桑那州军事基地，正是导致CFIUS担忧国家安全的主要原因。①

第四，积极用尽当地救济，并探索司法救济以外的其他途径。一方面，罗尔斯公司树立了积极利用当地救济的典范，虽然总统法令本身并未在实体层面受到司法审查，但上诉法院认可罗尔斯公司享有受宪法保护的财产权，并且受到“正当程序”保障，在一定程度上对美国外资安审制度的透明度问题形成挑战。另一方面，我们仍应积极探索司法救济以外的其他途径。罗尔斯公司的胜利，并未真正触及和解决美国外资安审中的核心问题，因而在司法救济之外，我们期待适时重启中美双边投资协定谈判，对国家安全审查所涉事项展开磋商，力争确定平等对待外国投资者的基本规范，以较为灵活的方式处理外资安审相关问题。

① Louise Gong & Amanda Forsythe, *CFIUS and Chinese Investments: Lessons from the Smithfield Deal*, Lexology (November 26, 2013), https: //www.lexology.com/library/detail.aspx?g=8d72c8a1-d89b-4d95-83a2-9e5143d66f37.

第五章　TikTok 诉美国特朗普政府禁令案

2020 年 8 月，美国总统特朗普对 TikTok 连续发出行政禁令和拆分命令，美国商务部于次月发布行政禁令《实施细则》，包括禁止通过美国在线应用程序商店下载或更新 TikTok 应用程序学。对此，TikTok 采取“边打边谈”的应对策略：一方面在两家联邦地区法院成功获得针对《实施细则》的初步禁制令救济，另一方面与美国外国投资委员会（CFIUS）积极探讨替代性解决方案。随着拜登政府上台，TikTok 相关案件的审理被暂时叫停，但中美之间的“数字经济战”可能才刚刚打响。本案存在极为复杂的地缘政治和国内政治因素，并且涉及跨境数据流动规则博弈、外国投资国家安全审查制度发展等诸多国际法前沿问题，值得学界和实务界展开深入研究。

第一节　基本案情

2012 年，中国企业家张一鸣在开曼群岛成立字节跳动有限公司（ByteDance Ltd.，简称“字节跳动”）。同年 8 月，字节跳动推出专为中国市场开发的“今日头条”，并在其中融入专有的“推荐引擎”（recommendation engine）技术。字节跳动自称，“推荐引擎”基于最先进的机器学习和人工智能技术，完全由其团队在中国境内开发，希望为每一位用户定制个性化的内容推送。今日头条的巨大成功，很大程度上源于“推荐引擎”技术的创新性和商业吸引力。该技术进而推广至字节跳动旗下其他应用程序的核心技术开发。

2016 年 9 月，字节跳动在中国推出娱乐短视频应用程序“抖音”，并且在既有技术的基础上，开发出全新的视频“推荐引擎”，至今火遍中国全境。

2017 年 5 月 12 日，字节跳动在全球 150 多个国家和地区（包括美国）推出娱乐短视频应用程序“TikTok”，其运营独立于抖音等其他字节跳动旗下软件，专供中国境外市场用户（仅中国大陆地区不可用）。字节跳动根据用户对观看内容的反馈，同样为 TikTok 专门开发了新款“推荐引擎”以定制内容推送。

2017年11月23日，字节跳动完成对Musical.ly公司的收购。后者主营音乐短视频应用程序"Musical.ly"，早在2014年就登陆美国市场，但在美国的知名度较低。Musical.ly的创始人同样是两名中国企业家，公司总部位于上海，并且由中国股东控股。彼时，双方未将该笔收购交易提交美国外国投资委员会（Committee on Foreign Investment in the United States，"CFIUS"）审查，因为它们自认为：（1）当事方均为总部位于中国的公司；（2）Musical.ly在美国的知名度较低；（3）收购标的只是涉及音乐短视频应用程序，不会引起美方的国家安全顾虑。

据字节跳动所述，Musical.ly在美国仅有约20名雇员，不负责软件开发等核心业务，在美注册的"月活跃用户"（monthly active user）大约990万人。完成收购以后，字节跳动将Musical.ly持有的部分美国资产（用户基础、音乐使用许可协议等）并入TikTok在美业务。在正式收购之前，字节跳动曾查验过Musical.ly的源代码，并认定Musical.ly的平台（包括应用程序、内容推荐算法、服务器和数据存储设施）在技术和商业层面都逊于TikTok。尽管两者在表面上具有一定相似度，但字节跳动的核心技术水平远高于Musical.ly，尤其是TikTok的"推荐引擎"。因此，字节跳动自称在2018年2月放弃了Musical.ly的代码库和技术（包括推荐引擎、运行系统、营销手段），逐步停止对其后台支持、合并两者用户群体，最终于同年8月下架Musical.ly。简言之，TikTok相关技术，并非字节跳动从Musical.ly处受让所得，而是在字节跳动收购Musical.ly之前即开发完毕。

除此之外，字节跳动自称在品牌推广和广告营销方面的投入远高于Musical.ly，还雇佣了数百名直属于美国领导团队的雇员，致力于保护美国用户的数据隐私与安全、确保内容审核合规。总之，TikTok在美用户基础的显著扩大，是字节跳动先进的技术设施和卓越的商业策略合力奏效的结果，与此次收购所获用户群体无关。

2019年5月15日，美国总统特朗普援引《国际紧急经济权力法》（International Emergency Economic Powers Act，IEEPA）、《国家紧急状态法》（National Emergencies Act，NEA）①，以及《美国法典》第3编第301条（总统权力的转授权条款），签署题为"保障信息通信技术与服务供应链安全"

① NEA授权总统宣布国家紧急状态，而IEEPA授予总统在和平时期，国家安全、外交政策或国民经济面临源于美国境外的"非常规和特殊威胁"时，应对和处理此等威胁的广泛权力，当然前提是总统已经就此等威胁宣布国家紧急状态。

的13873号行政令，宣布全国进入紧急状态。①他认定，境外战略竞争对手正在借助其拥有、控制、管辖或指示下的实体，以及美国在相关领域的自由准入和宽松监管，不断创制和利用美国信息通信技术与服务中的漏洞，针对美国发动恶意网络攻击、开展工商业间谍活动，涉及大量敏感信息、关键基础设施和应急服务支持，进而对美国国家安全、对外政策和国民经济构成“非常规且特殊的威胁”。因此，13873号行政令禁止一切与外国（或其国民）之间，对美国信息通信技术和服务运营存在妨害、破坏风险，或者对美国国家安全存在不当风险的交易活动；指令商务部长认定上述交易活动，并向总统汇报来自境外战略竞争对手的威胁。

2019年10月15日，美国外国投资委员会向字节跳动提出一系列有关收购Musical.ly的询问。

2020年5月13日，特朗普援引《美国法典》第50编第1622（d）条，决定将13873号行政令所宣布的全国紧急状态续期一年。②

2020年5月27日，根据美国外国投资委员会的要求，字节跳动就其收购Musical.ly美国业务，向该委员会提交正式通知（notice）。

2020年6月15日，美国外国投资委员会函告字节跳动，将于次日针对其收购Musical.ly美国业务这一“受辖交易”（covered transaction）启动正式审查，进而触发为期45天的法定审查（review）。③

2020年6月20日，特朗普在俄克拉荷马州塔尔萨市（Tulsa，Oklahoma）举办竞选集会。据美媒报道，大量TikTok用户联合起来，故意预订集会门票而不出席，以期压低集会人气，最终导致现场非常尴尬。④

2020年7月6日，也即竞选集会结束后不久，国务卿蓬佩奥声称，美国政府正在考虑禁用TikTok。数日后，美国财政部官员告知字节跳动，其必须尽快提出TikTok的拆分方案，以解决当下的国家安全问题。

2020年7月15日、29日，字节跳动向美国外国投资委员会先后提交

① Executive Order 13873 of May 15，2019，*Securing the Information and Communications Technology and Services Supply Chain*，Federal Register，Vol.84，No.96，p.22，689-692.

② Notice of May 13，2020，*Continuation of the National Emergency With Respect to Securing the Information and Communications Technology and Services Supply Chain*，Federal Register，Vol.85，No.94，p.29，321.《美国法典》第50编第1622（d）条规定，国家紧急状态自总统宣布之日起一年后自动终止，除非总统在终止日到来之前，对国家紧急状态进行续期。

③ 50 U.S.C. § 4565（b）（1）（F）.

④ *See* Donie O'Sullivan，*Trump's Campaign Was Trolled by TikTok Users in Tulsa*，CNN，https：//edition.cnn.com/2020/06/21/politics/tiktok-trump-tulsa-rally/index.html.

两份旨在减轻美方国家安全顾虑的“缓解方案”(mitigation proposal)。

2020 年 7 月 30 日，也即 45 天“法定审查”期限截止前一日，字节跳动和微软公司向美国外国投资委员会联合提交有关 TikTok 的交易意向书(letter of intent)。同日，委员会函告字节跳动，将开展新一轮为期 45 天的法定调查(investigation)。① 几小时后，委员会拒绝认可字节跳动先前提交的两份“缓解方案”，但没有说明具体原因，只是笼统地表示其没有充分打消美方的国家安全顾虑。

2020 年 7 月 31 日，美国外国投资委员会将收购调查案提请总统决策，未向字节跳动提供回应机会。

2020 年 8 月 3 日，特朗普声称，若 TikTok 在 9 月 15 日前仍未被出售给微软或其他美国公司，他将强制关停 TikTok；若顺利出售，美国财政部应当从中“抽成”，即从收购款项中获取相当一部分收益，进而无须发布禁令。②

2020 年 8 月 6 日，特朗普签署 13942 号行政令，题为“处理 TikTok 造成的威胁，并采取进一步措施解决有关信息通信技术与服务供应链安全的国家紧急状态”。③ 他认为，TikTok 等中国企业开发并拥有的手机应用程序在美国境内广泛传播，持续威胁美国国家安全、对外政策和国民经济；TikTok 会自动“爬取”大量用户信息，包括定位、网页浏览和搜索记录等，使得中国共产党能够获取美国公民信息，进而追踪联邦雇员和承包商位置，建立个人信息档案，以供黑客勒索或实施商业间谍活动。13942 号行政令还声称，TikTok 会审查被认为的政治敏感内容，并且 TikTok 可能被用于“假新闻传播”。美国国土安全部、运输安全管理局和军队，均已禁止在联

① 50 U.S.C. § 4565 (b)(2)(A), 4565 (b)(2)(B)(i), 4565 (b)(2)(C)(i). 若美国外国投资委员会在“审查”受辖交易后，认定其存在以下情况之一，则应当立即“调查”受辖交易对美国国家安全的影响，并为维护美国国家安全，对其采取任何必要措施：(1) 危及美国国家安全，并且此等风险在审查期间或之前，未能得到减轻；(2) 由外国政府控制；(3) 导致美国或其境内的关键基础设施被外国实体控制，前提是委员会认定该交易可能危害国家安全，并且此等危害在审查期间，无法通过委员会批准和交易方实施的“保证措施”而得到减轻。

② Jeff Stein, et al., *Trump Says U.S. Treasury Should Collect "Very Substantial" Portion of TikTok Sale to American Firm*, Washington Post, https: //www.washingtonpost.com/business/2020/08/03/trump-microsoft-tiktok-treasury/.

③ Executive Order 13942 of August 6, 2020, *Addressing the Threat Posed by TikTok, and Taking Additional Steps To Address the National Emergency With Respect to the Information and Communications Technology and Services Supply Chain*, Federal Register, Vol.85, No.155, p.48, 637-48, 639.

邦政府设备上使用TikTok。因此特朗普下令，自本行政令颁布之日起45日后（即从2020年9月20日起），禁止一切受到美国管辖的个人或实体（或者只是交易涉及的财产受到美国管辖），与字节跳动（或其子公司）从事商务部长明确禁止的交易活动。此外，商务部长应当在本行政令颁布后45日内，指明禁止交易的类型。

2020年8月14日，特朗普签署一项题为“有关字节跳动对于Musical.ly收购”的命令（简称“拆分命令”）。他认定，字节跳动通过获取Musical.ly美国业务的全部权益，可能采取危及美国国家安全的行为；完成收购之后，字节跳动又将TikTok和Musical.ly融为一体，创建了一款单一的综合性社交媒体应用程序。特朗普遂援引经多次修正的《国防生产法》第721条（即《美国法典》第50编第4565条），宣布上述拆分命令。其主要内容如下：

（1）禁止任何导致字节跳动收购Musical.ly的交易，包括Musical.ly或其资产被用于促进、支持或单纯涉及Musical.ly在美国的州际商业活动的各种情形，并且禁止字节跳动持有Musical.ly在美国境内的任何权益，无论是直接持有，还是通过子公司、分支机构或中国股东间接持有；

（2）自拆分命令颁布之日起90天内（即最后期限为2020年11月12日，可另行延长不超过30天），字节跳动及其子公司、分支机构和中国股东，应当按照美国外国投资委员会施加的书面条件（如有），剥离并转让以下全部权益：第一，用于支持TikTok在美运行，并经该委员会认定的任何有形或无形资产；第二，TikTok和Musical.ly的美国用户数据；

（3）拆分完毕后，字节跳动应当立刻向美国外国投资委员会书面确认：已经完全履行上述第（2）项要求，并且彻底销毁拆分程序所涉及的全部数据及副本。委员会有权对字节跳动开展审查，以确保数据彻底销毁；

（4）字节跳动不得径自向任何第三方完成出售或转让，直至其向美国外国投资委员会书面告知意向买家或受让人，并且委员会在10个工作日内未提出反对意见。委员会审查出售或转让方案时，可以考虑意向买家或受让人：是否为美国公民（或为美国公民所持有）；是否与字节跳动或其高管、雇员或股东之间，存在直接或间接的合同、财务、家族、雇佣或其他紧密且持续的关系；以及是否展现出完成拆分命令所载各项合规工作的意愿和能力。委员会还可以考虑，拟议出售或转让是否可能危及美国国家安全、违背拆分命令的意图，以及是否能够实现彻底剥离的效果；

（5）字节跳动和TikTok应当每周向美国外国投资委员会汇报有关拆分命令的遵守情况，包括资产剥离的进度和预期时间表；

（6）美国外国投资委员会有权采取其认为必要且合适的措施，以核查字节跳动和 TikTok 对于拆分命令的遵守情况，并且应当在收到“拆分确认函”后 90 日内完成此等核查程序。经合理通知，委员会指定的联邦雇员，应当被允许进入字节跳动和 TikTok（以及为 TikTok 在美运行提供支持的子公司）的所有经营场所和设施，并采取以下措施：第一，查阅并复制字节跳动或 TikTok（含两者子公司）持有或控制之下、有关拆分命令的账簿、函件、备忘录等；第二，查阅或审计字节跳动或 TikTok（含两者子公司）持有或控制之下的任何信息系统、网络、硬件、软件、数据、通信记录或财产；第三，向字节跳动或 TikTok（含两者子公司）的高管、雇员或代理人，询问有关拆分命令的任何事项；

（7）司法部长有权采取任何执行拆分命令所必需的措施。

2020 年 8 月 24 日，TikTok 和字节跳动将美国时任总统特朗普和商务部长罗斯，诉至加利福尼亚中区联邦地区法院（简称“加州中区法院”），并且请求法院：（1）宣告 13942 号行政令违法且违宪；（2）宣告 13942 号行政令无效，初步并永久禁止被告实施或执行 13942 号行政令。TikTok 和字节跳动的请求依据包括：（1）13942 号行政令违反联邦宪法第五修正案的“正当程序条款”和“征收条款”，以及第一修正案的“言论自由条款”；（2）13942 号行政令构成越权行为（*ultra vires*），因为它没有基于真实的国家紧急状态，禁令范围比总统声称的“非常规且特殊威胁”更宽泛，而且限制了个人通信及信息材料传输；（3）IEEPA 违反“禁止转授权原则”（non-delegation doctrine）。

同日，TikTok 雇员瑞恩（Patrick S. Ryan）向加利福尼亚北区联邦地区法院（简称“加州北区法院”）起诉总统特朗普和商务部长罗斯。他的核心诉求在于，请求法院初步并永久禁止被告执行 13942 号行政令，以至于美国政府阻止 TikTok 向其美国雇员支付工资。

2020 年 9 月 5 日，瑞恩就上述事项请求加州北区法院颁发临时限制令（temporary restraining order）。

2020 年 9 月 13 日，字节跳动提交了一份确保 TikTok 应用程序及其美国用户数据安全的多层次方案（简称“9 月 13 日方案”），以期全面解决美方的国家安全顾虑。

2020 年 9 月 15 日，加州北区法院驳回临时限制令申请。①

① *Ryan v. Trump*, No. 20-CV-05948-VC, 2020 WL 5526649 (N.D. Cal. Sept. 15, 2020).

2020年9月17日，美国商务部根据一份有关字节跳动和TikTok威胁评估的备忘录，认定中国正在建立美国公民信息数据库，用以收集情报和确定间谍活动目标。美国商务部还认为，中国共产党可能利用字节跳动来推进本国外交政策，尤其是字节跳动受到中国《国家情报法》的管辖，中国政府有权强制要求字节跳动上交其子公司持有的数据，无论子公司是否位于中国境内。此外，TikTok的服务条款与隐私政策，允许TikTok与字节跳动和中国政府共享用户信息，以配合政府相关调查。

2020年9月18日，美国商务部公布13942号行政令"实施细则"，认定五项禁止交易的类型，并在之后修改了其中一项禁令的实施日期。[①] 实施细则禁止：（1）在美国东部时间2020年9月27日23时59分之后，通过线上手机应用商店，提供TikTok手机应用程序（以下简称"TikTok手机端"）、组成代码或软件更新的分销或运营服务；（2）—（4）在美国东部时间2020年11月12日23时59分之后，提供有助于TikTok手机端运行或优化的互联网托管服务、数据传输服务，或者互联网直联或转接服务；（5）在美国东部时间2020年11月12日23时59分之后，将TikTok手机端的组成代码、功能或服务，用于美国境内开发或可及的软件或服务。简言之，美国商务部"分步"实施禁令，既在第一时间缓解了部分国家安全风险，又给美国外国投资委员会等行政部门留出时间，以商讨TikTok的具体拆分方案。此外，"实施细则"禁止受到美国管辖的个人或实体（或者只是交易涉及的财产受到美国管辖）与字节跳动（或其子公司）从事商务部长今后认定的其他交易活动。"实施细则"还强调，上述禁令仅适用于企业之间商事交易的当事方，并且明确排除适用于以下情形：（1）向雇员或承包商支付工资、薪金和福利待遇；（2）TikTok手机端用户之间的个人或企业信息交换；（3）任何人在美国境外分销、安装或使用TikTok手机端，及其必要且合理的辅助行为；（4）在美国境内存储TikTok手机端用户数据。此外，各项禁令不得阻止基于"拆分命令"而剥离TikTok的交易活动。

2020年9月18日，TikTok和字节跳动根据《联邦民事诉讼规则》第41（a)(1）条，自愿撤回先前在加州中区法院的起诉，并选择保留再次起诉的权利（dismiss without prejudice）。同日，TikTok和字节跳动（以

---

① U.S. Department of Commerce, *Identification of Prohibited Transactions To Implement Executive Order 13942 and Address the Threat Posed by TikTok and the National Emergency With Respect to the Information and Communications Technology and Services Supply Chain*, Federal Register, Vol.85, No.186, p.60, 061-60, 063.

下合称“原告”）将美国总统特朗普、商务部长罗斯和美国商务部（合称“被告”）重新诉至哥伦比亚特区联邦地区法院（简称“哥伦比亚特区法院”），并且请求法院：（1）宣告 13942 号行政令及其实施细则违法且违宪；（2）撤销商务部实施细则，宣告 13942 号行政令无效，初步并永久禁止被告实施或执行两者。原告请求依据包括：（1）商务部实施细则违反《行政程序法》（Administrative Procedure Act，APA）；（2）13942 号行政令及其实施细则，违反联邦宪法第一修正案的“言论自由条款”、第五修正案的“正当程序条款”；（3）13942 号行政令违反联邦宪法第五修正案的“征收条款”；（4）13942 号行政令及其实施细则，超越了美国政府在《国际紧急经济权力法》下的权限，因为它们并未基于真实的国家紧急状态，而且限制了个人通信及信息材料传输；（5）《国际紧急经济权力法》违反“禁止转授权原则”。

2020 年 9 月 18 日，马兰德（Douglas Marland）等三名 TikTok 短视频创作者，在宾夕法尼亚东区联邦地区法院（简称“宾州东区法院”）起诉总统特朗普、商务部长罗斯和美国商务部。他的核心诉求在于，请求法院初步并永久禁止被告实施或执行 13942 号行政令及其实施细则。

2020 年 9 月 19 日，特朗普表示原则上同意“9 月 13 日方案”，但交易条款仍有待磋商。他还声称该笔交易包括一项 500 万美元的教育投入，但字节跳动对此并不知情。同日，上述三名短视频创作者请求宾州东区法院，针对 13942 号行政令及其实施细则颁发临时限制令。

2020 年 9 月 22 日，加州中区法院确认原告撤回起诉，并保留再次起诉的权利。

2020 年 9 月 23 日，原告请求哥伦比亚特区法院，针对 13942 号行政令及其实施细则颁发初步禁制令。

2020 年 9 月 26 日，宾州东区法院驳回临时限制令申请。[①]

2020 年 9 月 27 日，哥伦比亚特区法院仅针对商务部实施细则第（1）项禁令，批准初步禁制令动议，以阻止该项禁令于当日午夜正式生效。[②]

2020 年 10 月 8 日，被告就哥伦比亚特区法院签发的“9 月 27 日初步禁制令”，上诉至哥伦比亚特区联邦巡回上诉法院（简称“哥伦比亚特区上诉法院”）。

2020 年 10 月 13 日，三名短视频创作者请求宾州东区法院针对商务部

---

① *Marland v. Trump*, No. CV 20-4597, 2020 WL 5749928 (E.D. Pa. Sept. 26, 2020).

② *TikTok Inc. v. Trump*, No.1: 20-CV-02658 (CJN), 2020 WL 5763634 (D.D.C. Sept. 27, 2020).

实施细则颁发初步禁制令。

2020 年 10 月 14 日，原告请求哥伦比亚特区法院，针对商务部实施细则第（2）至（5）项禁令颁发初步禁制令。

2020 年 10 月 30 日，宾州东区法院针对商务部实施细则，批准初步禁制令动议。①

2020 年 11 月 6 日，字节跳动提交第四份“缓解方案”，通过创设一个全新实体，以重组 TikTok 美国业务，并由字节跳动的美国投资者和甲骨文、沃尔玛公司全资持有，负责处理 TikTok 的美国用户数据和内容审核。为留出时间商讨交易细节，字节跳动请求外国投资委员会将“拆分命令”的最后遵守期限延长 30 日。

2020 年 11 月 10 日，原告援引经多次修正的《国防生产法》第 721 条和《联邦上诉程序规则》第 15（a）条，请求哥伦比亚特区上诉法院对“拆分命令”和外国投资委员会相关行政行为（包括拒绝“缓解方案”、终止收购调查、提请总统决策）进行司法审查；在认定其违法的基础上，撤销并禁止实施“拆分命令”。原告请求依据在于这些行为：（1）超越了美国政府在《国防生产法》第 721 条下的权限；（2）违反联邦宪法第五修正案的“正当程序条款”；（3）武断、反复无常且违法，因而违反《行政程序法》；（4）违反联邦宪法第五修正案的“征收条款”。

2020 年 11 月 12 日，外国投资委员会决定将“最后遵守期限”延至 11 月 27 日。同日，特朗普政府就宾州东区法院签发的初步禁制令，上诉至联邦第三巡回上诉法院。

2020 年 11 月 17 日，美国商务部刊印通告，表示其将遵守宾州东区法院颁布的初步禁制令，“实施细则”各项禁令暂时都不会生效，有待案件后续进展。

2020 年 11 月 25 日，外国投资委员会决定将“最后遵守期限”再次延至 12 月 4 日。

2020 年 12 月 7 日，哥伦比亚特区法院针对商务部实施细则各项禁令，批准初步禁制令动议。②

2020 年 12 月 28 日，被告就哥伦比亚特区法院签发的“12 月 7 日初步禁制令”，上诉至哥伦比亚特区上诉法院。

---

① *Marland v. Trump*，No. CV 20-4597，2020 WL 6381397（E.D. Pa. Oct. 30，2020）.

② *TikTok Inc. v. Trump*，No.1：20-CV-02658（CJN），2020 WL 7233557（D.D.C. Dec. 7，2020）.

随着拜登政府于 2021 年 1 月 20 日正式上台，本案被告自动变更为美国总统拜登和时任代理商务部长科金斯（此后更改为商务部长雷蒙多）①。美国新一届商务部遂针对部分新近签署的部门规章展开审查（包括上文述及的“实施细则”），以确定 13873 号行政令所描述的国家安全威胁，是否仍能为“实施细则”及相关禁令提供正当化依据。美国商务部认为，审查“实施细则”可能有助于限缩案件争点（甚至或将有助于结束司法程序），而且可以为新一届政府官员留出充分时间来熟悉本案。

2021 年 2 月 11 日，被告向哥伦比亚特区上诉法院动议，申请暂时中止上述两桩初步禁制令上诉案件的审理程序，另向哥伦比亚特区法院动议，申请暂时中止本案进一步审理。两家法院对此均表示同意，当事方将在 60 日后（即 2021 年 4 月 12 日）提交一份联合状况报告（joint status report）。

2021 年 4 月 12 日，原被告共同提交了一份联合状况报告，法院根据报告作出简单命令（minute order）让当事方在 60 日后（即 2021 年 6 月 11 日）再提交一份补充联合状况报告。随后法院不断要求当事方提交补充联合报告，最新的一份报告是在 2021 年 7 月 26 日。

2021 年 7 月 14 日，美国哥伦比亚特区联邦上诉法院同意拜登政府撤销该案。②

第二节　法律要点

本文重点评述 TikTok 与字节跳动针对 13942 号行政令、商务部“实施细则”以及“拆分命令”起诉美国政府的两起案件，兼论 TikTok 雇员和短视频创作者分别作为原告的两起案件。

一、关于原告在 2020 年 9 月 23 日申请哥伦比亚特区法院颁发初步禁制令

法院首先简要陈述本案涉及的审查标准。

根据“温特诉自然资源保护委员会案”，原告若要寻求初步禁制令救济，则必须证明：（1）其在案件实体层面具有胜诉可能性；（2）若初步禁制

① 2021 年 3 月 2 日，美国国会参议院批准雷蒙多出任商务部长。在此前，拜登任命科金斯为代理商务部长。

② TIKTOK INC. and ByteDance Ltd., Appellees v. Joseph R. BIDEN, Jr., official capacity as President of the United States, et al., Appellants 2021 WL 3082803.

令不予签发，其将面临不可挽回之损害（irreparable harm）；（3）对当事方利益衡平的结果，倾向于准予初步禁制令救济；（4）初步禁制令符合公共利益。[①] 当美国政府是初步禁制令动议的被申请方，后两项要件应当合并考量。根据卡瓦诺法官（现为联邦最高法院大法官）在哥伦比亚特区上诉法院任职时出具的一份协同意见（concurring opinion），在"温特案"之后，"滑尺测试法"（sliding-scale approach）不再可行。换言之，即使案件实体层面的胜诉可能性很高，"不可挽回之损害"要件的证明标准并不能相应降低。[②]法院倾向于认为，原告只有清楚证明"温特案"所述四项要件均成立，才有权获此救济。[③]

（一）关于原告在案件实体层面的胜诉可能性

根据《美国法典》第 50 编第 1702（b)(1)、(3）条，总统在《国际紧急经济权力法》下的权限，不包括直接或间接规制或禁止以下事项的权力：第一，信息材料（information or informational materials）的进出口；第二，不涉及有价物转让（transfer of anything of value）的个人通信。

首先是关于信息材料。《国际紧急经济权力法》禁止总统对信息材料的进出口采取规制措施，无论其传输形式或介质，或者是否具有商业性，具体包括但不限于影片、照片和新闻转播信号。TikTok 用户在应用程序上交流的内容，构成"信息材料"且大多类似于条文列举的"影片、照片和新闻转播信号"，而 TikTok 可以被视作"信息材料"的传输介质。商务部实施细则的最终目标，是将 TikTok 美国用户的数量降至零，阻止他们使用 TikTok 与境外用户分享或接收短视频、新闻等内容，因而至少构成针对"信息材料"跨境传输与进出口的间接规制。

其次是关于个人通信。《国际紧急经济权力法》禁止总统对不涉及有价物转让的个人通信采取规制措施。商务部实施细则"分步"摧毁作为线上虚拟社区的 TikTok，首先从应用商店下架，然后彻底关停，以阻止美国民众通过 TikTok 进行个人通信。TikTok 的绝大部分视频、评论和私人通信，都属于没有经济价值的个人通信。至于美国政府主张 TikTok 平台从用户

---

① *Winter v. Nat'l Res. Def. Council, Inc.*, 555 U.S. 7，20（2008）.

② *Davis v. Pension Ben. Guar. Corp.*, 571 F.3d 1288，1295-1296（D.C. Cir. 2009）. 所谓"滑尺测试法"，是指当某一结果的实现须符合若干要件时，某一项（或某几项）要件较高的符合度可以弥补另一项（或另几项）要件较低的符合度。在"温特案"之前，联邦法院通常认为，当案件实体层面的胜诉可能性很高，"不可挽回之损害"要件的证明标准可以相应降低；反之，潜在损害不可挽回的程度越高，对于案件实体层面胜诉可能性的要求可以相应降低。

③ *In re Navy Chaplaincy*, 738 F.3d 425，428（D.C. Cir. 2013）.

个人通信中受益，进而“涉及有价物转让”，法院认为，此等解释路径会架空该法的“限权条款”，不符合国会立法意图。

简言之，13942 号行政令及其实施细则，具有阻止美国用户利用 TikTok 进行交流的预期效果，因而原告已经成功证明，《国际紧急经济权力法》相关主张可能获得法院支持，该项要件倾向于准予初步禁制令救济。

（二）关于原告是否将面临“不可挽回之损害”

该项要件的证明难度很大，要求申请人能够证明此等损害是确定、严重、真实和紧迫的，而且肯定会在近期发生，由此引发原告对于特殊衡平救济的“明显且即刻需求”。法院认为，TikTok 从美国应用商店下架，会直接且即刻阻止新用户流入。加之商务部“实施细则”所载其他禁令给 TikTok 前景和命运造成的不确定性，业已并将继续驱使新老用户和短视频创作者转投其他平台，进而大幅削弱 TikTok 的竞争地位。尤其是社交媒体的性质，决定了用户不太可能回归先前抛弃的平台。如果“实施细则”第（1）项禁令生效，而后又被认定为非法，TikTok 用户群体的流失将无法修复。此外，TikTok 业已并将继续失去赖以生存的商业伙伴和广告商，甚至无法招募或挽留雇员，以重建或维持业务基本运营。

因此，商务部实施细则将会给原告造成不可挽回的经济和名誉损害，该项要件倾向于准予初步禁制令救济。

（三）关于当事方利益衡平与公共利益

法院承认，就如何处理外交事务和解决国家安全威胁而言，总统的评估、权衡和最终决定权尤为重要，司法通常应予尊让。美国政府在本案中，确已提供充分证据表明，中国（作为一个整体）对美国国家安全造成严重威胁，尽管 TikTok 和字节跳动所致威胁的具体表现，以及商务部“实施细则”是否为唯一有效的解决方式，仍有待美国政府进一步补足证据。因此，法院无法接受“如果签发初步禁制令，美国政府不会遭受任何损害”的观点。然而如前所述，原告已经证明，《国际紧急经济权力法》相关主张可能成立；美国政府不会因为一项仅旨在终结违法行为的初步禁制令而受到损害，而且使得政府部门遵守联邦法律，无疑有助于维护公共利益。

鉴于上述各要件均有利于原告，法院认为签发初步禁制令是恰当的。至于初步禁制令的救济范围，其给被申请人造成的负担不应当超过向申请人提供完整救济所需的程度。尽管申请人关于《国际紧急经济权力法》的主张同样适用于 2020 年 11 月 12 日生效的各项禁令，但申请人遭受的“唯一且真正紧迫的损害”，仅仅来自商务部实施细则的第（1）项禁令。法院据此认为，初步禁制令的救济范围应当限于2020年9月27日（裁决当晚）生效的第（1）项禁令。至于其他各项禁令，应当在其生效日（2020年11月12日）到来之前另行裁决。

二、关于原告在2020年10月14日申请哥伦比亚特区法院颁发初步禁制令

法院沿用了“温特案”的四要件分析法，并依序展开说理。

（一）关于原告在案件实体层面的胜诉可能性

1. 原告关于IEEPA的主张

双方争议主要聚焦于《美国法典》第50编第1702（b）（1）、（3）条提及的三个短语的解释问题：“直接或间接规制或禁止”“个人通信”和“信息材料”。

A.“直接或间接规制或禁止”

鉴于“规制”和“禁止”两个词语都是及物动词，而且同时为“直接”和“间接”两个副词所修饰，相关禁令或规制措施必须存在某一对象或目标，否则无法辨识监管者实现目标的途径是直截了当，还是迂回绕行，抑或居中、间接。由此观之，国会通过1702（b）条收回了总统规制某些特定对象/目标的权限，无论其具体措施是以直接还是间接的方式进行规制。

监管者必须首先有一个主要的规制目标，然后他人才能评判，监管者实现这一目标的途径是直接还是间接的（比如，通过规制某个次要目标而实现主要目标）。国会把“间接”一词纳入条文，是为了排除如下这类规制措施，即表面上直接指向某一允许规制的对象（如企业之间的商事交易），而实际目标在于间接管制某些不允许规制的对象（如个人通信或信息材料）。

此外，“间接”（indirect）和“附带”（incidental）之间确有差异。法院有必要区分一项措施究竟是“间接”规制了某一行为，还是仅对该行为“附带”造成负担。从文义解释出发，规制措施（无论直接还是间接）指向的是预设目标，而附带负担是规制措施对预设目标以外的某物，在通常情况下容易造成的影响。当然，“直接或间接规制或禁止”这一表述并没有提及如何辨识规制措施的目标。在“沃尔什诉布雷迪案”中，一名商人提出，美国政府针对古巴的旅行限制，属于间接规制信息材料进口（阻止他从古巴带回海报），然而法院认为，旅行与“信息材料（在物质层面）进出口”之间的关联太过牵强附会（tangential），难以触发1702（b）（3）条“限权条款”。美

国政府出台旅行限制令的“宣称目标”(stated goal)，是为了剥夺古巴的硬通货、向古巴政权展示强硬政治立场，而从未着眼于政治题材海报的进口管制。换言之，“前往古巴旅行”只是“进口海报”在通常情况下会发生的附随行为，因而海报的进口没有受到间接规制。[①]

因此，哥伦比亚特区巡回区特别关注政府部门在出台涉案规章时的“主要意图”和“宣称目标”。法院认定，本案《实施细则》所载禁令的规制对象或目标主要有两项：(1) 阻止 TikTok 将美国用户数据传输至中国；(2) 阻止 TikTok 助力中国共产党在美国开动“宣传机器”。尽管美国政府在法庭上陈述，相关禁令只是直接禁止特定商事交易（而未间接规制数据等其他事项），但美国商务部确实正在通过关停 TikTok，进而将美国用户数量降至零的方式，寻求间接实现上述两项规制目标。所以无论如何，《实施细则》间接规制了 TikTok 平台的通信内容（包括中国共产党的相关宣传，美国用户分享的图片、音视频数据），而且这不是简单的“附带负担”。

B. “个人通信”

法院认为，TikTok 在促进用户通信的过程中获得的利益，不应被视为 1702 (b)(1) 条的“有价物转让”。对于该表述正确的解读，应该限于包含在个人通信之内的金钱（或其他价值）转移，即个人通信“本身”的参与者之间的价值交换，而不包括向通信平台的价值转移。事实上，无论是哪一种通信方式，促进用户通信的网络 / 平台都会受让获得一定价值；一旦此等情形被视作“有价物转让”，1702 (b)(1) 条的“限权效果”会被彻底架空。

因此原告有望得证，相关禁令间接规制了个人通信，而且受到规制的内容大多不涉及“有价物转让”，进而可能得证“实施细则”所载禁令超越了《国际紧急经济权力法》授予的权限范围。

C. “信息材料”

美国政府承认，TikTok 平台上分享的内容属于“信息材料”，而且它们通过作为“传输介质”的 TikTok 平台，在美国和其他各国之间跨境流动。然而美国政府主张，即使直接禁用 TikTok，也不必然属于间接规制其中的“信息材料”。法院认为，这里的关键在于，“信息材料”是否属于“实施细则”的规制对象。如上所述，“实施细则”的预设目标包括阻止 TikTok 将美国用户数据传输至中国，并且阻止 TikTok 助力中国共产党在美国开动“宣

---

① *Walsh v. Brady*, 927 F.2d 1229, 1231-34 (D.C. Cir. 1991).

传机器”，因而《实施细则》的规制对象显然涵盖“信息材料”的跨境流动。

尽管《美国法典》第50编第1708条表明，网络间谍活动属于允许规制的对象，但正如前文所述，直接针对某个允许规制的对象采取措施，也可能同时间接规制了信息材料，以致突破1702(b)(3)条的限制。此外，1708条并未表明国会针对1702(b)(3)条创设了“例外的例外”，而且1708(c)条明确指出，本条内容不得被解释为影响其他法律对于相关权力行使的规定。

由此观之，美国商务部《实施细则》“间接规制”个人通信或信息材料的跨境流动。

2. 原告关于《行政程序法》的主张

原告认为，商务部长对于禁止交易类型的认定，没有考虑合理的替代方案，因而是武断且反复无常的，应当予以撤销。作为一项先决问题，法院认为自身有权审理原告关于《行政程序法》的主张，不仅因为该法明确授权法院对政府部门的行政行为展开司法审查，而且哥伦比亚特区上诉法院的先例指出，政府部门实施行政令（即使是基于《国际紧急经济权力法》）的决策过程，受到《行政程序法》的约束和审查。

设定“武断且反复无常”这一标准，不是希望法院自行查明事实，而是要求法院审查政府部门的档案记录，认定其决策是否基于合理的依据（即政府部门的一项行动，应当反映事实和决策之间的合理联系）。尤其当司法审查涉及国家安全问题，法院更加不能“越俎代庖”，即不得以自己的评估结果取代行政部门的“预见性判断”。简言之，如果一项行政行为符合以下条件之一，法院应当以“武断且反复无常”为由撤销之：(1)未能考虑到问题的某个重要方面；(2)对于决策的解释和说明，不符合其持有的证据；(3)过于不合理，而且这种不合理性无法归因于观点差异或其他缘由。

政府部门未能考虑到明显的替代方案，通常可以说明其决策程序有失合理性。然而，法院先例只要求政府部门考虑“合理、显而易见且能够产生同样效果”的替代方案。商务部长罗斯决定禁用TikTok之前，既没有考虑任何替代方案，也没有说明不予考虑的理由。但实际上，罗斯完全可以使得禁令的效力取决于TikTok的拆分进程和结果，即视字节跳动能否成功剥离TikTok美国业务，来决定禁令是否生效。尽管非常清楚“拆分命令”的执行状况和最后遵守期限，罗斯依然坚持在11月12日当晚彻底禁用TikTok，而未将禁令生效的时间和条件，设定为字节跳动剥离TikTok的尝试宣告失败之后。美国商务部甚至当庭表示，即使TikTok从字节跳动当中剥离出来，《实施细则》所载禁令仍然应当在 11 月 12 日生效。

至于原告提出的其他替代方案（比如由甲骨文公司控制美国用户数据）没有得到商务部长的充分考虑，法院认为，相较于正在进行的 CFIUS 外资安审程序和 TikTok 拆分程序，无法确定其他替代方案能否充分解决美国政府的国家安全顾虑，因而它们属于“不合理的替代方案”，商务部长没有义务予以考虑。

不过无论如何，罗斯以国家安全为由禁止 TikTok 在美运营之前，没有充分考虑能否通过“并行的（parallel）拆分程序”而完全解决此等国家安全顾虑，尤其是这一替代方案显而易见，并且被列入美国商务部的备忘录。因此，原告有望得证，商务部长的决策过程违反《行政程序法》规定。

简言之，原告已经证明，关于《国际紧急经济权力法》和《行政程序法》的两项主张有望获得法院支持，《实施细则》可能突破了上述两者设定的限制性条件。13942 号行政令及其《实施细则》，旨在阻止美国用户在 TikTok 上交流和分享数据；最终意图或预定目标是防止中国获取这些数据，并利用 TikTok 传播虚假信息。这至少构成间接规制个人通信或信息材料交换，而且商务部长在禁用 TikTok 之前，未能充分考虑明显且合理的替代方案，因而《实施细则》会被认定为“武断且反复无常”。

（二）关于原告是否将面临“不可挽回之损害”

法院针对这一部分的论证，与“9 月 27 日初步禁制令”基本一致。一旦商务部实施细则生效，TikTok 将在经济和名誉双重层面遭受不可挽回之损害。

值得注意的是，宾州东区法院已于 2020 年 10 月 30 日针对“实施细则”所载各项禁令签发初步禁制令。美国商务部据此声称，若本案法院驳回初步禁制令动议，TikTok 无法证明其将面临“不可挽回之损害”。然而法院认为，美国政府已向联邦第三巡回上诉法院提起上诉，宾州东区法院签发的初步禁制令随时有可能被修改、中止或撤销。在此情形下，即使联邦第三巡回上诉法院撤销初步禁制令，与本院签发初步禁制令之间仅存在“极为短暂的时间差”，TikTok 也无法修复该时间段内用户群体和商业合作关系的流失。因此，原告不必等到“达摩克利斯之剑”实际落下时，才有权请求本院签发初步禁制令。

（三）关于当事方利益衡平与公共利益

在“9 月 27 日初步禁制令”的论证基础上，法院认为，至少存在一项显而易见的替代方式（字节跳动剥离 TikTok 美国业务），表明美国政府完全有其他合法路径实现国家安全利益，因而该要件倾向于准予初步禁制令救济。

鉴于“温特案”所列举的四要件均有利于原告，签发初步禁制令是恰当的。原告已经证明，“实施细则”可能突破了《国际紧急经济权力法》的“限权条款”，而且可能是“武断且反复无常的”。法院在此情形下，通常会禁止实施该项违法行为。尽管美国政府提出应当进一步识别哪些个人通信不含价值交换，以及哪些数据传输跨越国界，但法院认为，此种“精细剪裁”的模式在初步禁制令的语境下并不合适，而应当完全禁止“实施细则”所载各项禁令生效。

三、关于原告申请哥伦比亚特区上诉法院审查“拆分命令”和美国外国投资委员会相关行政行为

根据《美国法典》第 50 编第 4565（e)(2）条，哥伦比亚特区上诉法院对本案享有排他的初审管辖权。原告提请司法审查的依据，主要包括四点：

（一）“拆分命令”和美国外国投资委员会相关行政行为超越了美国政府在《国防生产法》第 721 条下的权限，因而属于越权行为

《美国法典》第 50 编第 4565（d)(1）条将总统的行为对象 / 目标，限于“受辖交易”及由此引发的国家安全威胁；4565（b)(1)、(2）条也将美国外国投资委员会的国家安全审查和调查范围限于“受辖交易”，以确定该交易对国家安全的影响。在审查或调查过程中，委员会可以将“受辖交易”提请总统决策，或者针对“受辖交易”施加一定条件，降低可能的国家安全风险，而总统有权推迟或禁止任何危及美国国家安全的“受辖交易”。简言之，委员会和总统在《国防生产法》第 721 条下的“权力射程”限于“受辖交易”，而原告认为，本案有待外资安审的“受辖交易”是字节跳动对 Musical.ly 美国业务的收购。

首先，“拆分命令”和美国外国投资委员会相关行政行为（以下简称“两者”）寻求强制剥离不属于“受辖交易”的资产，具体表现包括：(1）美国外国投资委员会相关行政行为指向整个 TikTok 美国业务及其用户；(2）“拆分命令”强制字节跳动剥离整个 TikTok 美国业务（及其全部数据和资产），并未限于 Musical.ly 美国业务；(3）Musical.ly 在两年前已经被 TikTok 淘汰，而且当下 9800 万 TikTok 在美注册的“月活跃用户”中，仅有 320 万人在收购发生时持有 Musical.ly 账户；TikTok 美国业务（包括核心技术、商业价值、绝大多数的用户和数据）完全由字节跳动独创，而非源自字节跳动

对 Musical.ly 美国业务的收购；（4）“拆分命令”要求剥离的资产，非但与“受辖交易”和 Musical.ly 在美业务或资产无关，而且涵盖美国境外资产；（5）两者没有阐明，需要剥离的资产范围是如何确定出来的，而只是声称字节跳动将 TikTok 和 Musical.ly 融为一体，创建了一款单一的综合性社交媒体应用程序；两者也没有阐明，为何吸纳少数 Musical.ly 用户会使整个 TikTok 美国业务受制于“拆分命令”，尤其是字节跳动的专有技术和数据，也在“拆分命令”的射程范围之内。

其次，两者寻求解决的所谓国家安全风险，并非缘起于“受辖交易”。如上所述，总统和外国投资委员会处理国家安全风险的权力限于由“受辖交易”而引起的风险，而不包括“受辖交易”发生之前的既有风险或起因于“受辖交易”之外的风险。然而在本案中，两者超越了这一法定限制，具体表现包括：（1）美国政府提及的风险，只是笼统地涉及中国企业对应用程序的所有权，而中资控股造成的国家安全威胁，势必在“受辖交易”发生之前已经存在，而且此等风险没有因为字节跳动对 Musical.ly 的收购而扩大；（2）委员会没有具体说明“受辖交易”导致国家安全风险增长的原因，“拆分命令”基本照搬法律条文的表述，只是声称字节跳动可能通过此次收购，危及美国国家安全；（3）“受辖交易”发生前后存在的风险唯一且相同，此等风险不能被视作委员会采取行动的合理依据。

（二）外国投资委员会实施相关行政行为与总统颁布“拆分命令”的方式，侵犯了原告在联邦宪法第五修正案下的“正当程序”权利

根据“罗尔斯案”的判理，在涉及资产拆分的外国投资委员会程序中，正当程序原则要求行政部门：至少应当将行政行为的内容通知利害关系方，允许其获取行政部门所依据的不涉密证据，并且提供反驳这些证据的机会。[①] 然而在本案中，原告没有机会查阅或反驳外国投资委员会和总统所依据的事实或证据。

外国投资委员会在 7 月 30 日当天发出的函件是草率的、推断性的，并且没有事实根据。函件没有说明委员会对于字节跳动所提“缓解方案”的不满之处，其中的表述和论断大多基于过时或不准确的新闻报道，抑或根本未经证实（有些甚至与委员会掌握的档案资料相矛盾），而且普遍泛泛而谈，以致可以适用于任何一家中资企业。而且在此之后几小时，委员会就将收购调查案提请总统决策，完全没有给字节跳动留下任何回应机会。

---

① *See Ralls Corp. v. CFIUS*, 758 F.3d 296（D.C. Cir. 2014）.

（三）外国投资委员会相关行政行为武断、反复无常且违法，违反《行政程序法》规定

若要通过有关《行政程序法》的审查程序，行政部门必须参阅相关数据、顾及相关因素、尽到充分说明义务，并且考虑到明显的替代方案。外国投资委员会在本案中几乎完全依赖于未经证实的第三方报告，而且忽视了原告用于反驳委员会“所谓”国家安全顾虑的重要证据，尤其是没有充分阐明字节跳动提出的“缓解方案”无法减轻委员会国家安全顾虑的原因。

外国投资委员会“7 月 30 日回函”提出的国家安全顾虑，事实上都能通过字节跳动的提案得到解决。委员会反复强调的一点是，字节跳动的中国领导层仍将深度参与 TikTok 的日常运营和战略导向，使得 TikTok 的美方管理人员较难成功发现并挫败危及国家安全的行为。然而，字节跳动的提案已经涵盖关于 TikTok 运营模式的重大改变，并且美国政府曾在公开声明中予以认可。

简言之，外国投资委员会偏偏选择了最为严苛的措施（提请总统颁布“拆分命令”），既没有考虑对于行政相对人侵害更小的替代方案，也没有为此给出令人信服的正当化事由，因而委员会相关行政行为是武断且反复无常的。而且字节跳动已经提出了合理的替代方案（既不草率，也不违法），而委员会未能予以充分考虑，构成“可撤销的错误”（reversible error）。

（四）“拆分命令”构成未经合理补偿的非法征收（unlawful taking without just compensation），违反联邦宪法第五修正案的“征收条款”

“拆分命令”给字节跳动只留下两条路：（1）按照美国政府所施加的任何条件，将 TikTok 美国业务的全部资产和数据让予美国政府（类似没收）或者经美国政府批准的实体；（2）如果未能达成此等协议，字节跳动只得抛弃 TikTok 美国业务。美国政府在本案中实施的强制拆分，将永久剥夺字节跳动部分财产，并且未予任何补偿，属于典型的征收行为。而且根据先例，命令某一实体放弃特定且可识别的财产，该行为本身即构成征收（per se taking）。原告认为，若非法的“拆分命令”得到执行，合理补偿不具有可行性，因此可以采取预见性的衡平法救济。

此外，本案征收行为不能被抗辩为“规制权力的善意行使”（*bona fide* exercise of regulatory authority）。“拆分命令”属于违宪征收，其造成的经济影响非常巨大，严重干涉字节跳动对于投资回报的合理预期，而且并未达成所谓维护美国国家安全的意图。

第三节　法院判决

2021 年 2 月 11 日，被告向哥伦比亚特区上诉法院动议，申请暂时中止上述两桩初步禁制令上诉案件的审理程序，另向哥伦比亚特区法院动议，申请暂时中止本案进一步审理。2021 年 7 月 14 日，美国哥伦比亚特区上诉法院同意拜登政府撤销该案。

第四节　简要评论

面对特朗普政府向 TikTok 连续甩出的行政禁令、实施细则和拆分命令"三板斧"，TikTok 采取了"边打边谈"的应对策略：一方面，"团结一切可以团结的力量"，打造"企业—雇员—短视频创作者"的"统一战线"，短时间内在多家联邦法院打出"组合拳"，并成功取得两道针对商务部实施细则的平行初步禁制令，进而在"双保险"的庇护下暂时获得一丝喘息；另一方面，与外国投资委员会积极探讨缓解方案的可能性，力争将"割肉"范围限于用户数据和内容审核，以期避免全盘的资产拆分和剥离，甚至是司法部长强制关停和拍卖的最坏结果。

随着美国新一届政府上台，TikTok 相关案件的审理被暂时叫停，拜登政府暂时"鸣金收兵"、稍事调整，但中美之间的"数字经济战"可能才刚刚打响。美国早在 2015 年《国家安全战略报告》中就指明，美国对外政策的指导思想及其维持全球领导地位的根本目的，都是追求和维护美国国家利益，其中具体包括四项核心利益：国家安全、经济繁荣、美式价值观的优越性，以及美国主导下的稳定国际秩序。① 自 2017 年起，美国开始将中国定位为"战略竞争对手"。② 拜登政府基本上承继了这一话语体系，其在上任仅两个月即匆匆出具的《临时国家安全战略指南》中提出，中国是"唯一一个有能力综合运用其经济、外交、军事和科技力量，对稳定且开放的国际体

---

① The White House, *National Security Strategy, February 2015*, https: //obamawhitehouse.archives.gov/sites/default/files/docs/2015_national_security_strategy_2.pdf.

② The White House, *National Security Strategy, December 2017*, https: //trumpwhitehouse.archives.gov/wp-content/uploads/2017/12/NSS-Final-12-18-2017-0905.pdf.

系构成持续挑战的竞争对手”。①

姑且不论美国国内普遍高涨的反华情绪②，从“美式国家安全观”的逻辑出发，TikTok 不幸触及美国全部四项核心利益。首先，国家安全的外延在经济全球化的作用下，始终处在迅猛的动态变化之中，尤其是 TikTok 等新型数字经济业态的出现，可能给一国带来技术安全、数据安全、网络安全等前所未有的国家安全隐患。譬如 TikTok 内置的算法与人工智能技术具有“军民两用性”，而且 TikTok 可能被中国政府用于搜集和整合美国公民信息（包括联邦政府官员），甚至实施工商业间谍活动，或者对电信、能源、金融等关键信息基础设施发动网络攻击。其次，数字贸易 / 电子商务是今后经济发展的关键着力点，美国不允许 TikTok 旗下的“短视频播放业务”占据国内大量市场份额。第三，从 13942 号行政令指责 TikTok 审查政治敏感内容、为中国共产党“传播假新闻”来看，美国政府还可能为绞杀 TikTok 戴上所谓“言论自由”和“反共排华”（某种程度上是“麦卡锡主义”的复活）的伪装面具，借机宣扬其普世价值观的优越性。第四，TikTok 涉及跨境数据流动问题，背后是美、欧等大国集团对于数据控制权、跨境数据流动规则和全球数据治理机制的激烈博弈，因而美国不会放弃对于国际数字经济秩序的主导地位。

对 TikTok 更为不利的是，此种“极限施压”的态势不太会因美国政府的更迭而出现松动。除了迎合国内民众反华情绪、获取中美战略竞争优势，并以 TikTok、华为、中兴等企业作为中美经贸谈判的筹码，拜登政府还代表了美国信息产业和科技精英的利益。有学者认为，很难对美国的“国家利益”进行整体界定，其所谓的“国家利益”是被“建构”出来的，只不过是反映了特定时期占据国内主导 / 多数地位（掌握话语权）的政治—社会联盟关于对外战略的经济利益诉求，进而左右美国政府外交政策的制定。③ 此处的“政治—社会联盟”，可以理解为两党分别代表的、以特定地域—产业—阶层为核心的政治—社会力量组合，而民主党通常被认为是“新英格兰—中大西洋—西海岸”联盟的利益代言人。根据美国

① The White House，*Interim National Security Strategic Guidance，March 2021*，https：//www.whitehouse.gov/wp-content/uploads/2021/03/NSC-1v2.pdf.

② *See* Laura Silva，et al.，*Unfavorable Views of China Reach Historic Highs in Many Countries*，Pew Research Center，https：//www.pewresearch.org/global/2020/10/06/unfavorable-views-of-china-reach-historic-highs-in-many-countries/.

③ 参见王浩：《社会联盟与美国对外战略演化的逻辑（1945—2015）》，《世界经济与政治》2016 年第 7 期。

联邦政府最新披露的信息，拜登内阁多名幕僚与微软、脸书和谷歌等企业存在重大利益关系，很可能影响到拜登政府在网络与数据安全等议题上的立场。①

当然，从国际法和国内法的角度来看，本案也有诸多值得探讨和反思之处，其中主要涉及跨境数据流动与美国外资安全审查等问题。

一、关于跨境数据流动规则

（一）数据跨境自由流动与国家安全、个人隐私之间的价值冲突和内在张力

互联网企业运用算法对数据展开收集、处理和传输等一系列操作。TikTok 的核心运作模式，就是以算法为主导、基于（数据挖掘和分析而形成的）用户偏好的信息匹配与供给机制。TikTok 所挖掘的数据，包括用户的关注和互动情况、所处地理位置、短视频浏览记录等，由此形成用户偏好的“参数”，在对海量短视频内容审核、遴选后，通过算法程序予以匹配和供给。②

作为 TikTok 运作模式的两个核心环节，个人数据挖掘与智能算法匹配对应了不同的风险隐患。前者主要涉及个人隐私和数据安全，后者或存在算法歧视和操纵问题，更重要的是，算法作为一项人工智能技术，完全可能用于国家情报和军事领域，而且算法“黑箱”之属性和权力之集中，还可能充当一台影响文化和价值观的“宣传机器”。无论是个人隐私与信息保护，还是数据安全、科技安全和文化安全等国家安全事项，都需要一国法律的介入保护，并且当然属于主权国家的规制范围。同时，互联网产业的全球性和信息产业的外向性，注定会涉及跨境数据流动的问题，而数字贸易／电子商务的高速发展和成本控制，都离不开数据的自由跨境流动。

有学者将全球范围针对跨境数据流动的规制难题归纳为“三难选择”，即无法完全兼顾“良好的数据保护”“跨境数据自由流动”，以及各国政府“数据保护自主权”三重目标。③这体现了跨境数据流动规则的内在张力，

① Chad Day，*Biden White House's Ties to Big Tech Are Detailed in New Disclosures*，Wall Street Journal（March 20，2021），https：//www.wsj.com/articles/biden-white-houses-ties-to-big-tech-are-detailed-in-new-disclosures-11616291989.

② 参见冯硕：《TikTok 被禁中的数据博弈与法律回应》，《东方法学》2021 年第 1 期。

③ 黄宁、李杨：《“三难选择”下跨境数据流动规制的演进与成因》，《清华大学学报》（哲学社会科学版）2017 年第 5 期。

一方面是跨国企业对数据自由流动的客观需求，另一方面是东道国维护国家安全和保护个人隐私的职责，以及争夺数据控制权和全球数据治理规则主导权的雄心。

简言之，数据跨境自由流动与国家安全、个人隐私等目标之间都存在一定价值冲突和张力。以《服务贸易总协定》(GATS）为例，有学者提出，中国政府可以诉诸 WTO 争端解决机制，并援引该协定第 16 条“市场准入”和第 17 条“国民待遇”规定。① 早先的“美国博彩案”和“中国出版物及音像制品案”均表明，该协定对服务提供的技术手段不作区分，WTO 成员在《具体承诺减让表》下的承诺，原则上自动延展至以电子方式提供的服务。② 申言之，我们可以把 TikTok“短视频播放业务”包装成“其他视听服务”(other audiovisual services)，基于美国未就该项服务在“跨境交付”和“商业存在”模式下的市场开放和国民待遇承诺设定任何限制，从而对美国相关“措施”提出申诉。

不过《服务贸易总协定》第 14 条分别规定了“一般例外”与“安全例外”，将特定前提下的个人隐私或国家安全考量置于优先地位。③ 这是国际贸易秩序对于国家主权和规制权的适度尊让，但是适用例外条款的前提条件一向是相当严格的。“美国博彩案”基本沿用了“美国汽油案”对于第 20 条“一般例外”的“两步分析法”，即首先判定系争措施是否符合第 14 条下的具体例外事项，及其是否具有客观上的“必需性”，由此论证其暂定的正当性；其次判定系争措施是否符合第 14 条“小序言”规定的要求，主要看是否存在“任意或不合理歧视”。④ 本案可能涉及第 14 (c)(2) 条“保护与个人信息处理和传播有关的个人隐私”，但鉴于 TikTok 此前因用户隐私保护问题，接连在联邦贸易委员会的调查和伊利诺伊北区联邦地区法院的

---

① 彭德雷、阎海峰：《TikTok 被“封禁”，有哪些救济路径维护自身利益》，第一财经网，2020 年 8 月 16 日，https：//m.yicai.com/news/100736339.html。

② WTO，*United States—Measures Affecting the Cross-Border Supply of Gambling and Betting Services*，*Appellate Body Report*，WT/DS285/AB/R，7 April 2005；WTO，*China—Measures Affecting Trading Rights and Distribution Services for Certain Publications and Audiovisual Entertainment Products*，*Appellate Body Report*，WT/DS363/AB/R，21 December 2009.

③ 参见丁婧文：《“TikTok”事件的法律分析——兼谈数据利用国际经贸规则的完善》，《法治社会》2020 年第 5 期。

④ 参见张乃根：《条约解释的国际法》(下)，上海人民出版社 2019 年版，第 657—658 页。

集体诉讼中达成巨额和解①，美国援引一般例外条款抗辩的成功概率有所上升。

至于安全例外条款，“俄罗斯货物过境案”表明，系争措施的出台背景（俄乌武装冲突）构成“国际关系中的紧急情况”，并且符合《服务贸易总协定》第 21 条“小序言”规定，适用国家安全例外。②值得注意的是，该案专家组虽然认可“基本安全利益”系成员方自裁决事项，但是指出必须在“善意”的基础之上加以解释。③对于 TikTok 案所涉网络安全、数据安全、科技安全等非传统安全事项是否属于基本安全利益，仍然具有不确定性，取决于双方的举证情况、专家组对演进解释等一系列条约解释方法的运用，以及“美国对钢铝产品措施案”（DS544）等涉及安全例外适用的案件的裁决结果。

WTO 上诉机构目前处于停摆状态，且美国未参与“多边临时上诉仲裁安排”，中国诉诸 WTO 争端解决机制并非最优选择。此处仅试以《服务贸易总协定》相关条款为例，结合 TikTok 具体案情，论证数据跨境自由流动与国家安全、个人隐私之间的价值冲突与张力。

（二）跨境数据流动规则的价值取向博弈

《中华人民共和国网络安全法》第 1 条明确将“维护网络空间主权”作为立法目的之一，部分学者也在论著中采用了“网络主权”和“数据主权”等概念，但“主权”（sovereignty）作为国际法上的核心概念，“数据主权”的表述在国际法理论上能否证成，仍有待推敲，故而此处暂且规避这一表述。

网络空间在技术形态上具有三重分层：物理层、逻辑层和数据层。物理层即指支持网络活动的“实体”信息基础设施，显然受制于其所在国家的管辖。逻辑层主要包括通信协议、域名系统等，主要由非营利组织“互联网名称与数字地址分配机构”（Internet Corporation for Assigned Names and Numbers，ICANN）管理和分配；分配机构虽然在形式上脱离美国政府控

---

① *See Video Social Networking App Musical. ly Agrees to Settle FTC Allegations That it Violated Children's Privacy Law*，Federal Trade Commission（February 27，2019），https：//www.ftc.gov/news-events/press-releases/2019/02/video-social-networking-app-musically-agrees-settle-ftc；*See also* David Shepardson，Echo Wang，*ByteDance agrees to $92 million privacy settlement with U.S. TikTok users*，Reuters（February 26，2021），https：//www.reuters.com/article/us-bytedance-tiktok-lawsuit-idUSKBN2AP2O5.

② WTO，*Russia—Measures Concerning Traffic in Transit*，*Panel Report*，WT/DS512/R，5 April 2019.

③ 梁咏：《论国际贸易体制中的安全例外再平衡》，《法学》2020 年第 2 期。

制，并且逐步迈向“全球共治”模式，但普遍认为美国在其中仍然掌握主导地位。相较于物理层和逻辑层，美国在数据层并不享有绝对的话语权，以美、欧为代表的两股势力正就这一层面的规则主导权展开激烈角逐。①

国内法层面，欧盟试图打造“单一数字化市场”，确保域内数据自由流动，同时以保护公民隐私等基本权利为核心指导思想，通过设置“充分性保护原则”及相应“白名单”，认定欧盟企业可以自由跨境传输数据的“域外目标国”；欧盟《通用数据保护条例》（General Data Protection Regulation，GDPR）还向企业提供多层次的个人数据跨境传输方式，前提是数据控制者或处理者能够遵循“适当的传输保障措施”，并且确保数据主体有权行使相关权利和法律救济。从某种程度上说，该条例依然重视数据本地化存储，强调欧盟对于数据出境的介入，以及传输目标国数据保护水平的认定。②至于美国相关立法，则是毫不掩饰其鲜明的现实主义色彩，致力于强化本国信息产业在全球数字经济领域的竞争优势：一方面，针对具有战略意义的数据出口和相关外国投资（下文详述）采取限制措施，另一方面，通过赋予国内法域外适用效力，确保美国政府有权跨境调取美国企业所“控制”的数据，无论其存储于何地。③具言之，美国国会在 2018 年通过的《澄清域外合法使用数据法》（Clarifying Lawful Overseas Use of Data Act，CLOUD）明确提出“数据控制者标准”，即美国政府将自身对于数据的调取权限，从原先的物理层边界（“数据存储地标准”）扩张至数据层边界，只要数据处在企业技术可及的控制范围之内。当然，值得一提的是，该法只适用于总部或注册地位于美国的企业。正是由于美国政府格外重视数据的实际控制者，而并不特别关注数据的物理存储地，TikTok 作为字节跳动（中国）的子公司，其仅强调数据存储于美国境内，根本无法打消美国政府的顾虑。

到了国际法层面，美国转而“摇身一变”成为数据跨境自由流动的坚定“卫道士”，极力主张将其纳入各类双边、诸边或多边协定，以本国信息产业在全球数字经济领域的领先地位，为美国企业扫除外国政府基于跨境数据流动限制政策而设置的“数字贸易”市场准入壁垒。美国早在 2013 年启动谈判的《国际服务贸易协定》（Trade in Services Agreement，TiSA）中就提

① 参见许可：《数据主权视野中的 CLOUD 法案》，《中国信息安全》2018 年第 4 期。
② 参见冯硕：《TikTok 被禁中的数据博弈与法律回应》，《东方法学》2021 年第 1 期。
③ 参见许多奇：《论跨境数据流动规制企业双向合规的法治保障》，《东方法学》2020 年第 2 期。

议，“当涉及服务提供者的商业活动时，成员方政府不能阻止另一 TiSA 成员方的服务提供者传输、接入、处理、储存来自其境内或其他任何国家的信息”，并且该条款未设任何例外事项。① 如上所述，《服务贸易总协定》通过市场准入和例外条款的联动设计，在数据跨境自由流动与个人隐私、国家安全之间进行了某种折衷（或曰“建设性模糊”），相较之下，美国在《国际服务贸易协定》中的提案显然过于激进。

《美墨加协定》（United States-Mexico-Canada Agreement，USMCA）第 19.11 条规定，缔约方不得禁止或限制各类信息（包括个人信息）为商业目的而通过电子方式进行跨境转移；该条同时包含“合法公共政策目标”例外条款，即允许缔约方为实现“合法公共政策目标”而采取“必要”的规制措施，前提是该措施不以任意或不合理歧视的方式实施、不构成对贸易的变相限制，并且对于信息跨境转移所施加的限制不超过实现合法目标所必需的限度。第 19.12 条直接禁止一切数据本地化要求，规定缔约方不得以使用本国境内的计算设施，或将计算设施置于本国境内，作为企业在该国领土内经营业务的前提条件。相较于《全面与进步跨太平洋伙伴关系协定》（Comprehensive and Progressive Agreement for Trans-Pacific Partnership，CPTPP），《美墨加协定》没有设置“禁止数据本地化”的例外条款（合法公共政策目标），并且有意删掉两处有关“缔约方承认各方在以电子方式跨境转移信息 / 使用计算设施的问题上，可能存在各自监管要求”的模糊表述。

2019 年初，WTO 框架下的电子商务诸边谈判启动。关于跨境数据流动和数据本地化要求的议题，美国照搬了《美墨加协定》的上述两个条款，仅在此基础上提议针对金融业数据的本地化存储做出特别规定。② 欧盟强调跨境数据流动不应被以下四种方式所限制：（1）要求使用本国境内的计算设施或网络设备；（2）要求本地存储或处理数据；（3）禁止在他国境内存储或处理数据；（4）以使用本国境内的计算设施或网络设备，或者符合数据本地化要求作为允许数据跨境流动的前提。此外，欧盟就保护个人隐私与数据安全提出特别关切，提议缔约方可采取自身认为适当的保障措施。③

① 龚柏华：《论跨境电子商务 / 数字贸易的“eWTO”规制构建》，《上海对外经贸大学学报》2016 年第 6 期。

② 参见石静霞：《数字经济背景下的 WTO 电子商务诸边谈判：最新发展及焦点问题》，《东方法学》2020 年第 2 期。

③ WTO，*Joint Statement on Electronic Commerce*，*EU Proposal for WTO Disciplines and Commitments Relating To Electronic Commerce*，*Communication from the European Union*，INF/ECOM/22，26 April 2019，para.2.7-2.8.

更不必说美欧针对双边数据调取和传输所先后达成的《安全港协定》和《隐私盾协定》均被欧盟法院判决无效[①]，大国集团之间关于跨境数据流动规则的话语权和价值取向博弈呈现白热化状态。无论是各国关于跨境数据流动的立法错综复杂，还是中国法对于数据跨境传输的严格限制，都令中资金融机构、互联网企业等实体的海外运营（尤为横跨多法域经营的情形），面临巨大且繁复的数据合规风险。[②]

二、美国外国投资国家安全审查的新发展

著名国际法学家阿尔瓦雷斯（José E. Alvarez）曾在 2011 年提出“国家的回归”（the return of the state）现象，指出国家开始重新强调对于主权的诉求和维护，突出表现在国际投资领域，即东道国的投资规制措施，频繁诉诸“根本安全利益”或“国家安全”条款。[③]从本质上讲，这种现象是以国家安全为表面托辞、以豁免国际法义务为真实意图，并且具有强烈政治色彩的“主权回归”。如上所述，国家安全问题总体上属于自裁决事项，并且随着经济全球化的进程，具有越发丰富而复杂的内涵，以致国家安全例外的正当化事由在合理扩张的同时，也被主权国家频频滥用以逃避国际义务。[④]

美国国会于 2018 年通过《外国投资风险审查现代化法》（Foreign Investment Risk Review Modernization Act，FIRRMA），继 2007 年《外国投资与国家安全法》（Foreign Investment and National Security Act，FINSA）之后，再次对外资安全审查制度进行修正。事实上，从新法案名称中的“现代化”一词，已能窥得此次修法的根本原因，即应对数字经济和技术革新背景下，外国战略投资对美国国家安全所造成的全新冲击和动态风险。[⑤]以下简要评述几点与本案相关的法律修改之处。

首先，美国外国投资委员会管辖范围扩张。《外国投资风险审查现代化法》将外国实体针对美国企业的三类“任何其他投资”纳入“受辖交易”范围：（1）涉及关键基础设施；（2）涉及关键技术；（3）涉及美国公民敏感数

---

① 参见丁婧文：《“TikTok”事件的法律分析——兼谈数据利用国际经贸规则的完善》，《法治社会》2020 年第 5 期。

② 参见许多奇：《论跨境数据流动规制企业双向合规的法治保障》，《东方法学》2020 年第 2 期。

③ *See generally* José E. Alvarez，*The Return of the State*，20 Minnesota Journal of International Law 223（2011）.

④ 参见蔡从燕：《国家的“离开”“回归”与国际法的未来》，《国际法研究》2018 年第 4 期。

⑤ 参见漆彤、汤梓奕：《美国〈2018 年外国投资风险审查现代化法案〉介评》，《经贸法律评论》2019 年第 3 期。

据的维护或收集，并且可能被用于威胁国家安全。[①]尤其值得注意的是，该委员会管辖权在上述三种情形下，可以大幅扩张至间接投资与非控制性投资，即投资无须符合"外国控制"(foreign control) 这一通常要件——只要使外国投资者有权接触到任何重大非公开技术信息，或者获得董事会席位、列席权或提名权，抑或任何参与实质性决策的机会（不包括基于股权比例的表决权）即可。[②]此外，若外国投资者在其所投资的美国企业中的权益发生变动（any change in the rights），而这一变动导致其"控制"该美国企业（或构成上述三种情形下的"任何其他投资"），则委员会亦有权审查。[③]至于其他旨在规避委员会审查的结构化交易安排，相关兜底条款也赋予了委员会审查权[④]，由此排除外国投资者以多次分步投资或其他协议安排等方式绕开外资安全审查的可能性。

其次，外国投资委员会外资安全审查程序的考量因素出现变化。针对"受辖交易"的国家安全风险评估，具体包括六项因素：(1) 是否涉及"特别关注国家"(设有获取某类关键技术或基础设施的战略目标，并且将在涉及国家安全的领域影响美国领导地位)；(2) 外国政府或实体在某一关键基础设施、能源、原材料或技术领域累积所获市场份额或近期交易模式；(3) 外国投资者遵守美国法律法规的历史；(4) 外国投资者对美国工业和商业活动的控制，会否影响美国维护国家安全的能力，包括人力资源、产品、技术、原材料和其他物资、服务的可及性；(5) 外国政府或实体接触到美国公民身份、基因信息或其他敏感数据，并利用其危害美国国家安全的可能性；(6) 是否可能加剧或造成新的网络安全隐患，或者导致外国政府具备针对美国发动恶意网络攻击（包括操纵联邦选举结果）的新能力。[⑤]尤其是《外国投资风险审查现代化法》将"特别关注国家"置于第一项评估要素，进一步强化了美国外资安审制度在国别上的针对性和政治性。

尽管美国国会既未在《外国投资风险审查现代化法》中当即列明，亦未要求外国投资委员会嗣后制定"特别关注国家"名单，但"项庄舞剑，意在沛公"，该法对中国的指向性不言而喻。就连法案发起人、共和党参议员科宁（John Cornyn）都表示，中国对美国科技企业的投资大多涉及军民两用

① 50 U.S.C. § 4565 (a)(4)(B)(iii).

② 50 U.S.C. § 4565 (a)(4)(D).

③ 50 U.S.C. § 4565 (a)(4)(B)(iv).

④ 50 U.S.C. § 4565 (a)(4)(B)(v).

⑤ *Foreign Investment Risk Review Modernization Act of 2018*, Sec. 1702 (c).

技术的应用，因而有必要扩张外国投资委员会审查范围。①《外国投资风险审查现代化法》还要求商务部长每两年向国会和外国投资委员会提交一份中国实体对美直接投资报告，尤其需要对照《中国制造 2025》所载战略目标进行比较分析②，这足以见得美国利用外资安审制度遏制中国高新技术产业发展的动机。

第三，外国投资委员会对审查程序做出改革。就安审各环节时限而言，委员会初步审查期延长至 45 天，调查期仍为 45 天（特殊情况下可延长 15 天），总统经委员会提请而作出最终决定的期限还是 15 天；与此同时，委员会必须在交易方提交通知后及时反馈，具体而言，应当在 10 个工作日内作出相应评议③。此外，《外国投资风险审查现代化法》在通知程序（notice）的基础上，引入全新的简易申报程序（declaration）。④

在 2007 年外国投资委员会框架下，自愿申报的交易方（为确保投资项目可预期性）唯有提交完整、详尽的书面通知，才能收到委员会的反馈意见；而如今只须提交一份涵盖交易基本信息的简明（不超过 5 页）申报书，委员会就应当在收到申报书后 30 日内采取相应行动，譬如要求交易方提交书面通知、启动单边依职权审查，或者终止安审程序等。关于申报程序项下的强制申报机制（mandatory declaration），若外国投资者通过一项“受辖交易”取得一家美国企业的实质性权益，而外国政府对该投资者拥有实质性权益，且作为投资目标的美国企业涉及关键基础设施、关键技术或敏感个人数据，则交易方必须向委员会申报。值得注意的是，委员会在《外国投资风险审查现代化法》授权下还通过了一项实施细则，将出口管制与外资安审强制申报机制联系起来——即必须针对作为“受辖交易”目标的美国企业所制造的产品和技术，开展更为详细和精准的出口分类研究，并确定相关外国投资者是否需要获取出口许可证。因此，受到美国严格出口管制的国家的企业，在对美投资过程中将面临更多的强制申报要求。⑤

---

① John Cornyn, *Morning Keynote*: “*Implications of China's Growing Power for the U.S.*”, Center for Strategic & International Studies (November 14, 2017), https: //www.csis.org/analysis/morning-keynote-implications-chinas-growing-power-us.

② *Foreign Investment Risk Review Modernization Act of 2018*, Sec. 1719 (b).

③ 50 U.S.C. § 4565 (b)(1)(C)(i)(II)(aa).

④ 50 U.S.C. § 4565 (b)(1)(C)(v).

⑤ *See* Carl Valenstein, *Final CFIUS Mandatory Declaration Rule Shifts Focus To Export Control Requirements*, Morgan Lewis (October 14, 2020), https: //www.morganlewis.com/pubs/2020/10/final-cfius-mandatory-declaration-rule-shifts-focus-to-export-control-requirements.

由此观之，《外国投资风险审查现代化法》进一步扩张了“安全阀”的适用范围和力度，填补了数字经济、军民（商）两用技术和供应链全球化背景下潜在的新型国家安全漏洞，既回应了全球范围内国家安全事项扩张和泛化的现实情况，又迎合了国内政治环境对于遏制中国发展和维护美国产业优势的需求。此外，在《外国投资风险审查现代化法》和“罗尔斯案”所确立的先例下，TikTok 和字节跳动似乎仍然难以从司法的角度切入，在实体层面有效挑战总统对于国家安全风险的调查结果，及其基于国家安全事由所做出的推迟或禁止交易（本案为资产拆分）的命令。换言之，上述司法审查基本仅限于程序层面，即使法官在认为必要时，可以要求私下单方面查看保密信息①，但对于外资安审实体结果的改变，并没有过多实际意义。说到底，总统做出的“拆分命令”的终局性，较难在实体层面被动摇或推翻，法院在制定法（指《外国投资风险审查现代化法》）和判例法层面均有义务予以尊让。至于字节跳动能否基于联邦宪法第五修正案的“征收条款”主张相应合理补偿，恐怕也比较困难，主要在于美国外资安审制度没有义务平等保护内、外资，故字节跳动较难证明其“投资回报的合理预期”因外国投资委员会和总统的行政行为而落空。②如此一来，现有两道针对 TikTok 禁令（美国商务部实施细则）的初步禁制令，更多是一种“缓兵之计”或“交易筹码”，以待“缓解方案”谈判或中美政治博弈出现转机。

另外可以看到，《外国投资风险审查现代化法》将此类司法审查的初审管辖权排他性地授予哥伦比亚特区联邦巡回上诉法院，似乎也只是出于方便美国政府出庭应诉、避免地区法院独任法官颁发初步禁制令，并且尽快终结司法审查程序的考量。

最后，从中国企业赴美投资的角度，提出以下几点建议。

第一，中资企业应当对照《外国投资风险审查现代化法》、外国投资委员会相关实施细则及过往投资实例，审慎评估拟投资产业、领域或地理位置的“敏感度”，对触发美国外资安审“风险阈值”的可能性作出预判，并且尝试主动利用《外国投资风险审查现代化法》下的简易申报程序、认真对待其中的强制申报机制，力争在投资项目实质开展之前，获得外国投资委员会终止安审程序的反馈（即“驶入安全港”），以提升投资项目在外资安审

① 50 U.S.C. § 4565（e）(3）.

② 参见龚柏华：《新近中美经贸法律纠纷案例评析》，上海人民出版社 2017 年版，第 273—274 页。

环节的可预期性。无论是罗尔斯公司未能充分尽调，以发现投资项目处在海军禁飞区之内，还是字节跳动公司因误读美国外资安审制度，而未主动申报针对 Musical.ly 的收购交易，都值得今后赴美投资的中国企业认真吸取教训，毕竟对于私主体而言，争端的预防比解决更为重要。此外，若较难判断一项“非控股投资”的“敏感度”，中资企业可以考虑在交易协议或公司内部治理中，主动放弃董事会席位、列席权、涉及关键技术的一切决策权，并承诺不接触任何非公开的重大技术信息等，降低交易受制于外国投资委员会强制申报机制的概率。① 当然，此种交易安排会否受到委员会相关兜底规定的约束，仍然有待观察。

第二，在美中资企业必须认真研读当地有关个人隐私和数据保护的法律、法规和判例法，审慎研判自身所从事业务的数据合规风险，并严格对照落实数据合规工作，以免违反数据收集、处理和跨境传输相关规则。这些既包括美国联邦层面的《儿童在线隐私保护法》《电子通信隐私法》、CLOUD 法案，又包括州层面的《加州消费者隐私保护法》等。除此之外，包括 TikTok 在内的社交媒体平台也有必要重视和加强必要的“内容审核”，以免触及公共道德底线或其他禁忌、法律禁区，这一点在中东、伊斯兰国家尤为重要。②

第三，中资企业可以尝试通过“国籍规划”的技术手段，将潜在的投资争端引向国际投资争端解决中心（ICSID）框架下的投资者—东道国争端解决机制。由于中美之间尚不存在涉及投资争端解决的双边或多边协定，中资企业可以挑选一个与美国之间存在双边投资协定（含 ICSID 机制），并且其中条款有利于投资者的第三国，在当地设立“特殊目的实体”并加以实质运营后，向美国进行再投资。③如此一来，可以在今后实际发生投资争端时，以第三国“特殊目的实体”作为申诉方提请 ICSID 仲裁。当然，中资企业也可以针对美国子公司的股东国籍展开规划。

---

① *See* Carl Valenstein, *Final CFIUS Mandatory Declaration Rule Shifts Focus To Export Control Requirements*, Morgan Lewis (October 14, 2020), https: //www.morganlewis.com/pubs/2020/10/final-cfius-mandatory-declaration-rule-shifts-focus-to-export-control-requirements.

② *Indonesia bans Chinese video app Tik Tok for “inappropriate content”*, Reuters (July 4, 2018), https: //www.reuters.com/article/us-indonesia-bytedance-ban-idUSKBN1JU0K8; Sophia Saifi, *Pakistan Bans TikTok Again*, CNN, https: //edition.cnn.com/2021/03/12/tech/tiktok-pakistan-ban-intl-hnk/index.html.

③ 参见王燕：《中资数据处理企业在美国投资面临的安全审查及法律应对——以 TikTok 在美国被封杀为例》，《法治社会》2020 年第 5 期。

第四，字节跳动在本案中“边打边谈”的基本方略，值得中资企业学习借鉴。既要积极与监管部门展开沟通，并对合规问题加以弥补和改正，力争达成和解协议或解决方案；也要做好穷尽当地救济、诉诸东道国司法程序的准备。尤其是赴美投资的中国企业，在此类调查或诉讼中，绝不能轻易放弃一城一池，而应当灵活援引联邦宪法所赋予的各项基本权利，擅用临时限制令、初步禁制令、证据开示等各类动议，极力延缓案件进展，以寻求“持久战”过程中的谈判变数和转机。

至于中美政府层面，TikTok 事件或许更多涉及地缘政治因素。中国应当表明自身立场和关切，积极维护国家利益和中国企业合法权益，警惕美方将经贸谈判和外资安全审查议题挂钩，或者与盟友“抱团”阻击中国对外战略投资的趋势，并且借此契机重新审视和完善我国相关涉外法律体系建设。我国商务部和科技部在此次 TikTok 事件发酵期间，高度重视核心技术的出口管制，及时将“人工智能交互界面技术”和“基于数据分析的个性化信息推送服务技术”纳入《中国禁止出口限制出口技术目录》，确保国家利益不会受到减损；同时，也应当构建并完善企业对外投资的国别预警机制，具体内容可以涵盖外资安全审查制度，数据、劳工、环保、知识产权等领域合规制度。此外，中国可以借鉴美、欧等大国集团关于数据跨境流动的立场，在国内法制定和国际协定谈判过程中，探索并倡导建立“数据出境安全评估”之外的多层次数据跨境流动合规机制，在数据分级分类管理的基础上，保留特定行业的数据本地化要求、设置相应的数据跨境流动前提条件，并且预留基于公共政策目标或国家安全考量的适当规制权力。① 在数据跨境流动和禁止本地化措施等议题上，中国应当考虑主动“对标”国际高水平经贸投资规则，在 WTO 电子商务诸边谈判等平台作出适度承诺，并在自贸区（港）分阶段试验高水平开放政策 ②，以免今后因国内、国际相关标准差距过大而陷入“离群”被动。③ 唯有各国适度克制诉诸“国家安全”的冲动，协商共建全球数据治理秩序，才能使 TikTok 等新型数字经济业态在世界各国获得公平竞争和蓬勃发展的机会，并且享有更加优质的法治化营商环境。

---

① 参见石静霞：《数字经济背景下的 WTO 电子商务诸边谈判：最新发展及焦点问题》，《东方法学》2020 年第 2 期。

② 《中国（上海）自由贸易试验区临港新片区总体方案》第（九）条“实施国际互联网数据跨境安全有序流动”：“支持新片区……试点开展数据跨境流动的安全评估，建立数据保护能力认证、数据流通备份审查、跨境数据流通和交易风险评估等数据安全管理机制。”

③ 参见龚柏华：《USMCA 如何冲击全球经贸规则》，《第一财经日报》2020 年 7 月 13 日。

第六章　美国微信用户联盟诉美国特朗普政府禁令案

2020 年 8 月，美国总统特朗普对微信发出行政禁令，美国商务部于次月发布“实施细则”。随着拜登政府上台，微信相关案件的审理被暂时叫停。尽管非营利组织“美国微信用户联盟”牵头提起诉讼，并成功获得针对“实施细则”的初步禁制令救济。本案涉及中资社交媒体平台利用联邦宪法下的“言论自由条款”，以及总统紧急权力的限制性规定等，挑战美国政府作出的行政决定，对于赴美投资的中国企业具有一定启示意义。

第一节　基本案情

2019 年 5 月 15 日，美国总统特朗普援引《国际紧急经济权力法》（International Emergency Economic Powers Act，IEEPA）、《国家紧急状态法》（National Emergencies Act，NEA）[①]，以及《美国法典》第 3 编第 301 条（总统权力的转授权条款），签署题为“保障信息通信技术与服务供应链安全”的 13873 号行政令，宣布全国进入紧急状态。[②] 他认定境外战略竞争对手正在借助其拥有、控制、管辖或指示下的实体，以及美国在相关领域的自由准入和宽松监管，不断创制和利用美国信息通信技术与服务中的漏洞，针对美国发动恶意网络攻击、开展工商业间谍活动，涉及大量敏感信息、关键基础设施和应急服务支持，进而对美国国家安全、对外政策和国民经济，构成“非常规且特殊的威胁”。因此，13873 号行政令禁止一切与外国（或其国民）之间，对美国信息通信技术和服务运营存在妨害 / 破坏风险，或者对

---

① NEA 授权总统宣布国家紧急状态，而 IEEPA 授予总统在和平时期，国家安全、外交政策或国民经济面临源于美国境外的“非常规和特殊威胁”时，应对和处理此等威胁的广泛权力，当然前提是总统已经就此等威胁宣布国家紧急状态。

② Executive Order 13873 of May 15，2019，*Securing the Information and Communications Technology and Services Supply Chain*，Federal Register，Vol. 84，No. 96，p.22，689-22，692.

美国国家安全存在不当风险的交易活动；并且指令商务部长认定上述交易活动，并向总统汇报来自境外战略竞争对手的威胁。

2020 年 5 月 13 日，特朗普援引《美国法典》第 50 编第 1622（d）条，决定将 13873 号行政令所宣布的全国紧急状态续期一年。①

2020 年 8 月 6 日，特朗普签署 13943 号行政令，题为“处理微信造成的威胁，并采取进一步措施解决有关信息通信技术与服务供应链安全的国家紧急状态”。② 他认为，微信等中国企业开发并拥有的手机应用程序在美国境内广泛传播，持续威胁美国国家安全、对外政策和国民经济；微信会自动“爬取”大量用户信息，使得中国共产党能够获取美国公民和访美中国公民的信息。13943 号行政令还声称，微信会审查中国共产党所认为的政治敏感内容，还可能被用于使中国共产党受益的“假新闻传播”。因此特朗普下令，自该行政令颁布之日起 45 天后（即从 2020 年 9 月 20 日起），禁止一切受到美国管辖的个人或实体（或者只是交易涉及的财产受到美国管辖）与腾讯控股有限公司（或其子公司）从事商务部长明确禁止的、有关微信的交易活动。此外，美国商务部长应当在本行政令颁布后 45 天内，指明禁止交易的类型。考虑到微信用户可以即时转账或实施资产转移，如果事先通知将要采取的措施，则无法起到应有的效果，故而美国商务部长对于禁止交易类型的认定，无须（在行政令生效前预留合理时间）事先通知。

2020 年 8 月 21 日，非营利组织“美国微信用户联盟”（U.S. WeChat Users Alliance，USWUA）以及若干注册或居住在加利福尼亚州（或其他州）的美国企业、公民、永久居民和持有效签证的中国公民等微信用户（合称“原告”），将美国总统特朗普和商务部长罗斯（合称“被告”）诉至加利福尼亚北区联邦地区法院（简称“地区法院”），并且请求法院：（1）宣告 13943 号行政令违反联邦宪法第一修正案的“言论自由条款”；（2）宣告 13943 号行政令违反联邦宪法第五修正案的“平等保护条款”和“正当程序条款”；（3）宣告 13943 号行政令未能遵守《国家紧急状态法》和《国

① Notice of May 13，2020，*Continuation of the National Emergency With Respect to Securing the Information and Communications Technology and Services Supply Chain*，Federal Register，Vol. 85，No. 94，p.29，321.《美国法典》第 50 编第 1622（d）条规定，国家紧急状态自总统宣布之日起一年后自动终止，除非总统在终止日到来之前，对国家紧急状态进行续期。

② Executive Order 13943 of August 6，2020，*Addressing the Threat Posed by WeChat, and Taking Additional Steps To Address the National Emergency With Respect to the Information and Communications Technology and Services Supply Chain*，Federal Register，Vol. 85，No. 155，p.48，641-48，643.

际紧急经济权力法》对于总统紧急权力的限制性规定，因而构成越权行为（*ultra vires*）；（4）宣告13943号行政令违反《宗教自由恢复法》(Religious Freedom Restoration Act，RFRA)；（5）初步并永久禁止被告实施行政令，使个人用户、企业和团体在美国境内使用微信；（6）初步并永久推迟行政令项下所有罚则的实施日期，直至商务部长公布“交易活动”定义之后的一段合理时间。

2020年8月28日，原告请求地区法院颁发初步禁制令，即在本案产生最终判决之前：（1）禁止总统、商务部长及其雇员实施13943号行政令第1（a）条和第2（a）、（b）条，不得直接或间接阻止或限制微信在美国境内（或者美国个人或实体在境外）的使用；（2）推迟13943号行政令第1（a）条和第2（a）、（b）条所载禁令的生效日期，直至商务部长公布“禁止交易类型”定义（简称“定义”）之日起60天后；（3）禁止被告基于《美国法典》第50编第1705条，针对发生在商务部长公布“定义”之前任何时间或之后60天内、被控违反13943号行政令的行为，施以民事或刑事处罚。

2020年9月17日，美国商务部公布13943号行政令的《实施细则》，认定六项禁止交易的类型[①]，具体包括：（1）通过线上手机应用商店（可供美国境内手机用户下载或更新应用程序），提供微信手机应用程序（以下简称“微信手机端”）、组成代码或软件更新的分销或运营服务；（2）—（4）提供有助于微信手机端运行或优化的互联网托管服务、数据传输服务，或者互联网直联或转接服务；（5）提供微信手机端转账或付款服务，并且交易一方位于美国境内；（6）将微信手机端的组成代码、功能或服务，用于美国境内开发或可及的软件或服务。此外，“实施细则”禁止受到美国管辖的个人或实体（或者只是交易涉及的财产受到美国管辖），与腾讯公司（或其子公司）从事商务部长今后认定的、有关微信的其他交易活动。“实施细则”还强调，上述禁令仅适用于企业之间商事交易的当事方，并且明确排除适用于以下情形：（1）向雇员或承包商支付工资、薪金和福利待遇；（2）微信手机端用户之间的个人或企业信息交换（含转账或收款）；（3）任何人在美国境外分销、安装或使用微信手机端，及其必要且合理的辅助行为；（4）在美

---

① U.S. Department of Commerce，*Identification of Prohibited Transactions to Implement Executive Order 13943 and Address the Threat Posed by WeChat and the National Emergency with Respect to the Information and Communications Technology and Services Supply Chain*，https://www.commerce.gov/sites/default/files/2020-09/WeChat%20-%20FR%20-%20Identification%20of%20Prohibited%20Transactions%20-%20Updated%20Injunction.ogc%20%281%29.pdf.

国境内存储微信手机端用户数据。

2020 年 9 月 18 日，原告根据商务部实施细则的规定，相应修正起诉状和初步禁制令动议，新增关于《行政程序法》(Administrative Procedure Act，APA)的指控。在原始起诉状的基础上，原告的诉讼请求作出如下新增或修改:(1)宣告“实施细则”未能遵守《国家紧急状态法》和《国际紧急经济权法》对于总统紧急权力的限制性规定，因而构成越权行为;(2)初步并永久禁止被告执行“实施细则”，以致美国政府阻止个人用户、企业和团体在美国境内使用微信;(3)初步并永久推迟“实施细则”项下所有罚则的实施日期。

2020 年 9 月 19 日，也即 13943 号行政令及其实施细则生效前一日，地区法院针对商务部实施细则第(1)至(6)项禁令，批准初步禁制令动议。①

2020 年 9 月 24 日，被告请求地区法院在“9 月 19 日初步禁制令”上诉期间中止其效力，必要时可延长至联邦最高法院的调卷复审期间。

2020 年 10 月 2 日，被告就地区法院签发的“9 月 19 日初步禁制令”，上诉至联邦第九巡回上诉法院(简称“上诉法院”)，并请求上诉法院在审理期间中止其效力。

2020 年 10 月 23 日，地区法院驳回(在上诉期间)中止初步禁制令效力的动议。②

2020 年 10 月 26 日，上诉法院驳回(在审理期间)中止初步禁制令效力的动议。

2020 年 11 月 16 日，被告根据《联邦民事诉讼规则》第 12(b)(1)、(6)条，以法院缺乏管辖权、案件不具备可司法性(non justiciable)和原告未能明确诉请(failure to state a claim)为由，请求地区法院驳回第一次修正后的起诉状。

2020 年 12 月 7 日，原告第二次修正起诉状。在第一次修正的基础上，原告的诉讼请求作出如下新增或修改:(1)宣告“实施细则”违反联邦宪法第一修正案的“言论自由条款”“结社自由条款”“宗教自由条款”和“模糊条款无效原则”(void for vagueness);(2)宣告《实施细则》违反联邦宪法第五修正案的“平等保护条款”和“模糊条款无效原则”;(3)宣告《实施细

① *U.S. WeChat Users All. v. Trump*, 488 F. Supp. 3d 912 (N.D. Cal. 2020).

② *U.S. WeChat Users All. v. Trump*, No. 20-CV-05910-LB, 2020 WL 6271054 (N.D. Cal. Oct. 23, 2020).

则》违反《宗教自由恢复法》规定；（4）初步并永久禁止被告实施 13942 号行政令及其实施细则。

2020 年 12 月 23 日，被告请求地区法院驳回第二次修正后的起诉状。

随着拜登政府于 2021 年 1 月 20 日正式上台，本案被告自动变更为美国总统拜登和时任代理商务部长科金斯（此后更改为商务部长雷蒙多）①。美国新一届商务部遂针对部分新近签署的部门规章展开审查（包括上文述及的《实施细则》），以确定 13873 号行政令所描述的国家安全威胁，是否仍能为“实施细则”及相关禁令提供正当化依据。美国商务部认为，审查《实施细则》可能有助于限缩案件争点（甚至或将有助于结束司法程序），而且可以为新一届政府官员留出充分时间来熟悉本案。

2021 年 2 月 11 日，被告向上诉法院动议，申请暂时中止“9 月 19 日初步禁制令”上诉案件的审理程序，另向地区法院动议，申请暂时中止本案进一步审理。两家法院对此均表示同意。

2021 年 6 月 9 日，拜登政府签署总统令撤销微信禁令。

2021 年 8 月 9 日，美国联邦第九巡回上诉法院裁决，同意撤销本案。②

第二节　法律要点

一、关于原告申请地区法院颁发初步禁制令

首先，美国法院简单梳理了微信在美国的使用现状。美籍华人和美国的华语使用群体非常依赖微信进行交流和社交，并利用其从事商业、慈善、宗教、医疗和政治性活动（比如线上营销、下单、募捐、心理咨询、投票指导、组织宗教活动或政治动员等），其中一部分原因是微信是上述群体与在华亲友和人脉之间重要的联络途径。此外，微信以中文提供信息（很多美国的微信用户英语水平有限），而且微信界面契合华人文化传统。因此，微信在美国用户当中不可替代，尤其是在美国华人社区。

其次，美国法院回顾了两份总统行政令和商务部实施细则，发现原告

---

① 2021 年 3 月 2 日，美国国会参议院批准雷蒙多出任商务部长。在此之前，拜登任命科金斯为代理商务部长。

② U.S. WECHAT USERS ALLIANCE; Chihuo Inc.; Brent Coulter; Fangyi Duan; Jinneng Bao; Elaine Peng; Xiao Zhang, Plaintiffs-Appellees, v. Donald J. TRUMP, in his official capacity as the President of the United States; Wilbur Ross, in his official capacity as Secretary of Commerce, Defendants-Appellants. No. 20-16908 FILED August 9, 2021. 2021 WL 4692706.

从未寻求挑战13873号行政令的有效性，而仅针对13943号行政令及其实施细则“发难”。法院认为，13943号行政令及其实施细则一旦生效，微信手机端将无法在美国境内下载或更新，用户也无法使用微信支付或接收款项。由于美国企业即将被迫终止提供数据托管、内容缓存等业务支持，即使微信手机端仍然可供既有用户使用，但不久后可能就没有实际价值。美国商务部长罗斯在接受福克斯商业新闻频道采访时公开表示，微信将于周一（即2020年9月20日）早上被实际关停（shut down）。

至于微信对美国国家安全造成的威胁，美国政府补充指出几点：（1）联邦通信委员会和众议院常设特别情报委员会的调查报告表明，华为、中兴等企业与中国政府关系紧密，频繁涉足美国电信基础设施领域，为中国政府实施间谍窃密和网络攻击提供机会；（2）中国从战略高度大力推动企业和产品进入外国市场，而各国对于移动技术的依赖，进一步加剧此等国家安全威胁，譬如中国的5G技术会对东道国通信网络造成安全隐患；（3）《2019财年国防授权法》禁止联邦政府和承包商使用华为、中兴等中国实体制造的电信或监控设备①；（4）一份澳大利亚智库报告声称，腾讯和微信所造成的威胁与日俱增，中国政府将网络空间“霸权”视作对外战略的重要组成部分，党委“渗透”至各行业，而且中国的内容审查制度、“宣传机器”和监控能力都会给他国造成国家安全风险。

第三，法院注意到，《国际紧急经济权力法》在授予总统广泛紧急权力的同时，也设有“限权条款”。《美国法典》第50编第1702（b）条规定，本条款授予总统的权力，不包括直接或间接规制或禁止以下事项的权力：（1）不涉及有价物转让（transfer of anything of value）的个人通信；（2）意图缓解人类苦难的食物、衣物或药品捐赠；（3）自他国进口或向他国出口信息材料（informational material），包括但不限于出版物、电影、新闻转播信号，但不包括《美国法典》第50编第4604、4605条关于防扩散或反恐的出口管制，以及第18编第37章的禁止性行为②；（4）前往他国或从他国返回过程中，通常会发生或附随的（ordinarily incident to）交易活动，包括随身行李入关、生活开支、购买个人用品等。

然后，法院简要陈述了本案涉及的审查标准。根据“温特诉自然资源

① 华为公司曾就此向联邦法院提起诉讼。*See Huawei Techs. USA, Inc. v. United States*, 440 F. Supp. 3d 607（E.D. Tex. 2020）.

② 《美国法典》第18编第37章的标题为“Espionage and Censorship”。

保护委员会案”，原告若要寻求初步禁制令救济，则必须证明：（1）其在案件实体层面具有胜诉可能性；（2）若初步禁制令不予签发，其将面临不可挽回之损害（irreparable harm），而且此等损害必须兼具可能性和紧迫性；（3）对当事方利益衡平的结果，倾向于准予初步禁制令救济；（4）初步禁制令符合公共利益。[①] 在“温特案”之前，上诉法院曾在类案中采用过“滑尺测试法”（“sliding scale” test），申请人只需证明以下两者之一：（1）案件实体层面的胜诉可能性与“不可挽回之损害”发生的可能性；或者（2）其在案件实体层面提出“严重的质疑”（serious question），并且利益衡平的结果对其非常有利。在这把“滑尺”之上，申请人遭受的潜在困难越大，则法院对其在案件实体层面的胜诉可能性要求越低。在“温特案”之后，上诉法院的立场作出相应调整。它主张，尽管联邦最高法院否决了“滑尺测试法”的前一分支，但是如果申请人符合颁发初步禁制令的其他要件，后一分支依然有效。换言之，当申请人在案件实体层面提出“严重的质疑”，并且利益衡平的结果对其非常有利（其他要件均满足），则签发初步禁制令是恰当的。

原告自认为有望在案件实体层面取胜，因为美国政府“关停”微信的行为会导致以下法律问题：（1）违反联邦宪法第一修正案（原告至少能够对此提出“严重的质疑”）；（2）总统和商务部长的命令超出《国际紧急经济权力法》权限；（3）商务部长违反《行政程序法》规定；（4）本案相关行政行为因模糊不清而无效。

地区法院仅支持原告关于第一修正案的论证和说理，认为原告针对本案涉及第一修正案的实体问题，提出了“严重的质疑”，利害衡平的结果也对其有利，而且符合其他相关要件，因而批准初步禁制令动议。

法院遂依序考察原告关于第一修正案、《国际紧急经济权力法》、《行政程序法》、第五修正案和其他要件的论证和说理。

第一，关于联邦宪法第一修正案的论点成立的可能性。

原告认为，《实施细则》将致使微信被“关停”，而微信是美籍华人社区和美国华语使用群体事实上唯一的交流途径，美国政府针对这些言论的事前限制（prior restraint）无法通过严格审查（strict scrutiny）。即使《实施细则》对于表达时间、地点或方式上的限制都是内容中立的（content-neutral），它也无法通过中度审查（intermediate scrutiny），因为政府在实现国家安全重大利益的过程中，没有严格限制（narrowly tailored）微信禁令对相

---

① *Winter v. Nat'l Res. Def. Council, Inc.*, 555 U.S. 7, 20 (2008).

对人造成侵害的范围和程度。

法院据此认定，原告关于第一修正案的论点，在案件实体层面提出了“严重的质疑”，即美国商务部《实施细则》排除了原告的主要交流平台，属于阻碍或消除言论的行为，等同于言论审查或事前限制。至于原告提出不存在其他“可行的”替代平台或应用程序，以供美籍华人和美国的华语使用者交流，法院表示认同，并且指出这不仅是因为中国禁用其他社交软件，而且大量英文水平有限的华语用户，除了微信之外，没有其他社交选项。

即使《实施细则》构成内容中立的规制措施（不反映美国政府对于特定言论的好恶），并且仅仅受制于中度审查标准，地区法院依然认为，原告关于第一修正案的论点在案件实体层面提出了“严重的质疑”。对于一项在表达时间、地点或方式上“内容中立”的言论限制措施而言，若要通过中度审查，则必须满足以下条件：（1）严格限制对于相对人的侵害范围和程度；（2）有助于实现重要的政府利益，并且无涉言论内容；（3）预留了充分且开放的替代交流渠道。关于“严格限制”要件，是指规制措施对言论自由造成的负担，不得在实质上超出维护政府合法利益所必需的程度。不同于“基于内容”（content-based）的言论限制措施，在中度审查标准之下，法律不要求限制措施必须符合“最小限制性”或“最少侵扰性”，但依然不允许其对言论自由造成的负担中，存在相当一部分不是为实现政府目标所需。

此外，尽管承认国家安全利益的高度重要性，也认可美国政府已经证实中国政府和企业的相关活动足以引起关于美国国家安全的严重顾虑，但法院坚持认为，对于微信禁令是否有助于解决上述顾虑而言，美国政府提交的证据过于匮乏。尤其是原告提出的替代措施（相较“全盘禁令”而言），譬如在联邦政府设备上禁用微信、与美国企业合作开展数据合规与托管工作，地区法院对此表示认同。

因此，地区法院认定，《实施细则》所载禁令对言论自由造成的负担，在实质上超出了维护国家安全利益所必需的程度，尤其是不存在可行的替代交流渠道。

第二，关于《国际紧急经济权力法》的论点成立的可能性。

原告主张，《国际紧急经济权力法》未授权总统规制或禁止任何不涉及有价物转让的个人通信，而《实施细则》所载禁令违反该规定。地区法院表示，现阶段无法认定禁止美国实体支持微信运营的做法，是否属于规制个人通信。

第三，关于《行政程序法》的论点成立的可能性。

由于该论点立足于美国商务部长的行为超越了《国际紧急经济权力法》权限，所以目前看来同样较难成立。至于商务部长未能遵循“公告—评论”（notice-and-comment）的规章制定程序，法院认为原告的论证和说理不够充分，以致其无法在法律层面做出恰当认定。

第四，关于联邦宪法第五修正案的论点成立的可能性。

原告认为，禁止交易的类型因模糊不清而无效，因为美国政府对于禁令所产生实际效果的解读是相互矛盾的。一方面是美国时任商务部长罗斯在媒体上表示，微信将在 2020 年 9 月 20 日一早被实际“关停”，另一方面是美国政府在听证会前声称，尽管微信交流可能会因《实施细则》而直接或间接受阻，但是使用和下载微信的行为不会成为商务部长禁止交易的类型。法院认为，商务部长已经通过常人可理解的表述指明禁止交易的类型；原告基于罗斯接受媒体采访时的讲话内容，质疑《实施细则》所载禁令的清晰度，不太可能获得法院支持。至于商务部长有权另行认定其他禁止交易的类型，法院认为该诉因尚未成熟。

第五，关于“温特案”所列举的其他要件。

签发初步禁制令的其他要件还包括：（1）若初步禁制令不予签发，申请人将面临“不可挽回之损害”；（2）利益衡平的结果有利于申请人；（3）初步禁制令符合公共利益。

首先，“不可挽回之损害”已经得证。本案涉及的“紧迫威胁”在于作为重要通信平台的微信即将消失，而任何第一修正案权利的减损，无论持续时间多短，都会造成“不可挽回之损害”。其次，上诉法院的先例表明，当美国政府是初步禁制令动议的被申请方，后两项要件应当合并考量。如果不予签发初步禁制令，《实施细则》将会阻断美籍华人群体和美国华语使用者“一切有意义的通信途径”，而且保护当事人的宪法权利始终是符合公共利益的。

被告主张，初步禁制令的签发将会替代美国总统对于如何解决国家安全威胁的判断。对此，地区法院则重申，尽管被告列举了大量有关中国对美国国家安全造成严重威胁（尤为移动技术领域）的概括性证据，但涉及微信的特定证据却很少，而且《实施细则》在阻断通信交流渠道的同时，没有预留明显的替代交流方式。

另外，被告还提出《实施细则》有助于促进国际人权事业发展——华人群体不必继续受制于微信的言论审查，可以更自由、更响亮地发出声音。美国政府如果因为中国禁用西方社交平台而无法对微信采取实质性措施，等同于变相认可（甚至奖励）中国的“防火墙”政策，不符合美国政府的对外政策和国家安全利益。然而法院坚持认为，网络社交平台属于公共空间，而言论自由更是美国民主的基石，至少在初步禁制令阶段，即使存在国家安全和对外政策的重要考量，依然可以认定，原告关于第一修正案的论点已经在案件实体层面提出了“严重的质疑”。

简言之，地区法院认可（且仅认可）原告针对本案涉及第一修正案的实体问题，提出了“严重的质疑”。至于“温特案”列举的其他要件，同样有利于原告／申请人。

二、关于被告申请地区法院中止初步禁制令效力

地区法院签发初步禁制令之后，腾讯公司仍进一步提出若干“缓解方案”(mitigation proposal)，以期减轻美国政府关于微信在安全和隐私方面的顾虑。“缓解方案”内容涉及：(1) 创建全新的美国版微信；(2) 部署全新应用程序源代码的安全措施；(3) 与美国的“云服务提供商”合作，由其负责存储用户数据；(4) 通过总部位于美国、治理结构经过批准的实体管理全新应用程序。此外，美国商务部也考虑过额外的“安全风险缓释措施”，比如第三方托管、审查源代码、定期合规审计、外部严格监管（尤为用户数据管理和接触权限），但它还是认为，这些措施依然允许腾讯继续保有对微信的所有权，无法从根本上解决其顾虑，尤其是考虑到腾讯长期被用来实施监控、审查和间谍活动提供技术支持。

关于《实施细则》对美国境内使用微信的实际影响，双方各自给出评估意见。美国商务部承认，《实施细则》所载禁令可能会导致微信逐渐不具备可用性（less effective and functional)，尤其是用户无法从美国手机应用商店接收更新（而且数据传输、加速和互联网直联服务都将被迫终止)，但是它坚持认为，这对于维护国家安全是必需的。而原告的两位专家证人则试图论证：(1)《实施细则》无法有效限制微信对于用户信息的收集，未能解决数据安全方面的担忧，而是希望大幅降低微信的通信服务质量，进而事实“关停”微信；(2) 禁止微信用户接收更新，将使应用程序产生安全漏洞，可能导致个人身份和账户资金盗用、密码和位置泄露等严重后果；(3) 禁止在美国境内提供互联网托管和数据传输服务，无法限制腾讯（或中国政府）对于微信用户信息的利用，而只会使美国政府无法监控腾讯活动，因为这两项禁令将促使服务提供商在美国管辖范围之外，继续为微信提供运行支持。原告专家证人从行业标准和典范实践的角度，进一步提出以下针对性的

“缓解方案”，包括审计用户数据访问日志、采用“端对端”数据加密技术、禁止联邦政府雇员使用微信等。

地区法院指出，根据《联邦民事诉讼规则》第62（d）条，在中间上诉（inter-locutory appeal）审理期间，原审法院可以中止、修改、恢复或签发初步禁制令。关于是否应当中止初步禁制令效力，其审理标准与签发初步禁制令一致，同样包括四项要件：（1）申请人是否能够有力证明其可能在案件实体层面胜诉；（2）如果不中止初步禁制令效力，申请人将面临“不可挽回之损害”；（3）中止初步禁制令效力不会实质损害被申请方利益；（4）中止初步禁制令效力符合公共利益。其中，前两项要件尤为关键，而且由于美国政府是一方当事人，后两项要件应合并考量。

地区法院维持原先对于“第一修正案论点”和国家安全威胁的评估结果，并且重申美国政府在实现国家安全利益的过程中未能“严格限制”对于相对人的侵害范围和程度。法院认为，现有的诸多“缓解方案”都符合“严格限制”标准，譬如联邦政府设备禁用微信（国土安全部提议）、腾讯公司提议的“风险缓释措施”、原告专家证人提供的“行业标准和典范实践”等。这些措施既能允许微信继续运行，又充分顾及国家安全利益，还留出了充分且开放的通信交流渠道。因此，法院再次表示，《实施细则》对言论自由造成的限制和负担，实质超出了维护政府合法利益所需的程度。

此外，被告提出，法庭应向原告收取保证金（bond）。根据《联邦民事诉讼规则》第65（c）条规定，当且仅当申请人提供了法院认为适当的保证金，法院方才可以签发初步禁制令。事实上，法院不仅有权自由裁量保证金数额，还有权决定是否需要收取保证金——如果法院认为禁止被告实施特定行为，不存在给被告造成损害的现实可能性，则可以免于收取保证金。地区法院认为，基于原告的非营利性质，以及“TikTok诉特朗普政府案”判理，本案不宜向原告收取保证金。

三、关于原告的诉讼请求和被告的驳回动议[①]

（一）原告第二次修改后的起诉状

原告针对事实和法律依据，着重强调以下几点：

（1）特朗普没有解释国家紧急状态“必须”续期一年的原因，而仅仅毫

---

① 截至本书完稿时，原告先后修改过两次起诉状，被告相应提交了两份驳回动议。这里以第二次修改后的起诉状和第二份驳回动议作为评述对象，至于前文已经论及的内容，便不再赘述。

无证据地断言13873号行政令指出的风险隐患，仍然持续对美国国家安全、对外政策和国民经济造成“非常规且特殊的”威胁。

（2）对华人而言，微信具有不可替代性的一个重要原因，在于全球逾十亿活跃用户营造的强大的“网络效应”（network effects）。全球华人在微信平台上的高度参与和互动，以及微信提供的全方位社交服务，是其他社交媒体无法企及的。

（3）美国商务部长罗斯在接受媒体采访时声称，担心微信将美国公民数据传输至中国，但没有提供任何例证，也没有说明数据传输至中国是如何构成国家安全威胁的。

（4）根据《国家紧急状态法》和《国际紧急经济权力法》相关规定，总统必须指明宣布国家紧急状态所援引的法定权力，并及时在联邦公报上刊印和递交国会。①只要国家紧急状态持续有效，总统必须自宣布之日起每六个月，向国会递交一份关于该时段内行使紧急权力的直接开支报告。国会参众两院也必须至少每六个月考虑进行一次联合决议投票，以决定是否应当终止紧急状态。②如果为了解决一项新威胁而行使《国际紧急经济权力法》权力，则必须基于一项新的、有关该威胁的紧急状态宣告。③《国际紧急经济权力法》还要求总统在行使紧急权力之前与国会展开协商，并及时向国会递交报告，内容应当包括行使紧急权力的原因，以及将要采取的具体行动。④

（5）特朗普签发13943号行政令的时间点表明，他并非出于真实的国家安全考量，而是为了煽动“反亚裔”情绪、为自己连任总统助力。

据此，原告提出如下论点：

（1）13943号行政令及其实施细则，违反联邦宪法第一修正案的“言论自由条款”和“结社自由条款”。原告极度依赖微信行使此等宪法权利，无论是通信交流、接收资讯，还是表达观点、组织或参与政治集会，等等。“实施细则”禁止交易的类型，严重影响微信在美国境内的正常运行，因而产生禁止美国境内使用微信的实际效果（无论其是否会导致一切涉及微信的活动即时“关停”），属于“事先限制”原告受到宪法保护的言论和结社活动，并且将阻断美籍华人群体和美国华语使用者“一切有意义的通信途径”。

---

① 50 U.S.C. § 1631，50 U.S.C. § 1621（a）.

② 50 U.S.C. § 1641（c），50 U.S.C. § 1622（b）.

③ 50 U.S.C. § 1701（b）.

④ 50 U.S.C. § 1703（a）-（b）.

13943 号行政令为了打压所谓的“中国宣传机器”，基于言论内容而单独挑出并给予微信用户言论远低于其他社交平台用户言论的待遇，以期压制华人群体在微信平台上发表的观点，以及那些褒奖中国政府和中国共产党的言论。此外，13943 号行政令过于宽泛的“打击范围”，加之《国际紧急经济权力法》极为严厉的处罚措施[1]，必然将（甚至已经）导致美国境内与腾讯公司合作的服务提供商开展严格的合规自查，甚至终止更多未被微信禁令覆盖的服务和交易活动（以最大程度降低合规风险）。简言之，《实施细则》对言论和结社活动造成的限制已经实质超出第一修正案允许的限度；被告未能呈现足够的利益诉求，以证明此等限制的正当性。13943 号行政令及其实施细则既没有严格限制对相对人造成侵害的范围和程度，也没有为微信用户预留开放且充分的替代交流渠道（以确保其可以继续进行受到第一修正案保护的活动）。

（2）13943 号行政令及其实施细则，违反联邦宪法第一修正案的“信教自由条款”（Free Exercise Clause）。美国用户利用微信参与宗教仪式、教义学习等线上活动（尤其是在新冠疫情大流行期间），而微信禁令会对原告的信教活动造成实质负担，且与实现政府利益（数据安全）之间不存在合理联系（rational connection）。

（3）13943 号行政令及其实施细则，违反联邦宪法第一和第五修正案的“模糊条款无效原则”。商务部长之后认定的其他交易类型，《实施细则》同样予以禁止；理性人无法辨识哪些行为可能因此被禁止，故原告对于继续使用微信，可能触发《国际紧急经济权力法》处罚条款的担忧是合理的。

（4）13943 号行政令及其实施细则，违反联邦宪法第五修正案的“平等保护条款”。联邦政府不得基于种族、国籍等因素否认法律的平等保护。被告没有针对其他向中国政府泄露美国用户数据的应用程序（指的是外资所有、主要用户群体不是华人的应用程序，比如 Airbnb）施以类似的限制措施。换言之，13943 号行政令及其实施细则，唯独对华人群体及其亲友采取基于种族和国籍的区别性待遇，且此等“区别对待”缘起于被告对华人的敌意和歧视。

（5）13943 号行政令及其实施细则，未能遵守《国家紧急状态法》和《国际紧急经济权力法》对于总统紧急权力的限制性规定，属于越权行为。原告依赖微信平台进行不涉及有价物转让的个人通信、捐赠人道主义物资、

① 50 U.S.C. § 1705.

进出口信息材料等交易活动。《实施细则》所载禁令已经超出《美国法典》第 50 编第 1702（b）条对政府官员紧急权力的限制性规定。

（6）13943 号行政令及其实施细则违反《宗教自由恢复法》规定。根据《美国法典》第 42 编第 2000bb-1 条，禁止美国政府对个人的自由信教活动造成实质负担，即使该负担源自一项普遍适用的规则，除非政府能够证明它：（Ⅰ）有助于实现令人信服的政府利益；（Ⅱ）是实现此等利益的“最少限制手段”。13943 号行政令及其实施细则事实上禁止美国境内使用微信，导致原告无法线上参与宗教仪式和教义学习，对原告的自由信教活动造成实质负担；这非但不存在令人信服的政府利益，而且不构成“最少限制手段”，因为美国政府完全可以施加一项适用范围更为狭窄的禁令，比如禁止联邦雇员使用微信。

（7）商务部实施细则违反《行政程序法》规定，即《美国法典》第 5 编第 706 条。“实施细则”构成第 704 条下的“最终部门行为”（final agency action）。原告认为，罗斯在签发《实施细则》之前没有考虑：（Ⅰ）每项禁令对于微信在美国境内运行的潜在影响及相关技术数据；（Ⅱ）禁止用户更新微信，只会加剧数据安全隐患；（Ⅲ）美国用户非常依赖微信与亲友交流；（Ⅳ）腾讯提议的“缓解方案”是否能够减少或消除颁布禁令的需要；（Ⅴ）国土安全部下辖的网络安全与基础设施安全局提出的禁止联邦政府设备和关键基础设施使用微信的建议。简言之，罗斯没有合理考虑其他替代的“缓解方案”，并充分阐明“实施细则”的内部条理和附随影响。因此，商务部实施细则在《美国法典》第 5 编第 706（2）（A）条的语境下是“武断、反复无常、滥用自由裁量或者违反法律规定的”，在第 706（2）（B）条的语境下超出法定权限，而且违反第 1702（b）条对于紧急权力的限制性规定。

（二）被告申请驳回原告第二次修改后的起诉状

这里的审查标准，主要涉及《联邦民事诉讼规则》第 12（b）（1）和（b）（6）条①。前者可用于挑战联邦法院对案件的属事管辖权。如果法院认为起诉状当中的陈述和主张在表面或事实上无法确立属事管辖权，则可以批准第 12（b）（1）条动议，进而驳回部分或全部诉请。值得注意的是，被告如果仅从表面上挑战管辖权，则起诉状当中的所有实质性陈述都应当视为

① Federal Rules of Civil Procedure Rule 12（b）. Every defense to a claim for relief in any pleading must be asserted in the responsive pleading if one is required. But a party may assert the following defenses by motion:（1）lack of subject-matter jurisdiction ...（6）failure to state a claim upon which relief can be granted.

真实发生；但被告如果从事实上挑战管辖权，则法院不得作出真实性推定，而可以审查起诉状之外的证据，并且不把该项动议转入简易判决予以处理（summary judgment）。

至于如何避免法院批准第 12（b）(6）条动议，一般而言，原告的起诉状必须陈述足够的事实，明确具有表面合理性的诉请。这一“表面合理性标准”(facial plausibility standard）要求原告主张的事实，基于司法经验和常识，不止于表明被告具有违法行为的“纯粹可能性”(more than a sheer possibility)。针对此类动议作出裁决（而不将其转入简易判决予以处理）时，法院通常仅考察起诉状及其内置信息，并且应当将其中合理陈述的事实（well-pleaded facts）视作真实发生，但不包括纯粹推断、没有事实依据或者属于不合理推论的陈述。法院批准第 12（b）(6）条动议，可以基于起诉状中缺少可辨识的法律依据，抑或缺少援引某一法律依据所必需的事实要件。

简言之，被告的回应意见如下：

（1）所有针对总统行政令的诉请都应当被驳回，因为法院没有管辖权授予任何针对总统的衡平法救济。

根据“密西西比州诉约翰逊案”的判理[①]，法院不享有禁止总统执行公务的管辖权，也无权授予针对总统的宣告性判决（declaratory judgment）或者其他衡平法救济，更遑论本案处在国家安全的语境之下，因为制定国家安全政策纯属国会和总统的特权事项（prerogative）。

（2）原告未能明确关于“模糊条款无效原则”的诉请。

如果一项法令或规章未能向普通智力水平的民众清楚告知禁止性行为，或者过于缺乏明晰标准，以至于变相认可或鼓励歧视性执法，则可以基于第五修正案的“正当程序条款”而被认定为“模糊条款”。如果某一条文意图规制的一类违法行为明确处在该条文的含义之内，则不会被视作模糊不清，即使客观上存在一些处于“边界地带”的疑难案件。正如“9 月 19 日初步禁制令”所述，原告关于第五修正案的论点成立的可能性很低。13943 号行政令及其实施细则的表述清晰，原告自身也在反复使用相关表述；无论基于其通常含义，还是经过“实施细则”明确解释之后，都不会存在因模糊不清而无法理解的问题。商务部长可能在今后认定的禁止交易类型，也无法充当该诉请成立的合理依据——微信用户没有理由因为未来的禁令而

① *Mississippi v. Johnson*, 71 U.S. 475（1866）.

担心当下使用微信受到惩罚。原告的担忧，必须是“可信、合理且紧迫的”。更何况《美国法典》第 50 编第 1705（c）条规定，《国际紧急经济权力法》刑事责任以“明知”和“故意”为要件，因而原告基于正当程序条款的诉请不成立。

此外，13943 号行政令及其实施细则的表述，也不会因为模糊不清而违反第一修正案。诚然，当法律条文涉及第一修正案权利时，宪法对其提出更高程度的明确性和清晰性要求，但联邦最高法院同时强调，宪法并不要求此类条文达到绝对的清晰度和精准度，应当容忍其存在一定程度的模糊性。原告未能合理说明，13943 号行政令及其实施细则的模糊之处，足以对相关言论造成实质上的“寒蝉效应”(chilling effect)，而且《实施细则》已经明确表示，不禁止用户利用微信进行通信交流。

（3）原告未能明确关于“平等保护条款”的诉请。

13943 号行政令及其实施细则无关种族、国籍或移民身份，其目的根本不在于损害某一特定族裔的利益，而是明确缘起于正当事由，即阻止中国政府利用微信监控并收集美国公民信息，其中的国家安全和对外政策考量至关重要。由于“微信禁令”是美国总统行使国家安全和外交职能的产物，只要可以被合理地理解为起因于某一正当事由（并且无涉违宪事由），法院即应当表示支持。在合理审查标准（rational-basis review）之下，原告负有否定政府行为背后每一项潜在合理依据的责任，而在本案中，显然能够识别“微信禁令”与政府合法利益之间的合理联系，即：通过限制微信的功能性，削弱用户对微信的依赖，进而阻断中国政府获取美国公民信息的途径。

单纯因为 13943 号行政令及其实施细则，在客观上对华人群体造成“附带性”差异对待，不足以明确关于“平等保护条款”的诉请。“微信禁令”意图解决的国家安全顾虑并非起因于微信用户群体的“地域性特征”，也不只是因为微信受到中国法律管辖，而是在于微信与中国政府关系紧密，并且会收集海量美国用户数据。原告未能证明其他应用程序（比如上文提及的 Airbnb）与微信的状况类似。退一步讲，即使其他程序也可能引发国家安全顾虑，但是此等区别对待并不违反合理审查标准，因为这类决定的作出不是基于精确的公式计算，实践中完全可能导致不平等。尤其在处理涉及域外威胁的情境下，行政部门必须评估和权衡国家安全、对外政策和国际关系等各方面因素，针对不同威胁分别提出“个性化”解决路径。

此外，原告未能合理说明，13943 号行政令及其实施细则缘起于被告对华人群体的敌意和歧视，而事实上完全是起因于中国政府对美国国家安全造成的威胁。虽然“微信禁令”在客观上对华人造成了“不相称的”影响，但这一现象的产生是因为微信作为中国政府实施大规模监控政策的受益者，在中国得到大力推广和普及，而绝非出于歧视动机。特朗普针对新冠疫情发表的“反华言论”与行政令之间没有任何明显联系，两者的语境毫不相干，故前者不能视作“决策部门成员在同一时期做出的声明”，以用于探析行政命令出台的原因。

（4）原告未能明确关于“信教自由条款”的诉请。

13943 号行政令及其实施细则充其量只会对一名原告参与宗教活动的“首选方式”造成暂时性的附带影响。“信教自由条款”规定，政府不得强迫信教、惩罚宗教活动参与者，或基于宗教观而施加特殊不利条件等。一项恪守中立且普遍适用的法律（没有特别针对或单独挑出某一宗教信仰）无需令人信服的政府利益以证明其正当性，即使其客观上可能对某一特定宗教活动的开展造成附随性负担。本案“微信禁令”完全不涉及宗教议题，未对任何人开展宗教活动施以任何限制条件，充其量受制于合理审查标准。鉴于 13943 号行政令及其实施细则，与上文述及的国家安全目标“合理相关”，有助于阻止中国政府恶意收集并利用美国用户数据，法院应当予以支持。

（5）原告未能明确关于《宗教自由恢复法》的诉请。

关于《宗教自由恢复法》的诉请如果要成立，原告必须证明政府行为对原告的信教活动造成实质性负担。此处“实质性负担”仅指个人被迫在坚持宗教信仰和接受政府利益之间作出选择，或者在民事或刑事制裁的威胁下被迫违背宗教信仰行事。本案“微信禁令”显然不涉及政府利益，自然人原告也不会因为使用微信交流而受到制裁。退一步讲，即使自然人原告在使用微信方面或将遭受一定不便（今后甚至可能无法使用），不能利用某一特定社交平台参与线上宗教活动的事实，也不符合上述“实质性负担”的标准。

原告的起诉状没有表明，其参与宗教活动会受到“显著阻碍”，只提及一名自然人原告及其所在教堂的信众将无法利用微信参与线上宗教活动。此外，原告没有说明无法利用其他替代平台（比如 Zoom、Skype）参与宗教活动的原因，而且转移至新平台过程中可能遇到的不便并不构成“实质性负担”。因此，13943 号行政令及其实施细则不违反《宗教自由恢复法》任何规定。

第三节　法院判决

2021年8月9日，美国联邦第九巡回上诉法院裁决，同意撤销本案。

2021年10月，美国微信用户联盟与美国司法部达成协议，美国政府同意对美国微信用户联盟产生的律师费进行补偿，总金额为90万美元。①

第四节　简要评论

美国总统特朗普在2020年8月6日接连针对TikTok和微信两家中资社交平台颁发行政禁令，无论是其援引的紧急权力和法律依据，还是陈述的所谓"事实背景"，两道禁令的内容基本完全相同。不过从应对策略来看，字节跳动"公司—雇员—短视频创作者"统一战线的诉讼策略，以及相关诉因的论证说理，总体上略胜一筹。

在本案初步禁制令阶段，地区法院仅支持原告有关言论自由的论点，即原告针对13943号行政令及其《实施细则》是否违反"言论自由条款"提出了"严重的质疑"。笔者理解，鉴于微信的用户黏度（高度依赖性）、群体共性（华人社区）和社交论坛属性，原告"美国微信用户联盟"的律师团队应当继续深耕这一成功概率相对较高的论点。

美国联邦宪法第一修正案规定国会不得制定剥夺言论自由（abridge the freedom of speech）的法律，行政分支同样受到这一约束。然而，言论自由的宪法保护并非延伸至一切言语或非言语交流。霍姆斯大法官（Justice Oliver Wendell Holmes Jr.）审理"申克案"时说过一句名言，"即使对言论自由采取最严格的保护水平，也不会保护在剧场里妄喊着火并造成恐慌的人"②；从宪法文义出发，它禁止的只是剥夺言论自由，而非一切限制通信交流的措施③。有必要简单梳理与本案有关的、涉及言论自由的重要判理和学说。

自1919年"申克案"起，美国联邦最高法院确立了"明显而即刻的危

① 根据美国的《平等公义通路法》（Equal Access to Justice Act），如果政府没有正当充分的理由侵害普通老百姓的权利并在司法程序中败诉，法院可以判政府补偿对方的律师费。

② *Schenck v. United States*，249 U.S. 47，52（1919）.

③ Jerome A. Barron，C. Thomas Dienes，*Constitutional Law in a Nutshell*（8th Edition），West Academic Publishing，2013，p.395.

险”(clear and present danger）标准，但在很长一段时间内，尤其是20世纪50年代“麦卡锡主义”的影响下，美国国会和联邦法院多数派均对其宽松解释，用于压制革命思想、激进言论和共产主义 / 社会主义运动。① 直到1969年，在具有标志意义的“布兰登伯格案”② 中，联邦最高法院提出“煽动性”测试标准：鼓吹暴力或某种思想的言论受到宪法第一修正案的保护，除非有证据能够证明，此等言论之目的，在于煽动并且很可能造成迫在眉睫的非法行为。③

在涉及言论自由的司法审查案件中，联邦法院首先会区分系争措施是“基于内容”(content-based）还是“内容无涉 / 中立”(content neutral）的。在司法实践中，两者界限并非总是清晰的，如果明显是因为言论所传递的信息而意图开展规制，表面上内容中立的措施可能会被认定为基于内容。④ 通常而言，内容中立的限制措施会对言论自由“间接”造成一定负担，但它是出于言论的表达场合、方式等考量（而非内容）。对于一项基于内容的系争措施，联邦法院通常会采取严格审查标准（strict scrutiny），要求此等措施必须是为了实现一项令人信服的（compelling）国家利益，并且严格限制（narrowly tailored）其对相对人所造成的侵扰；绝大多数的系争措施都会在此等标准下被认定为违宪，因为它很可能会把某种特定理念、观点，或者某类少数群体的“声音”排挤出公共论域，对言论自由和所谓“思想的自由市场”造成巨大威胁。⑤

一项内容中立的系争措施通常会触发相对宽松一些的中度审查标准（intermediate scrutiny），法律要求此等措施必须是为了实现重要的（important）国家利益，目的与手段之间存在实质关联（substantially related），并且为受到限制的言论留出其他表达渠道。⑥ 也有学者指出，“内容中立式”言论限制措施的中度审查要求法院对冲突利益展开权衡，以认

---

① 参见程洁：《美国言论自由的限度》，《环球法律评论》2009年第1期。

② *See Brandenburg v. Ohio*，395 U.S. 444（1969）.

③⑤ 参见吴昱江：《“9 · 11”事件后美国言论自由案例的新分析路径》，《经贸法律评论》2020年第6期。

④ Jerome A. Barron，C. Thomas Dienes，*Constitutional Law in a Nutshell*（8th Edition），West Academic Publishing，2013，p.402.

⑥ Legal Information Institute，*Intermediate Scrutiny*，Cornell Law School，https://www.law.cornell.edu/wex/intermediate_scrutiny.

定该措施是否具有合理性。[①] 由此观之，中度审查标准的具体适用存在不确定性，但“奥布莱恩案”对此类间接规制措施的合理性认定，提出如下常用分析路径：如果该措施旨在实现一项重要或实质的、与压制表达自由无关的政府利益，而且其对于言论自由的附随性限制未超出实现政府利益所必需的限度，则该措施具有充分的正当性。[②]

一个值得关注的现象是，“人道主义法律项目案”在涉及反恐与国家安全的问题上开辟出一条全新的言论自由审查路径。在该案中，联邦最高法院以“禁止物质支持恐怖组织”为由，禁止一家美国非营利组织向境外恐怖组织提供法律援助，并认定此类言论不受联邦宪法第一修正案保护。[③] 从案件审理的指导思想来看，最高法院的多数派接受了政府所主张的“预防性反恐”理念及相应措施，强调反恐“打早打小”、防微杜渐的同时，淡化甚至摒弃“迫在眉睫的危险”这一要件。更重要的是，罗伯茨法庭（Roberts Court）采取了极其尊让的所谓“高要求标准”(demanding scrutiny)，完全没有考虑目的与手段之间的相称性、必要性，而是“照单全收”国会和政府意见。[④]说到底，联邦法院系统认可美国国家安全的至高性，因而才会对反恐语境下言论自由的限制措施，展现出特定的高度司法尊让。

联邦最高法院新近审理的“特朗普诉夏威夷州案”同样值得我们关注。该案涉及特朗普针对特定伊斯兰国家颁布的入境限制公告（简称“公告”）[⑤]，国内外媒体又称其为“禁穆令”[⑥]。最高法院以5∶4的微弱多数支持该项法令，认定其并未违反总统在《移民和国籍法》(Immigration and Nationality Act，INA）下的法定权限，而且不违反联邦宪法第一修正案的“设教条款”(Establishment Clause)。[⑦] 首席大法官罗伯茨（Chief Justice Roberts）发表的多数意见认为：(1)《移民和国籍法》授予总统实行入境限

① Jerome A. Barron，C. Thomas Dienes，*Constitutional Law in a Nutshell*（8th Edition），West Academic Publishing，2013，p.400.

② *See United States v. O'Brien*，391 U.S. 367（1968）.

③ *See Holder v. Humanitarian L. Project*，561 U.S. 1（2010）.

④ 参见吴昱江：《“9·11”事件后美国言论自由案例的新分析路径》，《经贸法律评论》2020年第6期。

⑤ Proclamation 9645 of September 24，2017，*Enhancing Vetting Capabilities and Processes for Detecting Attempted Entry Into the United States by Terrorists or Other Public-Safety Threats*，Federal Register，Vol. 82，No. 186，p. 45，161-45，172.

⑥ Tucker Higgins，*Supreme Court Rules That Trump's Travel Ban Is Constitutional*，CNBC，https://www.cnbc.com/2018/06/26/supreme-court-rules-in-trump-muslim-travel-ban-case.html.

⑦ *See Trump v. Hawaii*，138 S. Ct. 2392（2018）.

制的广泛权力，包括限制的对象、条件、开始与持续时间等，唯一前提是总统认定相关人员的入境有损美国国家利益。公告基于国籍而限制特定群体入境是适当的，并且符合法律规定，而且特朗普在出台入境限制措施前指令国土安全部和其他部门所开展的风险评估是全面且充分的。（2）法庭不仅应当关注“特定”总统的言论，还要考虑到总统职位“本身”的权限。本案关键并不是探讨总统歧视穆斯林言论的可责性，而是考察此等言论对于总统出台入境限制公告、处理行政职权事务的影响或意义。原告未能证明，入境限制在本质上是出于宗教仇恨，而非基于国家安全考量（担忧特定国家的签证审查漏洞）。（3）是否准许外国公民入境系一国主权行为，很大程度上不受司法审查或控制。对于入境限制公告，法院应当采用“合理审查标准”，考察公告与政府宣称的目标（维护国家安全和改善审查程序）之间是否合理相关（plausibly related）。只要公告可被合理认定为出自正当事由，并且不涉及违宪问题，则通常会获得法院支持。（4）法院很少会基于合理审查标准而否决一项政策，除非系争措施完全脱离事实背景，法庭完全无法从中识别出其与正当国家利益之间的关联。本案公告基于合法目的，且无关宗教议题；对穆斯林国家的入境限制，局限于国会或政府部门此前认为构成国家安全风险的特定国家，而且是基于多部门联合评估的结果。法院无权用自己的评估结果，取代行政分支作出的“预测性判断”。更重要的是，公告所载入境限制国家的名单是动态调整的，对于受到波及的外国公民，公告还设置了诸多类别的例外情形和豁免程序。因此，入境限制公告中涉及国家安全的正当事由，足以使之通过合理审查。

有鉴于上述判理和学说，回到微信案，原告律师在言论自由方面的诉讼策略应当注意以下几点。首先，应当力争把 13943 号行政令及其实施细则定性为“基于内容”的言论限制措施，进而适用严格审查标准。原告可以揪住行政令中“微信可能被用于使中国共产党受益的假新闻传播活动”这一表述，论证系争措施只是表面上的内容中立，实际上是为了规制言论所传递的信息，同时作为少数群体的华裔“声音”也会被非法限制和排挤。其次，应当力争说服法院，美国政府所谓的国家安全顾虑并未针对微信这一特定应用程序，其依据的评估报告大多只是笼统论及中国企业对美国电信基础设施和网络安全所造成的威胁，而且缺乏可靠信源，进而将本案所涉国家安全利益的可信度和重要性“降格”，避免合理审查标准和高度司法尊让的适用。至于数据安全和个人隐私能否归入国家安全范畴，也值得展开辩论。再次，考虑到本案比较可能适用中度审查标准，原告应当极力证明，过多受到宪法保护的言论被限制，禁令超出了实现政府利益所必需的限度，而且对于华人群体而言，没有给他们留出其他合理可行的交流或表达渠道。

同时，我们也必须客观认识到，上述判理和学说对于微信案的今后走向存在一定不利影响。联邦最高法院在涉及国家安全的违宪审查案件中，对立法和行政分支出台的措施，明显呈现“司法尊让”的立场，而且不严格要求国家安全威胁的明确性、具体性和紧迫性；一旦本案落入合理审查标准，原告的胜诉概率势必骤降。更何况相较“禁穆令案件”中常规的限制入境权力，总统在本案中动用的是《国际紧急经济权力法》下的紧急权力。此外，联邦最高法院在“禁穆令案件”中对于特朗普歧视穆斯林言论的“宽容”立场，很可能导致特朗普歧视亚裔言论对于本案言论自由这一论点的支持力度大幅下降。

另外值得一提的是，哥伦比亚特区联邦地区法院在初步禁制令阶段，对腾讯公司的“缓解方案”、原告专家证人提出的“行业标准和典范实践”以及国土安全部相关提议（联邦政府设备禁用微信）等替代性规制措施表示认可，并以此佐证“实施细则”对言论自由造成的负担，实质超出了维护政府合法利益所需的程度（有违“严格限制”要件）。此番论证说理存在“越俎代庖”之嫌，地区法院似乎是在以自己的判断取代行政分支的“预见性判断”。而且地区法院适用的审查标准，似乎始终在严格审查与中度审查之间飘忽不定。这些在当下有利于原告的论证“瑕疵”，很可能会在之后的正式审理或上诉程序中被纠正或推翻。

一旦本案上诉到联邦最高法院，案件后续走向和微信在美国的前景，至少在司法层面不容乐观，尤其是当下最高法院的整体意识形态趋于保守。原告应当考虑在言论自由的论点之外，借鉴 TikTok 及其短视频创作者在申请初步禁制令过程中的成功经验，针对《美国法典》第 50 编第 1702(b)(1)、(3) 条（《国际紧急经济权力法》对总统紧急权力的限制性规定）“发难”，力求证明商务部实施细则间接规制了个人通信或信息材料的跨境流动。当然，原告也有必要继续打磨《行政程序法》相关论点，争取从决策程序层面，指控商务部长对腾讯公司提出的“缓解方案”未作充分、合理考虑。最后，腾讯公司在穷尽司法救济、延缓案件进展的同时，也应当与美国商务部积极交换意见，力争形成有关和解协议或缓解方案的共识，以寻求“持久战”过程中的谈判变数和转机。

第七章　华为技术有限公司诉美国《国防授权法》禁令违宪案

2019 年 3 月 6 日，华为技术有限公司和华为技术美国有限公司向美国得克萨斯州东区联邦地区法院提交起诉状，请求判定2019年《国防授权法》第 889 条违宪。在起诉状中，华为指出美国政府违反了“剥夺公民权法案”条款（Bill of Attainder Clause）、“正当程序”条款（Due Process Clause）和“归属”条款（Vesting Clauses）三个宪法条款。然而，2020 年 5 月 1 日，法院驳回了华为的诉讼请求。

第一节　基本案情

本案原告为华为技术有限公司（Huawei Technologies Co., Ltd., 设立于中国深圳市，简称“华为中国”）及其子公司华为技术美国有限公司（Huawei Technologies USA, Inc.，设立于美国得克萨斯州，以下简称“华为美国”）。这两家公司同时也是华为投资控股有限公司（Huawei Investment & Holding Co. Ltd.）的全资子公司。

本案被告为美利坚合众国。另外，美国总务署①（the General Services Administration）、劳动部、卫生与公共服务部（Health and Human Services）、教育部、农业部、退伍军人事务部、内政部②及上述各部门的负责人被列为共同被告。

本案的诉争需要从美国政府对网络安全问题的关注说起。美国政府

---

① 由联邦工程署、财政部联邦供应局、战争物资管理局、国家档案中心和公共建筑管理局 5 个分散的总务机构合并组成，负责拟订联邦政府总务工作规章制度，办公楼等联邦公共建筑的修建、调配、维护和管理，集中采购，资产管理，差旅管理，信息化建设与技术保障等工作。

② 负责保护、开发美国联邦政府所有土地［包括联邦所属（或管辖）的海洋水域］上的国土资源。

二十多年来一直关注于识别和缓解网络安全风险，尤其是供应链风险。

1998 年，美国总统克林顿颁布法令，提出了加强电信基础设施耐用性政策。

2002 年，美国国会通过《联邦信息安全管理法》(Federal Security Management Act，FISMA)，明确联邦信息系统的安全标准。

2003 年，美国政府部门确认通信设施是美国政府为防止网络攻击所必须保护的基础设施。

2008 年，美国总统布什提出“国家网络安全综合计划”(Comprehensive National Cybersecurity Initiative，CNCI)，旨在制定降低供应链风险的策略。

2009 年 2 月，美国总统奥巴马要求国家安全委员会和国土安全委员会为应对网络风险进行调研，后该调研结果形成一份报告，指出全球新兴的电信设备制造、设计、研究中心使得电脑和网络的被渗透风险增加。

2009 年 5 月，奥巴马采纳上述报告的建议，将“国家网络安全综合计划”划分为十二个子计划，其中之一即为“从多方面解决国内外的供应链风险问题”。

2010 年 10 月，四名美国国会议员致信联邦通信委员会主席，要求其公布该委员会在保护美国通信网络安全方面的计划。信中还提到华为和中兴两家公司正“迫切地寻求为美国的电信基础设施提供重要设备”，而国会议员对此表示关切，因为“这些公司被中国政府资助，并受到中国军方的影响，很有可能为中国操纵美国通信网络提供机会……这将会对美国国家安全造成威胁”。

2011 年 2 月，作为对美国国会担忧的回应，华为美国发表一封公开信，表示华为将积极配合美国有关部门一切必要的调查。华为还借助该公开信表达了对美国公正法治的信任，相信美国政府经过充分调查能够承认华为仅仅是一家普通的商业企业而已。然而，公开信发表后不久，美国众议院常设情报特别委员会的报告指出，在没有对华为公司的活动进行充分调查前，美国还不能够放心地使用该公司的通信设备。

2012 年 2 月，华为接受众议院对其内部成员的广泛调查。常设情报特别委员会的成员到访位于深圳的华为公司总部，与包括华为全球安全运营官萨福克（John Suffolk）在内的公司高层以及现任或前任雇员展开谈话。除此之外，委员会的代表还参观了华为的工厂和生产线。

2012 年 5 月，美国众议员兼常设情报特别委员会成员于香港会见华为公司创始人任正非。

2012 年 9 月 13 日，常设情报特别委员会举行国会听证会，华为派代表出席并接受质询。

2012 年 10 月，常设情报特别委员会发布报告，报告中承认没有证据表明华为有任何不当行为，然而其仍然坚持华为并非完全没有问题，因为华为没能“提供更为详尽的证据来解释其与中国政府之间的关系”。在没有证据证明华为与中国政府有关联的情况下，众议院仍然建议美国政府不要使用华为的通信设备及其零部件，尤其是在某些涉及敏感信息的通信系统中。众议院还建议美国政府在订立合同时要防止合同相对方在其通信系统中使用华为公司的设备。尽管众议院作出了上述建议，但是美国在 2012 年后的五年内并没有在立法层面将这些建议付诸实践，而是直到 2017 年才真正采取了行动。

2017 年，美国国会通过的 2018 财年《国防授权法》(National Defense Authorization Act，NDAA）中规定，美国国防部不得在下列系统中使用华为公司生产的设备：（1）核威慑系统；（2）包括弹道导弹防御系统在内的国家防御系统。

2018 年 1 月 9 日，众议员科纳韦（K. Michael Conaway）和切尼（Liz Cheney）提出 H.R.4747 号法案，要求所有联邦部门负责人不得与使用华为通信设备的实体进行采购、收购及订立合同等事项。

2018 年 2 月 7 日，参议员科顿、科宁和卢比奥（Tom Cotton, John Cornyn & Marco Rubio）在参议院提出内容相似的 S.2391 号法案。

2018 年 4 月 13 日，众议员索恩伯里和史密斯（Mac Thornberry & Adam Smith）又提出具有相似内容的 H.R.5515 号法案。

2018 年 5 月 24 日，众议院通过众议院版本的 2019 财年《国防授权法》，[①] 明令禁止美国政府及其合同相对方与华为合作，且要求政府对供应产品的源头生产商进行识别。

2018 年 7 月 26 日，众议院同意最终版本的《国防授权法》。

2018 年 8 月 1 日，参议院通过最终版本的《国防授权法》。

2018 年 8 月 13 日，美国总统特朗普在该法上签字，并促使其进入实施阶段。

2018 年 10 月 17 日，华为美国向美国教育部、农业部、退伍军人事务

---

① 根据美国宪法，众议院和参议院每年需要就《国防授权法》的每一事项制定出各自版本的法案，最后两院通过协商一致的方式制定出最终版本，并转递给美国总统签署。

部及内政部的部长致信，请求公开这些部门就《国防授权法》制定的实施细则。信中，华为还依据《美国法典》第 5 编第 553 条、第 555 条及第 28 编第 530D 条，并结合《联邦行政法规汇编》有关规定，要求上述部门发布指南、规则或命令以表明其不会实施《国防授权法》第 889 条，因为该条款是违宪的。

尽管华为方面明确希望以上部门能够在 2018 年 11 月 15 日之前予以回应，然而直到 2019 年 3 月 5 日，华为都没有收到回复。

2018 年 10 月 17 日，华为美国还致信美国劳动部、卫生与公共服务部、农业部和退伍军人事务部，要求这些部门公布在佐治亚州实施《国防授权法》的细则，因为这些部门在该州都有订立合同。而致信的目的也是为了让这些部门承诺不实施违宪的《国防授权法》第 889 条。信中还提及了华为由于《国防授权法》第 889 条的禁令，在佐治亚州的一宗投标交易中因被认定为“不可信赖”而落选。华为引用佐治亚州方面的说辞，指出如果华为在联邦政府层面受到的限制被取消，则其在该州的投标资格将会被重新认定。

华为方面的抗议没有收到回应，而美国联邦政府对 2019 财年《国防授权法》内容的实施却在按部就班地进行。例如美国管理和预算办公室出版了 2018 年度秋季议程，议程中要求美国总务署、国家航空航天局、国防部修订《联邦收购条例》以贯彻落实《国防授权法》。

2018 年 12 月，《安全技术法》(the Secure Technology Act) 纳入《联邦采购供应链安全法》(the Federal Acquisition Supply Chain Security Act)。该法提出完善供应链风险识别、评估、化解标准的要求，同时，为供应方提供了司法审查等救济途径。①

2019 年 3 月 6 日，华为中国和华为美国向美国得克萨斯州东区联邦地区法院起诉美国及七个政府部门，请求法院判定 2019 年《国防授权法》第 889 条违宪。②

2020 年 2 月 18 日，得克萨斯州东区联邦法院公布本案的判决，驳回了

① 华为在起诉状中亦将上述众多举措纳入了背景陈述中，而其目的在于证明根据美国长期的研究，网络安全的供应链风险并非由一家企业供应的设备引起的，从而对后文中提到的美国国会以维护网络安全为由施加禁令表示质疑。

② Huawei Technologies USA，Inc. v. United States of America，U.S. District Court，E.D. Texas，Compliant，Mar. 6，2019.

华为方面的诉讼请求。[①]

第二节　法律要点

《国防授权法》第889条是本案争议的关键所在。该条的标题为“对部分通信及视频监控服务或设备的禁令”，而其项下包括禁止使用和采购、禁止给予贷款及补贴、生效日期、定义等若干款。

根据第889.6条的“定义”，该条所称“外国”特指中华人民共和国；而该条所称“通信设备及服务”，指华为、中兴、海能达通信、杭州海康威视、大华科技及上述企业关联公司或分支机构生产的设备或提供的服务。不仅如此，第889条涵盖的“通信设备及服务”还包括经国防部部长会同中央情报局局长及联邦调查局局长协商，被认定为中国政府所有或受其控制的企业生产出的设备或提供的服务。

具体到该条对华为公司的影响，其主要体现在禁止了联邦政府从事如下行为：（1）采购华为公司的设备或服务；（2）与使用华为设备或服务的实体订立合同；（3）给予奖励或贷款，而所提供的资金可能被用于采购华为公司的设备或服务。其中，第（1）项禁令自《国防授权法》生效起持续1年，第（2）项和第（3）项禁令自该法生效起持续2年。且上述禁令适用于所有美国联邦行政系统机构，包括行政及军事部门、国有公司等。

华为认为，美国的这一规定直接导致华为公司无法与联邦政府进行设备和服务的交易，甚至某些与国防、信息安全和国家安全无关的部门——如美国农业部下设的国家乡村发展理事会，内政部下属的印第安事务局、鱼类及野生动物保护局，也被禁止参与华为交易。不仅如此，禁令使得成千上万的私人企业不能与华为达成合作。仅2015年，联邦政府签订的合同总价值达4亿3960万美元，而面对如此巨大的市场，美国企业在《国防授权法》的要求下必然会终止与华为的合作。

华为方面还认为，《国防授权法》第889条更广泛的影响在于，其适用于那些就非国防、非信息安全、非国家安全事项与联邦政府缔结合同的情形，且有时合同相对方使用华为的设备或服务与其履行合同义务无关。例如，一家电梯公司在其办公室使用了华为的电信设备，这一事实本与其电

---

① HUAWEI TECHNOLOGIES USA，INC. and Huawei Technologies Co.，Ltd.v. UNITED STATES of America，et al. Civil Action No. 4:19-CV-159 Signed February 18，2020. 440 F.Supp.3d 607.

梯维修服务没有关联，但其同样会导致该电梯公司丧失在美国农业部维修电梯的业务。

另外值得注意的是，《国防授权法》对华为通信设备及服务的销售限制是不可撤销的。对于大部分企业而言，尽管国防部部长会同中央情报局和联邦调查局可能认定其属于中国政府所有或受其控制，但是在事实发生转变的情况下，该认定可以被撤销或修正。然而华为面对的却是，即使国防部长、中央情报局和联邦调查局认定华为并非为中国政府所有或受其控制，《国防授权法》对相关设备及服务的限制仍然生效，且有明确的效力期限。

华为认为，即使《国防授权法》第 889 条规定的限制措施直到该法生效后的一两年内才生效，但条文中的规定对华为已经造成、并将持续造成下列损害：（1）华为不能与其他竞争对手基于公平环境进行竞争；（2）因丧失商业机会和销售量的减少而发生的直接经济损失；（3）华为的商誉和信用受损。

从市场竞争来看，华为的大部分客户同时也是美国联邦政府的合同相对方。而为了留住美国联邦政府这个大客户，这些合同相对方只能选择不从华为处购买通信设备。相比较而言，华为的竞争对手，如诺基亚、爱立信等公司，由于不受到这种限制，因此可以继续与上述客户签订设备采购协议。

从经济损失的角度来看，仅佐治亚州的通信设备采购合同价值量即达每年 2000 万美元，而《国防授权法》直接使得华为失去了进行该交易的机会。

从商誉的角度来看，在《国防授权法》的审议过程中，华为被认定为与中国政府有密切关系，并受中国政府控制。华为公司甚至被形容为“特洛伊木马”，从而表明其对美国的国家安全造成的威胁。而这种对商誉的损害也造成了实然的经济损失。例如 2019 年 2 月 29 日，佛蒙特州数字服务机构向该州其他部门发布了一项指示，以禁止这些部门从华为处购买设备。而该数字服务机构之所以作出这样的指示，正是基于华为被美国国会认定为对美国国家安全造成威胁。

在确认受到上述实质损害的情况下，华为从以下三个方面论述了 2019 财年《国防授权法》第 889 条违反美国宪法，并请求法院宣布其无效：

首先，华为控告美国商务部违反了美国宪法的“剥夺公民权法案”条款。美国宪法第 1.9.3 条规定，“任何剥夺公民权利的法案都不得被通过”。而根据 Nixon v. Adm’r of Gen. Servs. 案的判决精神，如果某法案在未经司法审判的情况下认定个体有罪并做出惩罚，则其属于宪法中规定的“剥夺公民权法案”。华为认为2019财年《国防授权法》第889条将华为及其关联公司孤立，实质上就是在未经司法审判的情况下通过立法认定华为有罪并做出惩罚，故其违反了“剥夺公民权法案”条款。具体而言，这种有罪认定和惩罚体现在以下两点：一是使华为不能与美国联邦政府及联邦政府合同相对方、联邦政府资助方进行交易；二是将华为同其他被认为与中国政府有密切联系的实体进行区别处理，即直接在法律中禁止使用华为产通信设备，而不是通过具体的审查判断。

其次，华为认为被告违反了美国宪法中的“正当程序”条款。根据美国宪法第五修正案，“无论何人，不经正当的法律程序，不得被剥夺生命、自由或财产”。而被告选择性地颁布法律，剥夺了华为的自由和财产权利：其一，2019财年《国防授权法》第889条剥夺了华为向联邦政府等主体销售设备及服务的自由；其二，2019财年《国防授权法》第889条污蔑华为受到中国政府控制，间接导致全美的企业排斥与华为进行合作。

第三，华为认为违反了宪法中的“归属”条款。该“归属”条款即我们通常所言的“三权分立”：宪法只赋予国会立法权，而立法权意味着其只能制定法律，将法律适用到具体的个体上属于行政权和司法权的范畴。然而华为认为2019财年《国防授权法》第889条是对三权分立的破坏。其在立法层面即对华为进行了审查，并通过制定法律禁止华为销售设备及服务。尽管该法同时允许国防部会同其他部门判断某些实体是否受中国政府控制，并且允许法院进行司法审查，但是华为并不在这些行政和司法保护范围之内。

被告则在答辩状中对华为提出的诉讼理由做出了逐条回应。

首先，被告并不承认违反了“剥夺公民权法案”条款。对于某法律是否做出“惩罚”，被告认为判断的标准是这项法律是否会给实施对象造成一种负担，以及这种负担是否过于严重，以至于就立法的目的而言是不恰当的。尽管华为认为2019财年《国防授权法》第889条将华为排除出美国市场，然而被告认为第889条并没有达到“排除”的作用。因为华为仍然被允许雇佣员工来运营在美国的业务，而这明显没有达到上述“惩罚”的程度，且与以往被认定为违反“剥夺公民权法案”条款的案例在事实上存在不同。

其次，就“正当程序”条款而言，被告认为华为没有提出本应适用的正当程序是什么。另外，华为提出被告是选择性立法，但是被告认为法院作出的先例中并没有确认选择性立法违反了正当程序原则。

最后，就“归属”条款而言，被告认为华为没有证明国会的立法行为使得行政权和司法权无法发挥作用。进一步而言，被告主张国会处理的某事项同时也能被行政或司法处理并不表示国会违反了宪法。华为的论点实际上是“三权分立是建立在三个职能完全分离的部门之上”的陈旧观点的反映。

2020 年 2 月 18 日，得克萨斯州东区联邦法院公布本案判决，驳回华为方面的诉讼请求。而主审法官马赞特（Mazzant）也在判决中对华为的三个诉讼理由进行了逐条分析。

首先，对于 2019 财年《国防授权法》第 889 条违反宪法“剥夺公民权法案”条款的主张，马赞特法官认为应分两步进行考察：（1）该立法是否具有针对性？（2）该立法是否施加了“惩罚”（punishment）？① 就第一个问题而言，根据 Foretich v. United States 案，某一法律是否有针对性要看其是否明确适用于某人或某一特定群体。② 而本案中，第 889 条明确列举华为、中兴等公司为适用对象，因此可以认定该条文具有针对性。

在第一个问题得到肯定回答的情况下，法官进一步对第 889 条是否施加了“惩罚”进行考察。根据 Selective Serv. Sys. v. Minn. Pub. Interest Research Grp 案，判断某法律是否施加“惩罚”可以考虑三个因素：（1）该法基于历史解释是否属于立法性惩罚；（2）该法施加的负担是否与其目标相适应；（3）该法是否展现出国会“惩罚”的意图。③ 这三个因素也可被归纳为：“历史标准”“作用标准”和“意图标准”。

从“历史标准”来看，“剥夺公民权法案”条款来源于英国的普通法，而其最早所指“惩罚”主要为监禁、放逐（banishment）、没收财产等刑罚。美国在移植了这一条款后，“惩罚”的外延又扩大到禁止某人（群体）从事特定职业，尤其是对于那些被认定为不忠的个体（brand of disloyalty or infamy）。而华为在审理过程中具象化的第 889 条的“惩罚”包括：（1）被认定为不忠；（2）就业禁止；（3）放逐。故马赞特法官分别就这几种“惩罚”展开了历史解释。

首先，根据 Foretich 诉美国案 ④ 和卡巴斯基实验室诉美国国土安全部

① SBC Commc'ns，Inc. v. FCC，154 F.3d 226，233（5th Cir. 1998）.

② Foretich v. United States，351 F.3d 1198，1217（D.C. Cir. 2003）（quoting United States v. Lovett，328 U.S. 303，315（1946））.

③ Selective Serv. Sys. v. Minn. Pub. Interest Research Grp.，468 U.S. at 852（1984）.

④ Foretich，351 F.3d at 1220（D.C. Cir. 2003）.

案[①],法官认为“被认定为不忠”只适用于个人，而第889条是针对华为公司而非华为员工，故第889条不能使华为“被认定为不忠”。另外，即使承认公司也有“被认定为不忠”的可能性，比照卡巴斯基案，第889条只是让消费者变更了选择，而这并不能达到“惩罚”的程度。

其次，法官也不认同第889条属于“就业禁止”。法官认为第889条的禁令是要求联邦政府不要采购华为产设备，而除此之外的其他个人和企业仍然是华为的潜在客户。不仅如此，华为还有其他169个国家和地区的市场。故法官不认同“就业禁止”的说法。

最后，就“放逐”而言，华为主张第889条试图将其驱逐出美国市场。但马赞特法官认为放逐相当于剥夺某人的公民身份，而非仅仅是限制某人前往或滞留在某地的自由，因此往往是对社会、文化和政治领域个体存在的毁灭。[②]本案中，第889条没有剥夺华为在美公司的公民身份，也没有禁止其继续在美国开展业务，所以法官认为“放逐”的说法也不能成立。

故《国防授权法》第889条不满足“历史标准”的“惩罚”。

而从“作用标准”来看，法官试图确认第889条的立法目的、评估由此带来的负担，以及其目的与负担之间是否平衡。[③]

就目的而言，华为指出第889条的目的是对过去的行为做出惩罚，这从该条文本身的针对性以及刻意掩饰立法目的即可看出。但是法官认为某法律具有针对性不必然推导出该法律属于“惩罚”，同时也没有规定要求立法者必须在条文中表述立法目的，因此华为的观点不能得到支持。而第889条真正的目的为何，法官认为主要有两个：一是维护美国的国家和信息安全；二是防止联邦税收被用来采购华为等公司的设备和服务，从而增加网络风险。

在确定第889条的目的后，法官接下来要评估该条文的目的与其施加的负担是否平衡。根据卡巴斯基案，这种平衡可以从两方面考量：（1）该条文带来的负担是否足以达到立法目的；（2）该条文带来的负担是否超过了实现立法目的所要求的程度。[④]法官认为，众议院认定通信市场主体缺乏多样性是信息安全风险产生的原因之一，而对华为等公司的限制是促进市场主体多样化的手段，因此立法目的与施加的负担之间是相适应的。另外，

---

① Kaspersky Lab，Inc. v. U.S. Dep't of Homeland Sec.，909 F.3d at 461（D.C. Cir. 2018）.

② Sea River Mar. Fin. Holdings，Inc. v. Mineta，309 F.3d 662，673（9th Cir. 2002）.

③ Kaspersky Lab，909 F.3d at 455.

④ Kaspersky Lab，909 F.3d at 456.

第889条限制政府资金采购华为设备也符合其对联邦税收运用方式的管控。再者，第889条的适用都是针对联邦政府的，这符合整体联邦政府机关应对网络风险的要求。据此，马赞特法官不认为第889条所施加的负担无法实现立法目的，也不认为该负担超出了实现其目的的必要程度。

故《国防授权法》第889条亦不构成“作用标准”的“惩罚”。

再从“意图标准”来看，为了判断某立法的意图，法官需要考察立法历史、立法的环境和时间、所涉条文的表述和结构等因素。① 而根据华为方面的举证，参众两院在立法过程中的文件记录和部分议员的言论显示出第889条的惩罚意图。但法官认为华为提出的证据都是零散的，而不能代表整个国会的观点，因此不构成“确凿证据”(smoking gun evidence)。例如有议员指出要禁止华为在美经营业务，然而最后第889条并没有作出这样的全面禁止。

故《国防授权法》第889条同样不满足“意图标准”的“惩罚”。

综上，由于第889条不具有“惩罚”性质，因此法官认定该条文没有违反宪法中的“剥夺公民权法案”条款。

华为提出的第二项诉讼理由是第889条违反了宪法的“正当程序”条款。具体而言，华为认为第889条通过干涉华为已有合同和未来的合同利益，侵犯了华为的财产和自由。然而法官认为，尽管第889条可能给华为带来负面的经济影响，但是没有证据表明第889条的制定就立法目的而言是不合理的。② 另外，国会在立法后产生附属的或偶然的（collateral or incidental）损害不是违反“正当程序”的依据，而华为合同关系受到的影响即属于此类，故不能被视为国会违反“正当程序”的理由。③ 马赞特法官还提到与联邦政府订立合同是一项特权（privilege）而非宪法赋予的权利，因此违反“正当程序”条款的诉讼理由不能成立。

华为提出的第三项诉讼理由是第889条违反了“归属”条款。华为认为根据美国宪法，立法、行政、司法分别归属于不同的机构，因此国会不得僭越行使行政和司法职能。而在本案中，国会审查有关事实后将法律适用到个体是僭越了司法权。然而法官认为，由于国会在制定法律过程中缺乏

---

① Foretich，351 F.3d at 1225.

② Pension Benefit Guar. Corp. v. R.A. Gray & Co.，467 U.S. 717，729（1984）.

③ Cont’l Ill. Nat’l Bank & Tr. Co. of Chi. v. Chi.，Rock Island & Pac. Ry. Co.，294 U.S. at 680（1935）.

立法背景的有关信息，因此应当允许国会在一定范围内享有调查的权力。①而第 889 条所涉内容本身属于国会职能范畴，且国会没有排除行政权和司法权的作用，因此不能认定国会制定第 889 条违反了“归属”条款。

马赞特法官认为华为提出的三个诉讼理由都不能成立，最终驳回了华为的诉讼请求。②

第三节 本案结果

2020 年 2 月 18 日，得克萨斯州东区联邦法院公布本案的判决，驳回华为方面的诉讼请求。

第四节 简要评析

本案首先值得关注的是主体的身份——原告为一家中国企业及其在美子公司，被告为美国及其政府七个部门，而这样的诉讼主体在中美贸易战的背景下更是引人注目。

从原告来看，华为直接在美国国内法院对美国提起诉讼，这无疑为中国投资者维护自身在美权益树立了模范。先不论此案的结果是输是赢，至少其展示了在美运用当地司法救济途径的可行性。而实际上，华为并不是第一家在美国国内法院状告美国的中国企业。

2012 年，中国三一集团的美国子公司罗尔斯（Ralls Corporate）公司收购了位于美国俄勒冈州的 4 座风力发电厂项目，但在同年被奥巴马政府和隶属于美国财政部的外国投资委员会（Committee on Foreign Investment in the United States，CFIUS）以“威胁国家安全”为由阻止。在向美国政府索赔无果后，罗尔斯公司于当年 10 月 1 日向法院提起诉讼。经过长时间的审理，法院最终支持了罗尔斯公司要求被告公开非机密信息的动议，原被告双方也展开协商并最终达成和解。

值得注意的是，罗尔斯公司案的诉讼请求虽然包括“正当程序”这一美国宪法条款，但是该案直接产生的原因是美国外国投资委员会的审查行为，因此大部分诉求涉及美国的外国投资法律；而本案中，华为针对的是美国

---

① Eastland v. U.S. Servicemen's Fund，421 U.S. at 504（1975）.

② Huawei Technologies USA，Inc. v. United States，2020 WL 805257.

国会的立法行为，是纯粹就一部法律的制定展开的违宪审查行动。能够在美国国内法院单纯提起基于美国宪法的诉求，且原告还是外国企业，这在美国的司法史上都是较为罕见的。

而就被告来看，本案的被告包括美利坚合众国和七个政府部门及其负责人。其之所以能被列为被告且接受司法审查，主要归因于《美国法典》第5编第702条的规定：公民有权起诉违反宪法的行为（无论是具体的行政行为还是抽象的立法），并且美国政府在此种情形下不享有主权豁免。因此前文提到的华为致信政府部门请求作出不执行2019财年《国防授权法》第889条的决定，很有可能是出于诉讼策略的考虑：这样能够将政府部门不予回复的不作为行为与国会的立法行为联系起来，从而使得华为能够将七个政府部门一并列为被告并在法院提起诉讼。而如若胜诉，华为不仅可以明确这些部门不再履行第889条的禁令，而且还扩大了案件的影响力，从而消除第889条已然对其造成的商誉影响。

除主体身份值得关注外，本案中华为提出的诉讼理由也值得注意。如上文所言，华为在本案中提出的诉讼理由是基于三个宪法条款。而这三个宪法条款中"剥夺公民权法案"条款在诉讼中的运用是十分少见的。

"剥夺公民权法案"最早出现于16世纪的英国。当时英国国王常通过立法方式宣布某人犯重罪，并判处其流放、没收财产甚至死刑。久而久之，这种方式成为国王排除异己的手段。议会为了限制王权，即提出未经审判不得以立法剥夺公民的权利。后来，美国的制宪者们为防止国会像英国国王一样滥用立法权，就将"剥夺公民权法案"条款写进了美国宪法。

然而，尽管在美国宪法制定之初"剥夺公民权法案"条款即被纳入文本，但是在美国联邦最高法院审理的案件中，第一次引用该条款却是在几十年后的1866年。[①] 并且自此之后该条款在联邦最高法院出现的概率屈指可数。[②] 究其原因可能在于"剥夺公民权法案"条款本质上是"三权分立"的体现，而美国宪法中关于"三权分立"已有"归属"条款加以规定。

此次华为诉美国违宪引用"剥夺公民权法案"条款作为依据，使得该条款的宪法价值再一次回到人们的视野中。而从事实角度来看，本案中华为所遭遇的境况也的确可以适用该宪法条款的。因为美国国会在法律中十分

---

① Cummings v. Missouri，71 U.S. 277（1866）.

② M. Jackson Nichols，Jackson S. Nichols & Matthew Buckner，Bill of Attainder: Old Wine in New Bottles，36 N.C. Cent. L. Rev.，2014，p.286.

明确地将华为列为禁令对象，而禁令必然给华为在美业务造成巨大的负面影响。

除了“剥夺公民权法案”条款，本案与另外两个案件的比较也值得我们注意。这两个案件分别为上文提到的罗尔斯公司诉外国在美投资委员会案和与本案具有高度相似性的卡巴斯基实验室诉美国国土安全部案。

罗尔斯公司诉外国投资委员会案中，原告提出的诉由大部分涉及联邦立法，而只有一项是基于美国宪法，即“正当程序”条款，指出政府未经正当程序不得剥夺私人财产权利。而从最后法院的判决结果来看，正是这一项基于宪法的诉讼请求帮助罗尔斯公司获得了胜利，并最终与被告和解。

哥伦比亚特区联邦上诉法院认为，罗尔斯公司在美投资的项目中享有宪法保护的财产权利，而奥巴马政府下令禁止罗尔斯公司在美投资项目的行为剥夺了其受宪法保护的财产权。奥巴马政府本应通过公开信息以证明其作出的决定遵守了正当程序，却并没有提供相关信息。故上诉法院认为初审法院认定该案不受司法实质审查的裁定有误。后来经过两年多的诉讼和谈判，罗尔斯公司，即三一重工方面与奥巴马政府就所投资项目达成和解，罗尔斯公司也选择撤销该项诉讼。①

罗尔斯公司一案从结果来看本身是具有积极意义的，其基于“正当程序”条款取得的胜利也对华为提出的诉求做出了积极印证。然而我们也需要注意区分罗尔斯公司案和本案的不同之处。罗尔斯公司提出的诉讼是基于其投资的一个具体项目，整个案件诉求的涉及面相对较窄；而本案华为提出的诉讼是针对华为在美的所有投资利益，包括其下属的各子公司和分支机构，因此涉及面更为广阔；并且本案并不是就政府的某一行政行为提出诉求，而是纯粹就国会的立法行为主张维权，即使附带提出有关政府部门的不作为，也无法掩盖本案所具有的抽象审查性质。因此罗尔斯公司案的正面意义并不必然传导至本案中。

相较于罗尔斯公司案，从案件情节和诉求来看，本案与在此之前不久发生的卡巴斯基案更加具有相似性。

卡巴斯基实验室是一家网络安全和杀毒软件的跨国供应商，总部位于俄罗斯莫斯科。在 2017 年以前，卡巴斯基实验室的网络安全软件曾被用于很多美国联邦政府的电脑系统。然而 2017 年初，美国国会议员开始发出质疑卡巴斯基软件的声音。卡巴斯基实验室及其创始人兼首席执行官尤

① Ralls Corporate v. Committeen on Foreign Investment in US，758 F.3d 296（D.C. Cir. 2014）.

金・卡巴斯基也被认为与俄罗斯政府及俄罗斯情报部门有紧密联系。

2017 年 9 月 13 日，美国国土安全部发布了一项指令（BOD 17-01，简称“BOD 指令”），要求所有的联邦部门在 90 天内移除电脑系统中的卡巴斯基软件。该指令之后被美国国会通过的2018财年《国防授权法》所取代。2018 财年《国防授权法》规定，禁止所有联邦部门使用卡巴斯基实验室研发或提供的产品和服务。

在 BOD 指令和《国防授权法》通过后不久，卡巴斯基实验室首先向美国法院起诉 BOD 指令违反了《行政程序法》(Administrative Procedures Act）和美国宪法第五修正案中的“正当程序”条款。几个月后，卡巴斯基实验室又向美国法院起诉 2018 财年《国防授权法》违反了美国宪法中的“剥夺公民权法案”条款。

后来法院对这两件诉讼进行了合并处理，并驳回了原告卡巴斯基实验室的诉讼请求。法院首先认为 2018 财年《国防授权法》没有对卡巴斯基实验室进行“惩罚”(punishment)，而只是在排除潜在的国家网络安全风险。这一举措的副作用只是造成卡巴斯基实验室这家大型跨国公司的一小部分收入来源丧失，并没有达到“惩罚”的标准。

而针对 BOD 指令的诉讼请求。法院则认为即使认定 BOD 指令是无效的，《国防授权法》仍然会造成已然发生的影响。并且原告在提出针对《国防授权法》的诉讼请求时表示，目前的不利后果是《国防授权法》单独造成的，故法院认为卡巴斯基实验室对于 BOD 指令不再享有请求权基础。因此，卡巴斯基实验室的两起诉讼都以失败告终。①

比较卡巴斯基案和本案，我们可以发现以下几点相同之处：(1）都是美国的外来投资者在美国国内法院为维护自身权益提起诉讼；(2）原告公司都被禁止与美国联邦政府在产品和服务上展开合作，且被禁止的理由都是为维护美国国家网络安全；(3）诉讼中要求审查的内容都包括《国防授权法》；(4）诉讼理由中都包括“剥夺公民权法案”“正当程序”等宪法条款。

但是，两案也存在着不同点。首先，从管辖上来看，卡巴斯基案的审理法院是哥伦比亚特区联邦地区法院，而此次华为的诉讼地点为得克萨斯州东区联邦地区法院。由于法院所处地区不同，因此卡巴斯基案所产生的判例并不直接约束此次华为案的审理。其次，从案件情节上来看，2019 财年《国防授权法》对于华为的业务限制远远超过 2018 财年《国防授权法》对卡

① Kaspersky, 909 F.3d 446.

巴斯基实验室的限制。2019 财年《国防授权法》第 889 条不仅不允许华为同联邦政府展开合作，还间接造成华为不能与联邦政府的合同相对方、资助方展开合作。这意味着华为美国将会失去在美的绝大多数客户，而此种损害相较于卡巴斯基实验室更为严重，性质上也更接近于“惩罚”。第三，华为在起诉理由中不仅仅列明了“剥夺公民权法案”条款，还列明了“正当程序”条款和“归属条款”，这也使得华为公司的论证更为翔实。

尽管存在上述诸多的不同点，华为诉美国违宪案仍然难免败诉的结局。在华为案的判决中，马赞特法官大量引用了卡巴斯基案的判决观点。因此可以看出法官在审理华为案时很大程度上受到了卡巴斯基案的影响。另外，华为之所以败诉，很重要的原因是法官在判断 2019 财年《国防授权法》第 889 条是否具有“惩罚”性质时，行使了自由裁量权，而自由裁量的结果是有利于美国政府的。例如，运用“作用标准”衡量第 889 条的立法目的与其带来的负担是否平衡时，马赞特法官的拿捏是倾向于国会的。又如在用“意图标准”衡量第 889 条“惩罚”与否时，法官将国会的立法文件和议员言论定性为零散的证据，从而判定证明力不足。正是由于第 889 条不构成“惩罚”，违反“剥夺公民权法案”条款这一有利的诉讼理由无法得到支持。

第八章　美国证券交易委员会诉瑞幸咖啡财务造假案

瑞幸咖啡在美“光速”上市后不到一年，就因“自曝”虚假交易、财务造假而陷入危机。在其退市以后，美国证券交易委员会以瑞幸咖啡违反联邦证券法关于反欺诈、信息披露、公司账簿记录和内部控制的要求，在纽约南区法院对其提起民事诉讼。最终，瑞幸秉持既不承认也不否认的态度，以 1.8 亿美元和相关禁令为条件，同美国证券交易委员会达成和解，并获得纽约南区法院认可。瑞幸财务造假案进一步暴露出中、美两国在跨境证券审计监管方面的冲突，并使在美“中概股”受到牵连而集体陷入信任危机。[①] 在此背景下，对于中概股企业正确理解并运用美国证券法律的具体规则，加强企业合规建设，也就具有更现实的意义。

第一节　基本案情

瑞幸咖啡有限公司（简称“瑞幸”）由前神州优车集团首席运营官钱治亚于 2017 年创立，注册于开曼群岛，总部位于厦门市，是一家在中国大陆运营的新零售专业咖啡服务提供商。它凭借移动互联网和大数据技术的新零售模式，通过大量发放优惠券为顾客提供补贴的方式，在短时间内就获得了极高的品牌知名度和市场占有度。到 2019 年底，瑞幸的直营门店数已经达到 4507 家，一举超越星巴克，成为当时中国最大的连锁咖啡品牌。

自 2018 年开业，瑞幸一路高歌猛进，当年 7 月首次融资即筹得 2 亿美元，使其估值达到 10 亿美元，成为有史以来成长最快的“独角兽”企业之一。同年 12 月，瑞幸又完成 2 亿美元融资，公司市值达到 22 亿美元，投

① 此处的“中概股”，是指注册地在开曼群岛、英属维尔京群岛等境外避税地，但商业运营、核心资产和主营业务利润都在中国内地的发行人。

资者包括新加坡主权财富基金 GIC Pte Ltd. 和中国私募股权公司 Centurium Capital。

2019 年 4 月 23 日，瑞幸提交首次公开募股（Initial Public Offering, IPO）申请，寻求以 LK 作为股票代码在美国纳斯达克交易所上市。

2019 年 5 月 17 日，瑞幸正式在美国纳斯达克交易所上市，筹得约 5.61 亿美元，使其市值达到42亿美元，创下当年中国公司在美国最大的流通量。瑞幸的上市承销商包括瑞士证券、摩根士丹利、中金香港和海通国际等国际知名投行。

2020 年 1 月 14 日，瑞幸通过发行公司股票融资约 4.18 亿美元，发行可转换债券融资 4.47 亿美元。1 月 17 日，其股价攀升至 50.02 美元每股，与 8 个月前的 IPO 相比增长了近 200%。

2020 年 1 月 31 日，著名中概股做空机构浑水公司（Muddy Waters）宣布收到一份长达 89 页的做空报告，并称瑞幸涉嫌欺诈行为，指控其自 2019 年第三季度起，捏造财务及运营数据、虚报营业收入。这使瑞幸当日股价暴跌将近 10.74%。

2020 年 2 月 3 日，瑞幸发布公告，否认浑水公司报告中的所有指控，认为该报告所采用的方法存在缺陷、证据不足，且所有指控都是没有根据的恶意揣测。瑞幸表示，该报告对其管理团队的攻击都是虚假的、误导性的，或者完全不相关，其将采取适当措施来防御此等恶意指控，以保护股东利益。随后，瑞幸的承销商中金公司和海通公司分别对此作出回应，认为指控缺乏证据。另一知名做空机构香橼研究（Citron Research）对浑水公司出具的报告也秉持怀疑态度，使得瑞幸当日股价上涨 15.6%。

2020 年 3 月 27 日，瑞幸宣布任命濮天若、庄伟元为公司独立董事及审计委员会成员。根据美国 1934 年《证券交易法》(the Securities Exchange Act of 1934）的要求，公司在 IPO 一年后，其审计委员会应由独立董事组成。刘二海辞任审计委员会成员后，现任审计委员会成员包括邵孝恒、托马斯·迈耶（Thomas Meier)、濮天若和庄伟元四人，由邵孝恒担任审计委员会主席。

2020 年 4 月 2 日，因为瑞幸美股股价一度下跌，瑞幸宣布组建特别委员会，负责监督 2019 财年合并财务报表的审计，并且对董事会提请注意的某些问题进行内部调查。特别委员会指出，公司首席运营官（Chief Operating Officer，即 COO）刘剑先生及相关员工从事虚假交易等不当行为。初步调查所获信息表明，瑞幸从 2019 年第二季度到第四季度的虚假交易金额达到人民币22亿元。瑞幸提醒投资者，不应当继续依赖公司以前的财务报表，以及2019年9月30日之前的9个月和2019年4月1日至2019年9月30日这两个季度的收益发布，包括此前针对2019年第四季度的产品净收入指南，以及与这些合并财务报表有关的其他文件。受此消息刺激，其美国存托股票（American Depositary Shares，ADS）价格暴跌超过75%，从4月1日每股26.20美元的收盘价，跌至4月2日的6.40美元每股。

2020年4月7日，纳斯达克在瑞幸股价跌至4.39美元时，以“未决信息”为由暂停瑞幸股票交易。

2020年4月9日，纳斯达克将“暂停交易”状态修改为“额外信息请求”（additional information requested）。在瑞幸满足纳斯达克提出的额外信息请求之前，将一直处于暂停交易状态。

2020年4月21日，瑞幸独立董事及审计委员会成员托马斯·迈耶向董事会递交辞呈。他是瑞幸审计委员会中唯一的外籍成员，于2019年5月被任命。

2020年5月12日，瑞幸董事会根据内部调查的初步结果，宣布终止钱治亚首席执行官和刘剑首席运营官的职位。此外，公司已经要求其他6名参与或了解虚假交易的员工暂停工作。原公司董事、高级副总裁郭谨一先生被任命为代理首席执行官。

2020年5月15日，瑞幸收到纳斯达克交易所关于其公司股票退市的书面通知。通知表明，纳斯达克作出摘牌决定的两项依据是：（1）瑞幸于2020年4月2日，以表格6-K披露的虚假交易引起公众利益担忧，违反纳斯达克上市规则5101的规定；（2）瑞幸未公开披露重大信息，违反纳斯达克上市规则5250的规定。瑞幸计划及时请求召开听证会，而在听证会结果产生之前，瑞幸在纳斯达克将继续保持上市状态。根据通知，听证会将大约安排在听证请求日期后30天至45天举行。

2020年5月20日，在被暂停交易6周以后，瑞幸股票在纳斯达克恢复交易。

2020年5月23日，纳斯达克通知瑞幸，听证会将于6月25日举行。

2020年6月17日，瑞幸收到纳斯达克的“附加摘牌通知”。由于瑞幸未能提交截至2019年12月31日的20-F表（即“年度报告”），根据纳斯达克上市规则5250（c）(1）的规定，构成公司股票摘牌的新一项依据。瑞幸表示，其正在探索尽快提交年度报告的潜在方法，但由于新冠疫情导致财务报表编制流程延迟，以及先前披露的内部调查悬而未决等原因，公司无法提交年度报告。

2020年6月24日，瑞幸撤回召开听证会的申请，并决定不再寻求推翻或暂缓上市资格审查人员所作出的退市决定。

2020年6月29日，瑞幸股票在周一开市时停牌。

2020年7月1日，瑞幸董事会特别委员会就4月2日新闻稿中披露的问题，基本完成了独立的内部调查。该特别委员会成立于2020年3月19日，有权访问公司全部文件、记录和信息，与任何员工、高管和董事进行访谈。在内部调查过程中，特别委员会及其顾问审查了从60多名保管人处收集的55万份文件，采访了60多名证人，并进行了广泛的会计和数据分析测试。结果表明，瑞幸自2019年4月开始虚假交易，公司2019年的净收入因此虚增大约21.2亿元人民币（其中第二季度为2.5亿元人民币，第三季度为7.0亿元人民币，第四季度为11.7亿元人民币），公司的成本和支出在2019年增加13.4亿元人民币（第二季度为1.5亿元人民币，第三季度为5.2亿元人民币，第四季度为6.7亿元人民币）。证据表明，瑞幸前CEO钱治亚女士、前COO刘剑先生，以及与之相关的某些员工参与了虚假交易，至于支持虚假交易的资金，则是通过与公司员工或其他关联方有关的第三方流入公司。根据特别委员会的建议，董事会终止了钱治亚女士和刘剑先生的职务，解雇了参与虚假交易的其他12名员工，并提出关于卢正耀先生辞职的提议。此外，瑞幸正在终止与涉案交易中所有第三方公司的业务关系。根据特别委员会的调查结果，瑞幸对其财务职能采取了一些即时增强措施，并聘请内控顾问来评估现有控制环境、增强公司内部控制，以期今后能够及时发现并防止不当行为。同时，瑞幸将创设内部审计职能，以测试和评估其控制职能，而且瑞幸还将加强对员工的持续性合规培训。

2020年7月15日，根据开曼群岛大法院（the Grand Court）的命令（Order），瑞幸进入“临时清算程序”，Alvarez & Marsal Cayman Islands Limited的Alexander Lawson和Alvarez & Marsal Asia Limited的Wing Sze Tiffany Wong被委任为联合临时清算人（the Joint Provisional Liquidators, the JPLs）。联合临时清算人根据重组授权而获得委任。

2020年7月12日，瑞幸召开董事会会议，任命郭谨一为董事长兼首席执行官，提名曾英和杨杰为独立董事，解除陆正耀、刘二海、黎辉和邵孝恒等人董事会成员职务。

2020 年 7 月 31 日，中国财政部根据《中华人民共和国会计法》，基本完成针对瑞幸在中国境内的 2 家主要运营实体成立以来的会计信息质量检查。检查结果发现，2019 年 4 月至 2019 年末，瑞幸通过虚构商品券业务增加交易额 22.46 亿元，虚增收入 21.19 亿元（占对外披露收入 51.5 亿元的 41.16%），虚增成本费用 12.11 亿元，虚增利润 9.08 亿元。①

2020 年 9 月 2 日，瑞幸重新选举邵孝恒为董事会独立董事。董事会目前由查扬、庄伟元、刘峰和邵孝恒四名独立董事，以及曹文宝、郭谨一和吴刚三名管理层董事组成。杨杰和曾英已于 8 月 3 日递交辞呈，退出董事会。

2020 年 9 月 17 日，经公司审计委员会和董事会批准，Marcum Bernstein & Pinchuk LLP（以下简称"Marcum BP"）接替安永华明会计师事务所，担任瑞幸公司的独立注册会计师事务所。同时瑞幸声明，做出更换审计师的决定，并非由于公司与安永华明事务所之间在会计原则或惯例、财务报表披露、审计范围或程序上存在争议，而是出于尽快提交截至 2019 年 12 月 31 日的 20-F 表格的考虑。瑞幸将与 Marcum BP 迅速开展合作，以尽快提交上述 20-F 表格。

2020 年 9 月 18 日，中国国家市场监管总局及上海、北京市场监管部门，对瑞幸咖啡（中国）有限公司、瑞幸咖啡（北京）有限公司及北京车行天下咨询服务有限公司、北京神州优通科技发展有限公司、征者国际贸易（厦门）有限公司等 45 家涉案公司作出行政处罚决定，处罚金额共计 6100 万元。从 2020 年 4 月起，国家市场监督管理总局就对瑞幸涉嫌虚假交易等不正当竞争行为展开调查。② 调查结果表明，2019 年 4 月到 12 月间，瑞幸在北京车行天下咨询服务有限公司、北京神州优通科技发展有限公司、征者国际贸易（厦门）有限公司等 43 家第三方公司的帮助下，虚假提升商品销售收入、成本和利润率等指标，并通过多种渠道对外广泛宣传和使用虚假营销数据，欺骗、误导公众，违反《中华人民共和国反不正当竞争法》第八条第一款规定，构成虚假宣传行为。相关第三方公司由于为瑞幸实施虚假宣传行为提供实质性帮助，违反《中华人民共和国反不正当竞争法》第八条

---

① 《财政部完成对瑞幸咖啡公司境内运营主体会计信息质量检查》，中华人民共和国财政部，http://jdjc.mof.gov.cn/gongzuodongtai/202007/t20200731_3560072.htm。

② 《市场监管总局对瑞幸咖啡（中国）有限公司、瑞幸咖啡（北京）有限公司等公司不正当竞争行为作出行政处罚》，中华人民共和国国家市场监督管理总局，http://www.samr.gov.cn/xw/zj/202009/t20200922_321864.html。

第二款规定，构成帮助虚假宣传行为。①

2020 年 12 月 16 日，美国证券交易委员会（Securities and Exchange Commission，SEC）以瑞幸公司为被告，向纽约南区法院提起民事诉讼，指控瑞幸欺诈投资者，严重虚报公司收入、支出和营业净损，以实现快速增长和提高盈利的能力、营造公司盈利预期的假象。②在起诉文件中，证券交易委员会指控瑞幸违反美国 1933 年《证券法》(the Securities Act of 1933，后称《证券法》）第 17（a）条、《交易法》第 10（b）节及其细则第 10b-5 条的反欺诈规定；违反《交易法》第 13（a)、13（b)(2）节及其细则第 12b-20 和 13a-16 条关于报告、账簿、记录以及内部控制的规定。③瑞幸既不承认也不否认这些指控，但同意与证券交易委员会达成和解，具体方案包括以下两项条件：（1）瑞幸向证券交易委员会支付 1.8 亿美元民事罚款，如果该委员会对最终分派计划没有合理异议，则该笔费用应由瑞幸根据开曼法院在公司临时清算和结构重组程序中批准的任何安排计划，向其证券持有人支付的任何现金抵销；（2）永久禁止瑞幸违反特定联邦证券法律，包括 1934 年《交易法》第 10（b）节。不过，这份拟议的和解方案仍然需要经过纽约南区法院的批准。

2021 年 2 月 4 日，上述和解方案获得了法院的必要批准，这意味着瑞幸在努力补救此前虚假交易所产生的问题上，向前迈出了积极的一步。

2021 年 2 月 5 日，瑞幸公司的联合临时清算人根据《美国法典》第十一编第十五章，向纽约南区破产法院申请破产保护。该申请主要目的，在于自动中止美国境内针对瑞幸及其他相关主体的索赔程序，或者防止其启动，以便于联合临时清算人实现公司债务重组。该申请还旨在通过承认和执行安排计划来集中管理重组程序，在得到开曼群岛大法院的批准和认可后，将为利益相关者的索赔提供确定性和终局性。同时瑞幸强调，此种申请是由于重组程序涉及不同司法辖区而采取的常规性申请，不应与涉及公司停业、出售或清算的终结性破产程序相混淆。此次申请也不会影响瑞

---

① 《中华人民共和国反不正当竞争法》第八条第一款规定：“经营者不得对其商品的性能、功能、质量、销售状况、用户评价、曾获荣誉等作虚假或者引人误解的商业宣传，欺骗、误导消费者。”第二款规定：“经营者不得通过组织虚假交易等方式，帮助其他经营者进行虚假或者引人误解的商业宣传。”

② *Securities and Exchange Commission v. Luckin Coffee Inc.*, No.1:20-CV-10631.

③ *Luckin Coffee Agrees to Pay $180 Million Penalty to Settle Accounting Fraud Charges*, U.S. Securities and Exchange Commission（December 16，2020），https://www.sec.gov/litigation/litreleases/2020/lr24987.htm.

幸在中国的日常运营活动，公司将继续正常履行其交易义务，包括向供应商和员工付款等。该案由马丁·格伦（Matin Glenn）法官审理，并于3月16日就是否予以认可举行听证会。

2021年3月16日，瑞幸宣布其已经与价值4.6亿美元、2025年到期的0.75%可转换优先债券（现有债券，the Existing Notes）的大部分持有人签订重组支持协定（Restructuring Support Agreement, the RSA），签订人共同持有或控制现有债券本金总额的59%。重组支持协定条款公布以后，瑞幸将寻求其他现有债券持有人对RSA的支持。该重组计划预计能够全面解决瑞幸的资本结构问题，并为公司的长期成功做好准备，现有债券持有人预期获得91%—96%票面价值的回收。瑞幸CEO郭谨一先生认为，该重组协议符合公司及其他利益相关者的最佳利益，是瑞幸发展史上的一个重大里程碑。他表示在新领导团队和该重组计划的指引下，瑞幸将重回价值增长的轨道，并将继续采取行动优化公司资本结构，为顾客提供更卓越的产品和服务。

2021年3月30日，格伦法官发布命令（Order），认可在开曼进行的重整程序为主要程序，并将对重组提供一定的司法协助。①

第二节　和解要点

在证券交易委员会诉瑞幸一案中，双方在事实和法律上并不存在争议，瑞幸对委员会的控告则是秉持既不承认也不否认的态度。

由于瑞幸的美国存托股票在位于纽约南区法院辖区内的纳斯达克市场交易，美国存托股票的存托银行总部位于该区域内，且瑞幸的债券也在该区域内销售，因此纽约南区法院对于本案的管辖权也不存在争议。

在本案事实部分，证券交易委员会在起诉书中主要列明以下几点：（1）瑞幸存在虚假交易行为。由于无法达到其自身设定的目标，以及市场对它的高收入预期，瑞幸从2019年4月起通过三个独立的采购计划，虚构优惠券交易人为地虚增收入。从2019年4月到2020年1月，瑞幸虚构销售交易和收入达到人民币21.2亿元，其中2019年第二季度虚增约2.5亿元，第三季度约7亿元，第四季度约11.7亿元。（2）瑞幸存在虚增成本和支

① ORDER RECOGNIZING CAYMAN PROCEEDING AS A FOREIGN MAIN PROCEEDING AND GRANTING RELIEF IN AID THEREOF，Case No.21-10228（MG），p.4.

出的行为。瑞幸通过夸大成本费用支出，将现金转出，返还给此前虚假购买瑞幸优惠券的关联第三方。比如，瑞幸向 13 家实际上并未提供任何原材料的供应商支付了采购费用，向 3 家并未给瑞幸提供任何服务的公司支付了运输费用，还超额支付给人力资源提供商等。瑞幸在 2019 年内共虚构支出 13 亿人民币，其中第二季度约 1.5 亿元，第三季度约 5.2 亿元，第四季度约 6.7 亿元。（3）瑞幸内部会计控制体系不充分、不完善，导致账簿和记录不准确，以至于财务造假行为持续了 9 个月而没有被发现。瑞幸内部机制难以保障公司与第三方之间的交易得以适当披露，并确保公司支付的款项都用于合法用途。内部会计控制体系的不足，也导致瑞幸的账簿和记录无法准确反映公司的交易和财产处置。其账簿和记录中包括了虚假收入和支出，以及被更改过的银行记录等，这也进一步导致其财务报表极度夸大了收入和支出，并大幅减少了净运营亏损。（4）关于瑞幸的合作与补救措施。证券交易委员会承认瑞幸于 2020 年 4 月 2 日自行披露财务造假的事实，认可其主动向委员会工作人员报告、配合委员会调查并及时采取有意义的补救措施等行为。这些补救措施包括开展内部调查、终止涉案员工职务、终止与造假有关联的第三方之间的业务关系、重组公司财务部门并加强内部会计控制。

证券交易委员会在起诉书中提出的主张，得到瑞幸的同意和法院的认可。法院在 2021 年 2 月 4 日出具最终判决，具体要点如下：（1）瑞幸违反《证券法》第 17（a）节、《交易法》第 10（b）节，以及《交易法》项下的规则与条例第240.10b-5节关于反欺诈的内容。[①]瑞幸被永久限制和禁止违反上述条款规定，即不得在证券销售过程中，直接或间接使用州际商业方式、工具，或者使用邮递或全国性证券交易所设施从事操纵和欺诈行为，包括使用任何手段、骗局或伎俩进行欺诈；对于为了避免在陈述当时的情况下造成误导所必需的重大事实，不得作出任何不实陈述，或者遗漏对此等重大事实的陈述；不得实施任何构成或者可能构成欺诈、欺骗的证券买卖行为、

① 17 C.F.R. § 240.10b-5: "It shall be unlawful for any person, directly or indirectly, by the use of any means or instrumentality of interstate commerce, or of the mails or of any facility of any national securities exchange, (a) To employ any device, scheme, or artifice to defraud, (b) To make any untrue statement of a material fact or to omit to state a material fact necessary in order to make the statements made, in the light of the circumstances under which they were made, not misleading, or; (c) To engage in any act, practice, or course of business which operates or would operate as a fraud or deceit upon any person, in connection with the purchase or sale of any security."

做法或者业务经营。(2) 瑞幸违反《交易法》第 13 (a) 节及其项下规则与条例第 240.12b-20 和 13a-16 节关于信息报告和披露的内容。① 瑞幸被永久限制和禁止直接或间接向证券交易委员会提交或促成提交不实陈述重要事实的报告，即省略了为避免在陈述当时的情况下造成误导所必需的重大事实，或者省略了应当披露的任何信息。(3) 瑞幸违反《交易法》第 13 (b)(2)(A) 和 13 (b)(2)(B) 节关于公司账簿记录和内部控制的规定。② 瑞幸作为发行人，首先应当制作并保存详细的账簿、记录和账目，由此准确且公允地反映其资产交易和处理情况。其次，瑞幸应当制定并维持充分的内部会计控制制度，以期确保：(i) 交易的执行符合管理层的一般或者特别授权；(ii) 对交易进行必要的记录，以便财务报表的编制符合公认会计准则或者任何其他适用标准，并且使资产可以归责；(iii) 只能以符合管理层一般或者特别授权的方式存取资产；而且 (iv) 每隔一段合理时间，应当将记载的资产会计处理与现有资产进行比较，并就出现的任何差异采取适当行动。

除上述禁令之外，法院还根据《证券法》第 20 节和《交易法》第 21 (d) 节的规定 ③，对瑞幸处以 1.8 亿美元的民事罚款。

第三节　法院判决

本案以美国证券交易委员会与瑞幸达成和解结案。④

第四节　简要评论

2020 年初暴发的新冠疫情使得瑞幸诸多门店无法正常运营，这对瑞幸的发展本就是一大挑战；其在疫情背景下“自曝”的重大财务作假问题，更是使其陷入生死存亡的境地。此外，瑞幸的财务造假行为，对其他中概股的声誉也造成极大的负面影响，使其一度陷入信任危机。了解美国证券法律对反欺诈、信息披露和企业内部控制的基本规定，并分析瑞幸财务造假事件的原因及其对中概股未来发展所可能造成的影响，对于中国在美上市企业更好地利用美国市场而言，无疑具有深远意义。

---

① 15 U.S.C. § 78m (a); 17 C.F.R. §§ 240.12b-20, 240.13a-16.

② 15 U.S.C. §§ 78m (b)(2)(A), (b)(2)(B).

③ 15 U.S.C. § 77t; 15 U.S.C. § 78u (d).

④ *Securities and Exchange Commission v. Luckin Coffee, Inc.*, No.1:20-cv-10631.

（一）美国证券法中的信息披露与反欺诈

美国凭借成熟的资本市场吸引了许多中国企业在美上市。美国联邦证券法律体系具体包括《证券法》《交易法》《1939 年信托契约法》（Trust Indenture Act of 1939）、《1940 年投资公司法》（Investment Company Act of 1940）、《1940 年投资顾问法》（Investment Advisers Act of 1940）、《2002 年萨班斯—奥克斯利法》（Sarbanes-Oxley Act of 2002，简称“SOX 法”）、《多德—弗兰克华尔街改革和消费者保护法》（Dodd-Frank Wall Street Reform and Consumer Protection Act of 2010）、《2012 年创业起步法》（Jumpstart Our Business Startups Act of 2012，简称“JOBS 法”）等法律，以及具体细化后的联邦规则和条例（Rules and Regulations）。其中，《证券法》和《证券交易法》是美国证券交易法律的两大支柱。《证券法》的两个基本目标，在于使投资者能够获得有关公开发售证券的财务和其他重要信息，并且禁止在证券销售中实施欺骗、虚假陈述和其他欺诈行为。1934 年《证券交易法》通过后，国会以该法案为依据建立了美国证券交易委员会。证券交易委员会在组织上具有独立性，直接对国会负责，是统一管理美国证券活动的最高机构，集准立法、准司法和执法权于一身，负责证券监督和管理工作。

美国联邦证券法律体系主要涉及信息披露、反欺诈和诚信义务三大部分。其中，信息披露是反欺诈和诚信义务的方法与要求，包括公开发行时的初始披露和上市交易后的持续披露。初始披露义务主要规定在《证券法》中，而持续披露义务主要规定在《证券交易法》中。此外，《证券交易法》还授权证券交易委员会要求公开交易证券的公司定期报告信息。美国证券市场针对境外企业的上市，已经形成了较为完善的综合信息披露制度（Foreign Private Issuer Integrated Disclosure System）。目前，对于境外证券的初始披露，主要使用 F-1、F-3、F-4 和 F-6 表格。在持续披露问题上，20-F 表格用于境外企业的年报（Annual Report）披露，6-K 表格用于临时报告（Current Report）披露，而 40-F 表格仅适用于与美国建立了多法域信息披露体系（Multi-Jurisdiction Disclosure System）的加拿大公司在美国的年报披露。①

2001 年安然公司的财务造假事件，促使美国在 2002 年通过 SOX 法案，并据此成立“公众公司会计监督委员会”（Public Company Accounting Oversight Board，PCAOB）来监督审计行业的活动。SOX 法对上市公司

---

① 蒋辉宇：《境外企业境内股票发行与上市监管法律制度研究》，法律出版社 2017 年版，第 112—113 页。

财务报告披露的准确性和真实性提出了更严格的要求：首先，它扩大了上市公司信息披露的内容和范围；其次，它强化了董监高的管理职责，以改善公司内部控制环境，比如上市公司 CEO/CFO 认证制度（certification of periodic financial reports）、公司内部设立独立的审计委员会等要求；此外，它还增强了公司外部力量来制衡董监高的权力，比如公众公司会计监督委员会的创设以及证券交易委员会监管职责的强化等。①

SOX 法中新增的财务报告要求，更是大大增加了企业在信息披露、审计等合规方面的管理成本。据调查，该法通过后的公司平均审计费用将由 123 万美元飙升至 250 万美元。②但是，对于符合条件的初创企业，其披露义务可以通过 JOBS 法而获得一定程度的豁免。JOBS 法旨在通过最小化监管要求，来帮助企业在公共资本市场上筹集资金。以瑞幸为例，由于其在 IPO 前一年的营收不足 10.7 亿美元，满足 JOBS 法中“新兴成长型公司”的标准，在评估其财务报告内部控制时，就可以适用 SOX 法第 404 节关于审计师认证要求的豁免。同时需要注意的是，一旦符合“新兴成长型公司”标准的前提条件消失，公司就有义务在此后的年度报告披露中加入管理层内部控制有效性的报告，以符合美国证券法律规定。在本案中，IPO 之后的瑞幸已经不再符合“新兴成长型公司”的定义，但它并没有在之后的年度报告中增加该项内部控制评价。

证券市场信息不对称的特性，决定了信息披露及其监管的重要性；对于欺诈行为的禁止和惩罚，更是维护证券市场稳定、保护投资者权益的重要措施。证券交易委员会在 1942 年根据《证券交易法》第 10（b）节规定，制定了 10b-5 规则，即著名的反欺诈条款（anti-fraud provision）。该条款被广泛应用于证券欺诈集团诉讼，适用于追究虚假陈述、内幕交易、操纵市场、不当管理等几乎所有的证券欺诈行为，构成反欺诈法的核心。在本案中，证券交易委员会就将 10b-5 规则与《证券交易法》第 10（b）节、《证券法》第 17（a）节结合适用，作为主张瑞幸实施欺诈行为的违法依据。

与反欺诈的规定紧密关联的法律风险就是虚假陈述。对于中国企业而言，需要注意的有两个主要规定。第一是《证券法》第 11 条的规定“当注册报告书的任何部分在生效时含有对重大事实的虚假陈述，或漏报了

---

① 李海龙：《境外企业跨境上市法律问题研究：以“红筹股”公司回归为切入点》，中国社会科学出版社 2018 年版，第 60 页。

② Kathy Fogel, et al., *Compliance Costs and Disclosure Requirement Mandates: Some Evidence*, Research in Accounting Regulation, Vol.27:1, pp.83-87 (2015).

规定应报的，或漏报了为使该报告书不至被误解所必要的重大事实时，任何获得这种证券的人（除非被证明在获取证券时，他已知这种不真实或漏报情况）都可以根据法律或平衡法在任何具有合法管辖权的法院提起诉讼……”。这一条明确规定了公司虚假陈述的两种情形、举证责任、证明标准、投资差额计算以及相应的免责事由等等，又被称为“明示责任（express right of action）”；第二就是《证券交易法》10（b）的反欺诈条款。这一条与《交易法》第 11 条不同的是，它没有明文规定投资者的诉讼权利，反而是通过判例法 Superintendent v. Bankers Life 而确认其中包含对受害投资者提起民事诉讼请求损害赔偿的依据，又被称为“默示责任（implied right of action）”。在实践中，《证券交易法》第 11 条规定的范围较为有限，不仅只有持有证券的投资者才拥有诉讼资格，而且范围也只限于在注册报告书中。所以瑞幸在年度报告、季度报告中的虚增收入就无法适用第 11 条。相反，反欺诈条款在实践中的适用更加广泛，因为其中对“任何人”“任何方式”“任何证券”等表述，极大扩展了虚假陈述民事责任的适用范围。①

（二）中美跨境证券审计监管的冲突

中概股多采用 VIE（Variable Interest Entity，可变利益实体）架构在美上市，通过协议控制而非股权控制的方法，规避我国对外商投资的限制及对外资并购的监管，从而大大降低境内企业在美上市的合规风险。尽管实践中大量存在采用此种模式的企业，如新浪、阿里巴巴、京东及本案中的瑞幸等，但国家在监管领域对 VIE 结构的合法性始终未作明确表态，这也使得 VIE 结构仍然处于一定的政策合规风险之下。

中美两国在跨境证券监管领域存在的冲突，主要表现在美国严格的财务审计制度与中国严格的信息保密要求之间。根据中国证监会、国家保密局和国家档案局在 2009 年 10 月联合发布的《关于加强在境外发行证券与上市相关保密和档案管理工作的规定》，出于国家经济安全的考虑，境外上市企业在我国境内制作的、涉及国家保密规定的审计工作底稿及相关档案被要求存放于境内。境外监管机构只有获得我国主管机关批准后，才能取得审计工作底稿等材料以开展审查。这无疑给美国证券监管机构审查中概股带来了极大的不便和阻碍，也成为中美开展跨境证券监管合作的一大短板。2013 年，中国财政部、证监会与美国公众公司会计监督委员会签订双

① 李有星、潘政：《瑞幸咖啡虚假陈述案法律适用探讨——以中美证券法比较为视角》，《法律适用》2020 年第 9 期。

边执法合作谅解备忘录，双方在审计工作底稿出境、取证协助等信息交换领域达成初步合作意向。然而，该谅解备忘录长期来未取得较大进展，双方合作陷入僵局。

SOX 法要求，所有为在美上市的发行人提供审计报告的境外会计师事务所应当在公众公司会计监督委员会注册，并接受其日常检查和特别调查，包括入境检查和审计工作底稿检查。① 公众公司会计监督委员会在进入他国检查注册会计师事务的问题上始终保持强硬态度，即要么接受检查，要么公司退市。② 这使得德国、日本、澳大利亚等 24 个国家与地区的监管机构逐渐妥协，并先后同美国签订双边监管合作协议。根据公众公司会计监督委员会在 2020 年 12 月底公布的数据，其与法国、比利时将尽快展开监管合作；至于无法进行检查的注册会计师事务所，将主要集中在中国内地和香港地区。因此，在获取与中国相关的审计报告时面临的挑战使得中国成为该委员会的重点关注对象，该委员会也在官网上向投资者反复强调涉华投资所具有的风险性。③

瑞幸财务造假丑闻的曝光引发中概股全面危机，也进一步凸显中美之间在跨境审计监管领域的冲突。证券交易委员会时任主席杰伊·克莱顿（Jay Clayton）在瑞幸自行披露造假后不久就在媒体访谈中公开指出，中概股因信息披露问题而存在潜在风险，并建议投资者近期不要将资金投入在美国上市的中国公司股票，这使得多家明星中概股（如阿里巴巴、哔哩哔哩、唯品会等）股价承压大跌。杰伊·克莱顿、证券交易委员会首席会计师塞格尔·特奥蒂亚（Sagar Teotia）及公众公司会计监督委员会主席威廉·杜恩克（William D. Duhnke）等五位官员随后联合发布题为"新兴市场投资涉及重大披露、财务报告和其他风险；补救措施有限"的报告，着重强调包括中国在内的新兴市场投资风险。④ 这份报告指出，在新兴市场开展业务的公司在信息披露方面具有更高的不确定性，美国监管当局对此等公司及其高管等采取行动的能力会受到限制，股东也较难通过集体诉讼进行

---

① 姜立文、杨克慧：《中概股跨国监管的法律冲突与协调》，《南方金融》2020 年第 11 期。

② 冷静：《超越审计纠纷：中概股危机何解？》，《中国法律评论》2021 年第 1 期。

③ *China-Related Access Challenges*，Public Company Accounting Oversight Board（last visited on May 6，2021），https://pcaobus.org/oversight/international/china-related-access-challenges.

④ Jay Clayton，et al.，*Emerging Market Investments Entail Significant Disclosure*，*Financial Reporting and Other Risks*，*Remedies are Limited*，U.S. Securities and Exchange Commission（April 21，2020），https://www.sec.gov/news/public-statement/emerging-market-investments-disclosure-reporting.

索赔。报告同时强调公众公司会计监督委员会无法检查中国境内注册会计师事务所的现状，要求发行人明确披露由此产生的重大风险。中国作为新兴市场的代表，在这份报告中被密集提及 21 次。

2020 年 12 月 18 日，特朗普签署通过《外国公司问责法》，使得中美两国在跨境证券监管领域的冲突上升至联邦立法层面。该法是对 SOX 法的强化，对上市公司的审计和信息披露提出了更高要求。根据该法要求，证券发行人若聘用公众公司会计监督委员会无法检查特定审计报告的会计师事务所，必须证明其不被外国政府拥有或控制。如果监督委员会连续三年无法对此等发行人的会计师事务所进行检查，证券交易委员会将会禁止其证券在美国交易所或通过其他方式进行交易。另外，此等发行人必须在每个非检查年度披露：发行人注册地政府机构的持股比例、这些政府实体是否享有控制性财务利益、董事会成员是否为中国共产党官员等相关信息；发行人的公司章程是否载有中国共产党章程。① 正如我国证监会负责人所言，该法部分条文直指中国，是证券监管政治化的表现。②《外国公司问责法》的出台，意味着中美跨境证券监管冲突的进一步激化；如果两国未来无法就监管合作方案达成共识，在美上市的中概股在法案生效三年后很可能面临退市风险。本案中，在中国内地为瑞幸提供服务的会计师事务所、律所等机构，都面临美国证券交易委员会和公众公司会计监督委员会的信息披露要求和中国法下保密义务之间的冲突。2022 年 8 月 26 日，中美签署审计监管合作协议，避免了监管冲突的激化。

（三）在美中概股企业合规分析

在中概股陷入信任危机、中美关系紧张，且两国难以在跨境证券监管方面相互让步、形成共识的背景下，中概股企业自身做好合规工作就显得尤为重要。在本案中，由于财务造假行为，瑞幸已经遭受来自美国证券交易委员会高达 1.8 亿美元的民事罚款，以及来自中国国家市场监督管理总局 6100 万元人民币的行政处罚。除此之外，瑞幸还将面临投资者提起的一系列诉讼，比如美国的 Kyros Law、Schall 和 Pomerantz 等律所都在积极“怂

① S.945 - Holding Foreign Companies Accountable Act，https://www.congress.gov/bill/116th-congress/senate-bill/945.

② 《中国证监会有关部门负责人就美国国会参议院通过〈外国公司问责法案〉事宜答记者问》，中华人民共和国证监会，http://www.csrc.gov.cn/pub/newsite/zjhxwfb/xwdd/202005/t20200524_376839.html。

愚”股东，以瑞幸公司和涉事高管为被告提起集体索赔诉讼。[①]中概股企业应当如何以高标准要求自己，做好自身合规工作以避免落人口实，具体可参考以下几个方面。

第一，严格遵守美国证券法律规定进行信息披露。尽管中美两国在跨境证券审计监管方面的冲突无法通过企业合规解决，但企业仍然应当做好“冲突地带”之外的其他信息披露工作。这也意味着中概股企业需要配备足够的财务人员，而且这些人员应当充分了解并能熟练运用美国证券法律相关规定，以避免企业在信息披露方面出现重大缺陷。此外，企业还需要密切关注和研究中美证券监管合作进展与证券交易委员会监管动向，及时调整披露内容及范围。

第二，构建和完善企业内部控制体系。内部控制是指企业为了实现其管理目标，在企业内部实施的各种制约和调节的组织、计划、程序和方法，是企业合规的重要保证。美国证券法律及规则也对企业内部控制提出较高要求，完善的内部控制体系不仅惠及企业自身的良性发展，也是遵守法律规定的必然要求。从本案看，瑞幸的企业内部控制就存在诸多问题。瑞幸的管理层十分混乱，董事会成员频繁变动，而且存在内部斗争现象。2021年1月14日，瑞幸董事会接到部分员工反对现任CEO郭谨一的指控函。尽管公司经过独立小组调查后，于2月17日发表声明表示未发现任何支持该指控的证据，这起事件仍旧说明瑞幸管理层存在新旧更替后的成员斗争问题。此外，瑞幸对董事高管的选任也存在一些问题。比如，在瑞幸前董事会成员邵孝恒任职的18家公司中，4家公司被指控实施欺诈行为，9家公司自上市后亏损超过50%，8家公司接近破产。存在诸多问题的管理层，无疑早已为瑞幸之后的财务造假行为埋下了伏笔。除了在企业管理人员的选任方面注重能力、资质和个人素养之外，公司还应当确保管理层人员之间权力制衡、互相监督，自上而下形成良性的内部控制体系。此外，应当保证公司内部审计委员会发挥积极作用，监督公司财会报告和会计报表的审计工作，而不仅仅停留在纸面上。

第三，公司经营模式选择及公司文化建设。上市公司管理者的欺诈行为，可能是由于缺乏诚信的企业文化和规则意识，也可能是出于公司运营

---

① *Cohen v. Luckin Coffee Inc.*, *et al.*, No.1:20-cv-01293-LJL.

资金和估值等方面的压力。[①] 毫无疑问的是，瑞幸规模的迅速扩张依托于巨额现金流的消耗，而大幅度的折扣是瑞幸吸引客户消费的关键策略，这也使得瑞幸长期处于亏损状态。不合理的经营模式会导致公司净收入增幅与其扩张速度严重脱节，当面对来自投资者高回报期待的压力时，公司往往更可能选择财务造假。公司合规文化的缺失，也是公司进行财务造假的原因之一；缺乏透明度和道德规范的公司文化，会使公司高管和员工对法律、规则和制度视而不见。公司应当注重发展诚信文化和培养规则意识，并将其贯彻于日常决策和其他实践活动中，以形成良好的企业文化，助力企业良性发展。

（四）纳斯达克退市和证券交易委员会和解制度

美国的上市公司退市，具体分为上市公司自行申请退市、交易所强制退市，以及证券交易委员会强制退市三种情况。[②] 合理的退市制度是交易所保持活力的重要条件。纳斯达克的退市标准包括数量标准和非数量标准，数量标准涉及公司资产、市值、股价、盈利能力、公众持股人数等指标，而非数量标准则主要关乎公司治理结构和信息披露等要求。

纳斯达克在退市程序上采用听证制度。当某一公司符合退市条件后，交易所相关部门会对其发出退市通知；如果该公司对这一决定持有异议，其可以在 7 日内申请召开听证会。纳斯达克的上市资格小组应当在接到申请后 45 日内举行听证会，而在该小组作出裁决之前，公司可以暂缓摘牌。小组裁决一经做出，立即生效。尽管公司可以向纳斯达克上市与听证审查委员会（Listing and Hearing Review Council）提出复议，但复议申请无法延缓摘牌进程。公司对该复议结果不服的，还可经全美证券商协会理事会复议后，进一步上诉至证券交易委员会，而委员会的决定将是最终决定。由此可见，纳斯达克的退市程序非常透明，有助于避免公司被错误退市，但同时应当看到的是，纳斯达克摘牌的豁免期只有 60—90 天时间，相较于纽约证券交易所的 18 个月整改期，企业很难在如此短的时间内扭转局面。

除了从交易所退市的惩罚以外，违反美国证券法律的企业还很可能面临证券交易委员会提起的诉讼。在美国证券执法实践中，相比于诉讼冗长

① 齐婉瑾、王晓艳：《上市公司财务造假中的角色扮演——以瑞幸咖啡为例》，《现代商业》2021 年第 3 期。

② 江枫：《美国证券市场退市的法律》，《金融法苑》2002 年第 4 期。

的程序和高额的花费，温和且高效的和解程序成为更多企业的选择。此种争端解决方式同样更受该委员会的青睐，因为和解不仅能使证券交易委员会获得与诉讼合理预期相称的救济，还能以更灵活的方式尽快弥补投资者遭受的损失。① 证券交易委员会《行为规范》(Rules of Practices）第 240 条对于和解的适用、程序等方面作出了专门的规定。② 当事人可以在该委员会已经或者将要对其提起诉讼的任何时候，以书面形式向委员会提出和解动议（an offer of settlement)。实践中，当事人一般会选择在该委员会起诉前就提出和解动议，一方面可以减少公司参与诉讼的成本，另一方面可以最大程度避免案件进入公众视野，从而影响公司声誉。和解决定需经民事诉讼程序并由联邦地区法院法官批准，或者经行政程序并由该委员会的五人委员会通过，方才能够生效。③ 本案即以瑞幸与该委员会达成和解协议，以服从相关禁令和支付 1.8 亿美元的民事罚款为条件，经由民事诉讼程序，并获得纽约南区法院法官的批准后结案。

---

① Jay Clayton，*Statement Regarding Offers of Settlement*，U.S. Securities and Exchange Committee（July 3，2019），https://www.sec.gov/news/public-statement/clayton-statement-regarding-offers-settlement.

② 17 C.F.R. § 201.240.

③ 高振翔、陈洁：《美国证券执法和解制度镜鉴》，《证券市场导报》2020 年第 11 期。

第九章　美国投资者以信息披露欺诈为由诉在美上市拼多多案

2018 年 8 月，中国企业拼多多在美上市后不久，就被美国投资者以信息披露欺诈为由提起诉讼。拼多多据理力争，终于在 2020 年 3 月获得美国法院的支持，驳回了原告的起诉。本案对在中美经贸摩擦背景下在美国上市的中概股企业有警示意义。

第一节　基本案情

2014 年，上海寻梦信息技术有限公司成立。

2015 年 4 月，上海寻梦信息技术有限公司创办新电商平台拼多多。黄峥为拼多多创始人、董事长兼 CEO。拼多多是国内移动互联网的主流电子商务应用产品，专注于 C2M 拼团购物的第三方社交电商平台，用户通过发起和朋友、家人、邻居等的拼团，可以以更低的价格，拼团购买优质商品。

2018 年 7 月 25 日，拼多多纳斯达克上市前夕被一家北京纸尿裤公司"爸爸的选择"以商标侵权为由提起诉讼。①

2018 年 7 月 26 日，拼多多在美国境内发布招股说明书，完成首次公开募股（"IPO"），在美国纳斯达克上市，股票代码"PDD"，以每股 19.00 美元的价格发行 8560 万股美国存托凭证，募集资金 16.3 亿美元。上市之初，拼多多股价盘中一度涨幅达到 40%，市值超过 300 亿美元。但随后几天拼多多股价一路下跌，上市仅 5 个工作日，股价一度跌破发行价，市值蒸发近百亿美元。

2018 年 8 月 1 日，包括罗森律师事务所（Rosen Law Firm）在内的多家律师事务所宣布，将代表拼多多的投资者对拼多多提出证券诉讼，以追回

---

① Beijing Daddy's Choice Science and Technology Co., Ltd. v. Pinduoduo Inc. United States District Court, S.D. New York. August 6, 2019 Slip Copy 2019 WL 3564574.

投资者因此蒙受的损失。原告对被告的指控主要集中在两个方面：拼多多未能采取有效的防伪措施；拼多多在注册声明中有意遗漏营销策略的重要信息。

2018 年 8 月 1 日，中国市场监管总局表示已经责令上海工商局对拼多多销售假冒产品的现象展开调查，并对拼多多进行了约谈。①

2018 年 8 月 15 日，美国纽约南区联邦地区法院受理美国律师事务所 Rosen Law Firm 代表投资者对拼多多展开的证券集体诉讼。

2020 年 3 月 30 日，美国纽约南区联邦地区法院驳回原告对拼多多两项内容、四项指控的动议。②

2020 年 4 月 29 日，原告不服，提出上诉。③

2021 年 8 月 31 日，美国第二巡回上诉法院驳回上诉。④

第二节　法律要点

一、关于原告请求法院要求拼多多赔偿投资者经济损失

原告以拼多多的不实陈述导致股价下跌时原告属于利益相关方为由，要求拼多多赔偿其不实陈述造成的损失。⑤本文从以下几个要点展开分析。

1. 关于法院对拼多多的管辖权

对于美国法院是否对拼多多具有管辖权问题，通常路径是首先考虑属人管辖权。根据美国《联邦民事诉讼法规则》第 12（b)(2）条规定，⑥属人管辖要求被告已经与美国具有足够多的联系以便美国法院对其管辖权是合理的。美国判例表明，原告仅证明了被告的身份便要求法院进行管辖的诉

① http://www.samr.gov.cn/xw/xwfbt/201808/t20180801_278085.html，国家市场监督管理总局网。

② Kerry ASAY and Johan Johan，Plaintiffs，v. PINDUODUO INC.，Zheng Huang，Tian Xu，Lei Chen，Zhenwei Zhang，Junyun Xiao，Haifeng Lin，Zhen Zhang，Nanpeng Shen and Jianming Yu，Defendants. 2020 WL 1530745 United States District Court，S.D. New York.

③ See U.S. District Court Southern District of New York（Foley Square）CIVIL DOCKET FOR CASE #: 1:18-cv-07625-PKC.

④ Kerry ASAY，Johan Johan，Plaintiffs-Appellants，Jiaxiang Wei，individually and on behalf of all others similarly situated，Plaintiffs，Yoen Hung，individually and on behalf of all others similarly situated，Consolidated Plaintiff，v. PINDUODUO INC.，Zheng Huang，Lei Chen，Zhenwei Zheng，Junyun Xiao，Haifeng Lin，Defendants-Appellees，Tian Xu，Zhen Zhang，Nanpeng Shen，Jianming Yu，Defendants.* 20-1423 August 31，2021. 2021 WL 3871269.

⑤ Asay v. Pinduoduo Inc.，18-cv-7625（PKC）（S.D.N.Y. Mar. 30，2020）.

⑥ Fed. R. Civ. P. 12（b）(2）.

请通常得不到支持。此外，本案中，拼多多公司高管的行为仅对中国市场产生影响，对于美国市场几乎没有直接的、可预见的影响，因此不符合属人管辖权“影响力”理论要求，若行使管辖权将违反宪法规定。

美国法院虽无法行使属人管辖权，但是根据《美国法典》第28卷第1331节之规定及美国《证券交易法》第22（2）条规定，[①]美国法院对下列违反美国证券法而针对反欺诈的诉讼具有管辖权：（1）在美国境内的行为是欺诈行为的重要构成部分，即使证券交易发生在国外，相关投资者是外国人；（2）行为发生在美国境外，但是可能在美国境内产生实质性影响。拼多多于2018年7月26日在美国的纳斯达克上市，股票代码“PDD”，并在美国境内发布了招股说明书，原告所指控被告欺诈的诉求源于招股说明书的内容，而且原告通过交易获得了拼多多发行的证券。因此符合上述第（2）项情形，法院可以认定原告诉请的证券交易赔偿属于美国《证券法》的管辖范围之内。

根据美国法律，美国法院对于此案具有管辖权，原告所提起的证券诉讼具有正当性。

2. 关于原告所称拼多多招股说明书中存在不实陈述具有重大误导性

拼多多在招股说明书中有一段声明：“虽然我们采取了严格的措施来防范售假引起的责任，包括通过与品牌商合作、线下调查等方式主动核实平台上销售产品的真实性和授权，发现平台上有假冒伪劣、非法产品或误导性信息的，立即下架，并冻结违反平台政策的商户账户，但这些措施不一定成功。”原告认为，该段声明存在不实陈述具有重大误导性。原告声称，中国网上市场普遍存在销售假冒商品的现象，拼多多每天只进行了210次抽查，只占公司销售额的一小部分。创维公司的投诉报道及中国国家市场监管总局责令上海市工商行政管理局调查并公开传唤拼多多开会事件，使得拼多多市场股票价格不断下跌，造成投资者损失。因而该段声明中拼多多陈述的严格防范措施并非真实，且已违反美国《证券交易法》的反欺诈规定。

3. 关于原告指控招股说明书中遗漏的重要信息误导了投资者

原告指控拼多多隐瞒的重大信息违反了美国《证券法》第11条，使原告利益遭受损失。原告为获得救济引用了摩根士丹利案判决中的意见，[②]证

---

① 28 U.S.C. § 1331，15 U.S. Code § 78a.

② See In re Morgan Stanley Infor，592 F.3d 347（2d Cir. 2010）.

明其满足《证券法》第 11 条下的救济条件：（1）被告直接从发行人或在发售后的市场上购买了注册的证券；（2）被告参与发售的方式足以引起第 11 条规定的责任；（3）登记文件中对重大事实错误陈述或隐瞒了必须陈述的重大事实导致误导。[①]依据美国《证券法》第 11 条和第 12 条所规定的赔偿责任的潜在依据是“疏漏了肯定性法律披露义务”（omission in contravention of an affirmative legal disclosure obligation）。[②]

原告满足从发行人市场购买了被告发行的证券，足以引起第 11 条规定责任的条件。至于其所主张拼多多所隐瞒的信息事关重大并且违反了美国证券交易委员（SEC）S-K 规则第 303 项（Item 303）“信息披露的义务”，[③]原告的主张集中在对拼多多市场费用和营销费用快速增长的重要信息的隐瞒上。原告的证人证明，在拼多多 6 月 30 日的财报出来之后，公司却遗漏了 2018 年第二季度营销费用的公开。根据其指控，拼多多 2018 年第二季度的中期财务业绩与现有趋势大幅不同，因为拼多多进行了大量但没有成功的营销。营销费用从人民币 1217458 元跃升至人民币 2970734 元；但新用户数量仅从 2520 万人增加到 2880 万人，因此每一位用户的获取成本从人民币 24 元增加到人民币 64 元。所以原告认为拼多多应当知道这一趋势；但是公司在 7 月 26 日上市之后，招股书中却未写明这一情况。

原告所主张的公司最新季度财报公布必须披露前一季度的所有信息的义务虽然没有先例支撑，但依据 Panther Partners Inc. v. Ikanos Commc'ns, Inc. 案[④]中法院对原告指控的支持意见，法院认为信息披露就像美国《证券法》反欺诈条款的重要性一样，这并不取决于任何程序化或量化的询问；当一家公司对趋势或不确定性已知的威胁保持沉默时，就会违反第 303 项规定。其适用了证券交易委员会 S-K 规则第 303 项，即“管理层对财务状况和经营结果讨论和分析”，规定如果任何趋势、要求、承诺、事件或不确定性当前为公司管理层所知晓，并且有可能对公司的财务状况或经营结果产生重大影响，那么管理层有义务对其加以披露。因而支持 Panther Partners

---

① Section 11 of the Securities Act of 1933，15 U.S.C. § 77k，provides investors with the ability to hold issuers，officers，underwriters，and others liable for damages caused by untrue statements of fact or material omissions of fact within registration statements at the time they become effective.

② See Plymouth Cnty. Ret. Ass'n v. Primo Water Corp.，966 F. Supp. 2d 525（M.D.N.C. 2013）.

③ Item 303 requires a narrative explanation of any changes in the financial condition or results of operation of a company. The SEC expects that the MD&A meaning fully reflects the results of operations，liquidity，capital resources，and the impact of inflation.

④ See Panther Partners Inc. v. Ikanos Commc'ns，Inc.，681 F.3d 114（2d Cir. 2012）.

作为原告指控被告未能在两次发行股票之前披露已知的产品缺陷对公司财务业绩的影响程度的诉求。本案可适用证券交易委员会S-K规则第303项，即“管理层对财务状况和经营结果讨论和分析”规定，从而指控拼多多需要对美国《证券法》第11条规则中规定的招股说明书的瑕疵负责。

4. 关于作为股票发行方，拼多多因为错报和漏报的内容向原告承担严格责任①

原告认为，拼多多满足了美国《证券法》第11（a）条的规定：只要在注册说明书中含有对重大事实的不实陈述或遗漏了需要陈述的重大事实，任何取得该证券的人都可以成为原告。唯一的例外情况，那就是明知注册说明书中存在虚假陈述或者重大遗漏却仍然执意取得该证券的，该证券购买者丧失依据第11条追究责任。综上指控，原告认为，拼多多注册声明中有重大不实陈述以及重大遗漏，原告作为证券购买者因原告的不实及虚假陈述使得股价下跌，导致自身利益受损，故根据此条规定要求拼多多公司作为股票发行方承担严格责任，赔偿损失差价。

二、被告的抗辩

被告拼多多依据《联邦民事诉讼法规则》12（b）（6）和9（b），②提出驳回起诉的动议，主张其并未虚假陈述或遗漏了重大信息。

1995年《私人证券起诉改革法》改变了证券欺诈起诉的前景：它对原告证明被告明知其存在欺诈的意图需要满足更高的标准；对具体细节的要求也更加严格。此法令要求原告仅当能够证明被告是有意作出欺诈行为时，才能获得赔偿。③原告的控诉，须有具体事实细节来证明其主张。

根据上述规则，拼多多抗辩称，原告不能证明公司所知的信息与他们对公众公布的信息有矛盾。正如拼多多声称其已尽到相关的披露义务，根据他们的发行文件对公司存在假货风险的警告信息，一个合理的投资者不

① See Jiaxiang Wei，et al. v. Pinduoduo Inc.，et al. 18-CV-07625-Class Action Complaint - Jury Trial Demanded.（As issuer of the shares，Pinduoduo is strictly liable to Plaintiff and the Class for the misstatements and omissions.）

② Fed. R. Civ. P. 9（b）要求，任何控诉中，只要包含欺诈的主张必须配以具体事实细节来支持。一个控诉如有此主张，则必须做到：（1）明确指出原告所称的欺诈性陈述；（2）确认作出此陈述的人；（3）说明作出此陈述的时间和地点；（4）解释为什么此陈述是欺诈性的。Fed. R. Civ. P. 12（b）（6）要求，“一起诉讼被不恰当地驳回……其理由是所涉虚述陈述和遗漏不是实质性的，除非它们对合理的投资者是明显不重要的并且对这种不重要性的合理认识是一致的”。

③ 15 U. S. C. § 78 u - 4（b）（2）.

会理解该公司是在吹嘘它已经抑制了假货的销售。相反，公司是在警告投资者，尽管公司已经做出了执法努力，但仍有可能通过该平台销售假货。① 合理的投资者在阅读了发行文件后就会明白，假冒伪劣产品对公司来说是一个持续存在的问题。拼多多主张在其注册声明中已数次强调拼多多公司的防伪措施仍存在漏洞，并列举了多个其已经采取了严格的措施来打击假冒伪劣产品，然而措施未产生预期效果的事件。

根据原告的第二项指控，拼多多认为招股说明书载明了 2016 年（约人民币 1.69 亿元）和 2017 年（约人民币 13.4 亿元）以及 2018 年第一季度（约人民币 12.2 亿元）的年末销售和营销费用；其还将 2017 年第一季度（约人民币 7400 万元）与 2018 年第一季度（约人民币 12 亿元）进行对比，结果显示一年内销售和营销费用增长了 16 倍。② 因此，这一涨幅与营销费用是在合理投资者的预期内的。原告没有援用美国证券交易委员会的任何规定，要求公司的第二季度的季度业绩应该反映在注册声明中，或拼多多需要推迟至第二季度的业绩公布之后再公开发行。③ 拼多多据此申请驳回原告的两项动议。

拼多多主张在招股书中公司已明确进行了警告："我们的经营业绩取决于我们管理成本和费用的能力。我们预计，随着我们业务的增长和吸引更多的买家和商户加入我们的平台，我们的成本和费用将继续增加。"其进一步披露："如果我们继续产生大量营销费用，而无法实现预期的买家和商户增长，我们的经营业绩可能会受到重大的不利影响。因此，我们可能无法改善经营利润率，并可能在未来继续出现净亏损。"

由此可见，拼多多对公众披露的信息是合理的，并与可获得的数据一致，公司的高级管理人员并没有对拼多多关于假货销售的现状和未来的前景作出过度、模糊的描述。

---

① "We may increasingly become a target for public scrutiny，including complaints to regulatory agencies，negative media coverage，and malicious reports，all of which could severely damage our reputation and materially and adversely affect our business and prospects."

② Asay v. Pinduoduo Inc.，18-cv-7625（PKC）（S.D.N.Y. Mar. 30，2020）.

③ Generally，depending on the size of the public float，companies that are already public have 40 to 45 days from the close of a quarter to report on results. SEC General Instructions to Form 10Q，at https://www.sec.gov/files/form10-q.pdf；17 CFR § 240.13a-13；17 CFR § 240.15d-13；see also In re Duane Reade Inc. Sec. Litig.，2003 WL 22801416，at *5（S.D.N.Y. Nov. 25，2003）（"despite plaintiffs' urging to the contrary，there is no obligation to release interim sales data prior to a quarter's end."）（Buchwald，J.）.

以下是法院审理的要点。

（一）原告指控拼多多公司在防伪措施方面进行虚假陈述的动议被法官驳回

1. 拼多多公司已披露存在并可能继续存在因销售假冒产品被投诉的风险

法院认为，原告根据《证券交易法》提出的失实陈述指控需要考虑陈述的重大性能否实质性影响一个理智投资者的判断。在 Jinkosolar 一案中，[①] 被告公司在招股说明书中由于没有披露公司在排放废水方面曾发生的几次严重违规行为，最终导致了巨额罚款。美国第二巡回上诉法院认为，虽然招股说明书在技术上真实进行了披露，但它在合规措施的有效性方面给了投资者虚假的安慰，导致投资者对该公司的风险进行了过于乐观的评估，从而违反了《证券交易法》规则 10（b）-5，[②] 这条规则界定公司"直接或间接所为的非法行为有三种类型：(a) 采用任何手段、图谋或企图进行欺诈；(b) 对某重大事实作任何虚假的陈述，或不就某重大事实作出能使其所作陈述在当时情况下不具有误导性的必要说明；(c) 参与任何与证券买卖相关，会或将会欺诈他人的行动、操作或举措。"[③] 法庭认为，Jinkosolar 的不作为最终让理智的投资者对未来风险进行了过度乐观的评估。[④] 它因为疏忽遗漏了重要的信息，使原告对安慰函（comforting statement）产生重大误解，所以法官认为，虽然在某些情况下招股书中的一些披露信息从表面看来并无不妥之处，但是如果公司就某个问题进行了具体的陈述，那么公司就有责任披露整个真相。因此法官最终支持了原告这一诉求。

但是在本案中，法院认为，拼多多不同于 Jinkosolar 案中因遗漏信息与虚假陈述所导致投资者误判风险产生损失的情形。拼多多已经在它的招股说明书中解释了其已经存在并可能继续的因销售假冒产品被投诉的风险。2018 年 1 月，中国政府部门要求公司加强对平台发行商资质的监管，并对侵权索赔作出有效回应；2018 年 7 月，公司上市前夕美国母婴品牌"爸爸的选择"(Daddy's Choice）在纽约法院对公司发起商标侵权诉讼。这些都

---

① See Meyer v. Jinkosolar Holdings Co., 761 F.3d 245, 251 (2d Cir. 2014).

② 17 C.F.R. 240.10b-5.

③ 陈剑玲：《美国证券欺诈起诉标准的新发展——以 Matrixx v. Siracusano 案为中心》，《证券市场导报》2012 年第 6 期，第 20—25 页。

④ See Rombach v. Chang, 355 F.3d 164, 173 (2d Cir.2004) "Cautionary words about future risk cannot insulate from liability the failure to disclose that the risk has transpired."

表明了拼多多确实存在因假冒产品被投诉的问题。风险提示已经充分揭示了拼多多平台一直存在假冒商品，而且公司也在尽力打击这些违法行为。法院认为，拼多多在IPO阶段已经履行风险提示的义务，任何一个理智的投资者在充分理解招股说明书之后都应该了解其中的风险；因此原告的主张——拼多多涉嫌隐瞒其因为销售假冒产品导致的侵权风险不能成立。

2. 拼多多不具有欺诈意图，不满足《证券交易法》规则10b-5反欺诈规则的条件

根据《私人证券诉讼改革法》(PSLRA)，法院认为，被告拼多多没有欺诈的意图。在20世纪90年代，美国国会通过该法之后，出现了安全港制度。该制度指在一些特定情形下有关重大事实的不实陈述行为，或在陈述中遗漏了重要信息所导致的误导结果，有关公司高级管理人员不需要承担责任。这个条款本质上是一种豁免制度，对有关前瞻性信息的披露作出了重要的规定。具体来说，在该法中对应的安全港条款规定，发行方或承销商对于任何前瞻性陈述不承担任何责任。依据安全港制度，在以下三种情形中发行人及其他相关人是免责的：(1) 法定情形，如前瞻性陈述基于合理基础并且是出于善意的，前瞻性陈述已伴随有意义的警示性声明等；(2) 具体事物的特殊性质，如某前瞻性陈述并不重要；(3) 指控行为不符合相关法律规定。如指控一方不能完成相关举证证明义务。①

原告必须举出事实，并且此事实能强烈地推断出被告具有欺骗性意图。这要求：(1) 原告举出事实证明被告有实施欺诈的动机和机会；(2) 原告举出事实证据证明被告构成的过分或不当行为，且主观上是故意的。② 在本次诉讼中，原告的这两项指控均被法院驳回，首先原告声称拼多多明知它没有充分审查其平台上销售的产品的真实性，并指出这导致了其与创维的业务关系恶化。原告同时主张，假冒产品的销售促进拼多多业绩的增长，从而促使其采取宽松的执法方式，放任假冒产品在其平台上销售。法院认为，这种说法远远达不到“强烈的间接证据”的标准，无法证明被告存在实际的放任心态。为了明确本案中主观存在故意或者放任的标准，法院采用了第二巡回法院在Kalnit v. Eichler案的标准。③ 该判例认为：如果原告“必须证明被告的放任或故意的行为，这种行为至少是高度不合理的行为，而

① 魏俊：《证券法上的安全港及其制度价值——以前瞻性信息披露为例》，《证券法苑》2014年第3期。

② 马其家：《美国证券法案例选评》，对外经济贸易大学出版社2007年版，第180—181页。

③ See Kalnit v. Eichler, 264 F.3d 131 (2d Cir. 2001).

且这些行为代表了对一般谨慎标准的极端偏离，以至于被告是知道或者应明知该危险的存在。”

拼多多在描述其“严格”的防伪措施的同时，还说明了其努力“不一定会成功”的限定条件，对公司的潜在责任进行了复述与强调，并描述了它以前存在的索赔和侵权诉讼。法院在决定所起诉的事实和细节是否证明被告存在主观上明知的结论时，必须考虑到合理的相反推论。[①]此外，本案中虽然原告认为，公司从贩卖假冒商品的不断增长的销售中获益，但他们没有说明为什么这样的推论比假冒产品的销售对公司造成的伤害更大，譬如公司对客户、品牌和政府都需要承担责任，并且会损害其市场声誉，所以原告的第一项动议不能得到法院支持。

（二）法院驳回原告对拼多多注册声明书中公司营销费用有关的重大虚假陈述指控

法院认为，原告对拼多多隐瞒了市场费用和营销费用的指控没有提出一个具有说服力的推论。首先，拼多多股价数据来源存疑。原告根据其证人，一位拼多多前雇员（一名之前为公司一家子公司工作的会计师）的说法，他曾表示拼多多本可以在 IPO 之前获得其季度和月度营销费数据的说法；但是没有解释该前雇员的知情来源，也不能主张该前雇员对拼多多 2018 年第二季度的营销费用存在的任何了解或联系。其次，拼多多第二季度营销费用的信息对于理性投资者决策的影响程度原告没有作进一步解释，比如拼多多隐瞒的营销费用信息会如何显著改变一个合理的投资者的决定。因此法院判决驳回原告第二项动议。

（三）法院驳回原告对拼多多公司控制人责任的指控

由于原告没有充分指控拼多多存在《证券法》第 11 条或《证券交易法》第 10（b）条规定的主要违规行为，因此，根据这两项法律第 15 条和第 20（a）条提出的控制人责任的指控也被法院驳回。

第三节　本案结果

最终法院判决被告的驳回动议被全部批准。2020 年 4 月 29 日，原告不服，提出上诉。2021 年 8 月 31 日，美国第二巡回上诉法院驳回上诉。

---

① See Tellabs，Inc. v. Makor Issues & Rights，Ltd.，551 U.S. 308，336（2007）. In determining whether the pleaded facts give rise to a “strong” inference of scienter，the court must take into account plausible opposing inferences.

第四节　简要评论

自1933年《证券法》颁布后，美国的证券市场总体上开始坚持“保护投资者”的理念。多年的联邦、地方法院的一系列诉讼已经构建起一套完善的美国证券诉讼制度，以更好地保护投资者。

从《证券交易法》来看，原告要想基于《证券交易法》第10（b）条而进行索赔，必须证明，被告故意发布虚假陈述或遗漏重要事实，并且原告是基于对被告的信赖而直接遭受损害。原告必须证明：（1）被告对重大事实的虚假陈述或遗漏；（2）被告有此种故意；（3）原告基于对被告的信赖；（4）损害与虚假陈述或遗漏之间有因果关系；（5）原告直接遭受损害。

1. 关于对重大事实的虚假陈述或遗漏

美国的证券诉讼是为保护投资者利益所设立的一种制度，在上市公司实施违法或不当行为造成公司股价下降时，被侵害到利益的投资者收集到足以支撑对公司进行指控的相关证据，通常可以此提起证券诉讼。

上市公司可通过是否损害影响投资者的利益来判断哪些信息需要公布。比如，拼多多案件中，平台存在的假冒商品现象及营销成本问题都属于应公布的信息。本案中原告未能证明被告存在可起诉的虚假陈述和对重大事实的遗漏。其理由在于两点：一是拼多多公司准确披露了其存在假冒产品，并披露了相关防范假冒产品的措施；二是拼多多公司并未遗漏其营销费用。因此，原告并未能证明拼多多存在重大失实陈述和虚假披露的情况。

又如在阿里巴巴案件中，阿里巴巴所未披露的行政指导座谈会信息，由于其没有行政效力，不会对于公司的经营造成实质性影响从而损害到投资者的利益，并非属于必须公布的重大事项。

对于信息披露的方式，不局限于招股报告的明文表述。公司通过其他相关信息使得投资者可以推断公司经营趋势，从而证明公司没有隐瞒的意图，也可以视作进行了信息披露。因而，在国外上市的中国公司在信息方面需要注意两点：第一，及时披露影响投资者利益的可能风险；第二，披露风险的方式不局限于文字表述，也可以通过非文字性的信息披露让投资者了解更全面的信息，从而避免被起诉具有隐瞒或歪曲事实行为的风险。

2. 关于主观故意问题

根据美国《证券交易法》第10（b）条的规定，原告通过“声称以下实施来满足无意识要求：（1）表明被告有实施欺诈的动机和机会，或（2）构成有意识的不当行为或鲁莽行为的有力间接证据”。对于主观的论证，美国法院要求起诉提出“强烈的推论”，即被告有意识地、轻率地遗漏或谎报信息。① 中国公司在证券欺诈的主观故意方面可以由此两方面来反驳主观故意的指控。既可以证明自己没有欺诈的动机和机会，也可以证明自己的鲁莽行为没有高度不合理，从而反驳对方的论证，维护自己的权利。

3. 关于因果关系问题

关于损害与虚假陈述、披露失实之间的因果关系，这是证券欺诈或证券披露失实案件中证明的难点。在拼多多案中，被告指出，拼多多公司不构成虚假陈述或遗漏且没有歪曲事实。一是因为拼多多平台上有假冒产品并陈述了假冒措施，其早已是公开信息，如在央视报道中都可以知悉；二是因为拼多多公司并非未披露营销费用的增长，从其披露可以看出获客成本的增长。因为对于在IPO之前已经公开的事实，即使在IPO之后依然有同类报道的更新，但并不因此影响股票的价格，因为公众已经知悉同类事实，没有对投资者造成损害。对于能从披露信息中推导出来的营销成本，不能成为重大信息未披露的证据。

更为重要的是，原告未能证明拼多多的相关陈述或重大事项的遗漏直接导致了股价下跌、投资者利益受损等。因此，拼多多案件中，原告未能证明损失与虚假陈述、披露之间的因果关系。

4. 关于拼多多等中概股公司高管的责任

在原告的起诉阶段，原告一般以公司及公司高管作为被告。美国《私人证券诉讼改革法》对证券诉讼提出了更严苛的要求，原告需要证明被告拼多多从欺诈行为中得到了具体且符合个体的利益。所以在起诉中，原告会倾向于指控公司的内部人员对投资者错误地表达了关于公司运营状况的重要信息，从而利用信息不对等来不公平地赚取其中的利益最终导致了投资者的损失。拼多多从推出之日到三年内赴美上市面临着因为销售假货而产生的法律风险。所以拼多多主张对公众披露的关于假冒产品的风险信息是合理的，并与可获得的数据一致；因此在这种情况下，公司高管就可以避免承担因为对公司的现状和前景进行了过度乐观的描述或者未完全披露信息而产生的责任。在法院的判决中，法官强调了原告的申诉不能“强烈地推断出”被告的欺诈意图，法院对“强烈地推断出”标准的采取会明显增加

---

① 印第安纳州 Pub.Ret.Sys.Sys.，818 F.3d at 93.818 F.3d at 93。

原告指控被告主观故意或明知的难度，但这正是《私人证券诉讼改革法》的立法目的。

拼多多案件只是在美上市公司因信息披露不实遭遇集体诉讼的一个缩影。2020 年 8 月 6 日美国财政部发布《关于保护美国投资者防范中国公司重大风险的报告》。①2020 年 12 月 18 日，美国总统特朗普签署《外国公司问责法》(Holding Foreign Companies Accountable Act)。② 该法第二、三节规定了在美上市公司的披露义务。这些法规对美国上市的中国公司可能产生如下影响：

1. 面临中美不同法域监管规则互相矛盾的两难境地

《外国公司问责法》要求在美已上市的中国企业三年内必须符合美国上市公司会计监督委员会（PCAOB）③ 的监管要求，即由 PCAOB 审阅中概股公司的主要审计事务所的工作底稿。《外国公司问责法》还要求即将在美上市的公司满足监管要求后才能上市。

但《外国公司问责法》的要求与中国 2020 年新修改的《证券法》第 177 条的规定 ④ 以及中国证监会等部门联合制定的《关于加强在境外发行证券与上市相关保密和档案管理工作的规定》第 6 条强调境内形成的工作底稿应存放在境内相冲突。⑤

中概股公司可能的选择有三：一是企业获得国家主管机关批准后，提交底稿给上市公司会计监督委员会审查；二是中美两国达成合作后，由

① On August 6，2020，the President's Working Group on Financial Markets（PWG）released its "Report on Protecting United States Investors from Significant Risks from Chinese Companies". The Report is the latest development in the US government's efforts to level the playing field among issuers listed on US exchanges，an initiative spurred by the US Senate's May 20，2020，unanimous passage of S. 945 Holding Foreign Companies Accountable Act（Act）.

② The Holding Foreign Companies Accountable Act prohibits securities of a company from being listed on any of the U.S. securities exchanges if the company has failed to comply with the Public Company Accounting Oversight Board's（PCAOB）audits for three years in a row.

③ 上市公司会计监督委员会（PCAOB）是由 2002 年《萨班斯—奥克斯利法》（SOX）创立的一家私人非营利性公司。美国证券交易委员会（SEC）是负责监督上市公司会计监督委员会的联邦机构。PCAOB 由美国证券交易委员会（SEC）与美联储（Federal Reserve System）的董事会和美国财政部长协调的五名董事组成，任期五年。

④ "国务院证券监督管理机构可以和其他国家或者地区的证券监督管理机构建立监督管理合作机制，实施跨境监督管理。"

⑤ "在境外发行证券与上市过程中，提供相关证券服务的证券公司、证券服务机构在境内形成的工作底稿等档案应当存放在境内。"中国证券监督管理委员会网站，http://www.csrc.gov.cn/pub/newsite/flb/flfg/bmgf/wz/jnss/201012/t20101231_189694.html，2020-09-30。

两国规定的审计机构联合审计，三是退出美国市场，回归香港或者上海。2022 年 8 月 26 日，中美签署审计监管合作协议，避免了监管冲突的激化。

2. 信息披露要求更高

《外国公司问责法》要求中概股公司披露可能受“政府控制”的相关信息，但是该法并未界定“政府控制”的边界，这必然加重中概股的披露义务负担。美国证券市场重视上市公司信息的透明度及真实性。观察我国遭遇证券诉讼的中概股公司，多数在业务、运营和前景方面被指控误导性陈述，或者被指有所隐瞒。因而，中概股公司需在业务、运营和前景方面注意及时披露，避免以维持股价上涨的趋势延迟业绩的公布，防止股民将股价的下降归因于公司的披露问题。虽然在因果关系上公司的股价下降问题不一定与公司的披露具有因果关系，但因此而卷入周期长、成本高的诉讼中进行双方长久拉锯战，得不偿失。

3. 回归国内的大潮与赴美上市再创新高

在美国证券监管政策收紧的情况下，一方面，中概股强势回归港股，如网易、京东等先后赴港上市；另一方面，国内赴美上市企业再创新高，如 2020 年 8 月 13 日，贝壳找房成功在纽交所成功上市。美国上市最快仅用 5—6 月的简单流程仍极具吸引力。

根据美国的美中经济安全审查委员会（U.S.-China Economic and Security Review Commission）的统计，截至 2020 年 9 月底，中国企业在美国上市 217 家，其中有 13 家为大型中国国企。[①]

在中美贸易摩擦背景下，中概股面临越来越多的压力和挑战。自 2019 年 2 月起到 2020 年 9 月，已经有 16 家中概股企业摘牌。中概股公司在美国被提起证券诉讼的理由通常在于做出虚假或误导性陈述，或没有透露重大且必要信息。2019 年，已有奇虎 360[②]、搜狗[③]、腾讯音乐[④]等在内的 17 家在美上市的中国公司遭遇证券诉讼。早在 2015 年，阿里巴巴在上市后不足 3 个月就被美国多家公司和个人以未披露中国前国家工商局的行政指导会议为由，接连在纽约州法院和加州法院提起两个诉讼，直至最后双

---

① https://www.uscc.gov/chinese-companies-listed-major-us-stock-exchanges，2020-09-30.

② See Altimeo Asset Mgmt. v. Qihoo 360 Tech. Co.，19 Civ. 10067（PAE）（S.D.N.Y. Aug. 14，2020）.

③ See Luo v. Sogou，Inc.，19-cv-230（LJL）（S.D.N.Y. Jun. 8，2020）.

④ See Euclidean Investment LLC，et al. v. Tencent Music Entertainment Group，et al.

方以和解告终。[①] 除了早先阿里巴巴公司证券诉讼案，瑞幸公司（Luckin Coffee）也因披露不实问题陷入证券诉讼，面临巨额赔偿 [②]。而拼多多在 2020 年最终较为罕见地获得了法院的支持，从中我们可以总结出应对美国证券诉讼的一些教训或经验。

① 2015 年 1 月 31 日，阿里巴巴遭遇证券诉讼，被 Christine Asia 公司和威廉姆・泰（William Tai）诉至纽约南区联邦地区法院。2015 年 10 月，以 Gary Buelow 为代表的原告方将阿里巴巴诉至加利福尼亚州法院。原告诉称，阿里巴巴在 IPO 招股说明书中未披露 2014 年 7 月与原国家工商总局及国内若干区域性地方监管机构的会面。2018 年 12 月 31 日，阿里巴巴发布声明称，就原告方在加州提起的证券诉讼，已与原告达成和解；2019 年 4 月 29 日，就在美国纽约南区法院的证券诉讼与原告和解。

② 2019 年 5 月 17 日，瑞幸咖啡在美成功 IPO。2020 年 2 月 1 日，瑞幸咖啡被指数据造假。

第十章　小米公司诉美国国防部与财政部侵犯其正当程序权利案

2021 年 3 月 12 日，哥伦比亚特区联邦地区法院批准小米公司提出的初步禁令动议，要求美国国防部与财政部停止实施对小米公司的股票交易限制措施。本案主要涉及美国政府对小米公司的定性问题。

第一节　基本案情

小米公司是一家生产和销售电子产品的企业，提供多样化的民用和商用产品，包括智能手机、电视、笔记本电脑、可穿戴电子设备、智能语音设备和智能家居设备等。小米公司成立于 2010 年 4 月，创始人包括雷军、林斌等共同创始工程师，以及两家著名的风险投资公司晨兴资本与启明创投。小米公司注册于开曼群岛，总部位于中国，是世界第三大智能手机生产商。小米公司于 2018 年 7 月 9 日在港交所上市，公司超过一半的股票，由大量仅占不到 1%股权的小投资者持有。小米公司在美国拥有两家子公司，在加州设有一家办事处。过去五年间，小米公司从美国市场累计获利超过 3 亿美元。

2020 年 11 月 12 日，时任美国总统特朗普签署第 13959 号行政命令[①]，禁止美国个人和企业，与被定性为“中国军方相关企业”（Communist Chinese Military Companies）的实体，开展股票及其衍生品的公开交易。

2021 年 1 月 13 日，特朗普签署第 13974 号行政命令[②]，对先前颁布的

---

① Executive Order 13959 of November 12，2020，*Addressing the Threat From Securities Investments That Finance Communist Chinese Military Companies*，Federal Register，Vol. 85，No. 222，p.73，185，189.

② Executive Order 13974 of January 13，2021，*Amending Executive Order 13959—Addressing the Threat From Securities Investments That Finance Communist Chinese Military Companies*，Federal Register，Vol. 86，No. 11，p.4，875，876.

第 13959 号行政命令作出修正：针对“中国军方相关企业”的证券交易禁令，将在相关“定性”作出之日起 60 天后生效，同时允许在“定性”作出之日起的 365 天内，继续进行单纯旨在撤资（divestment）的证券交易。

“中国军方相关企业”的定性决定，将在美国国防部咨询财政部意见后，由两部门共同作出。具体的判断标准是 1999 年度《国防授权法》第 1237（b)(4)(B）条，而符合该标准的公司将被列入“中国军方相关企业”名单。

2021 年 1 月 14 日，根据第 13959 号行政命令，特朗普政府将小米公司列入“中国军方相关企业”名单。这一举措将导致美国个人与企业自 2021 年 3 月 15 日起，不能继续公开交易小米公司的股票及其衍生品。

2021 年 1 月 29 日，小米公司向美国哥伦比亚特区联邦地区法院提起诉讼，将美国国防部、财政部以及拜登政府的两位新任部门负责人劳埃德·奥斯汀（Lloyd J. Austin III)、珍妮特·耶伦（Janet L. Yellen）告上法庭，针对上述两部门将小米列为“中国军方相关企业”的行为展开法律挑战。小米主要提出两点诉求：(1）请求法院认定美国国防部与财政部将小米公司列为“中国军方相关企业”的行为违法且违宪；(2）请求法院撤销将小米公司定性为“中国军方相关企业”的决定，并永久禁止被告实施该决定，以维持现状。小米公司指出，美国国防部与财政部的“定性”行为，违反美国《行政程序法》(Administrative Procedures Act）第 706（2）条，属于“任意、反复无常且滥用自由裁量权，或者其他不符合法律规定的行为”①。同时，此等行为还有违美国宪法第五修正案规定的“正当程序原则”。

2021 年 2 月 2 日，本案被分配至鲁道夫·孔特雷拉斯（Rudolph Contreras）法官手中。同日，法院正式向被告发出电子传票。2021 年 2 月 5 日，小米公司向法院补充提交了一份内容更为详细的起诉书，将股东林斌、林鹏、斯蒂芬·肖恩·英格利希（Stephen Sean English）追加为共同原告，并指出“定性”行为超出美国国防部与财政部的行政职权，同时直指第

---

① 5 U.S. Code § 706 - Scope of review, To the extent necessary to decision and when presented, the reviewing court shall decide all relevant questions of law, interpret constitutional and statutory provisions, and determine the meaning or applicability of the terms of an agency action. The reviewing court shall—（1）compel agency action unlawfully withheld or unreasonably delayed; and（2）hold unlawful and set aside agency action, findings, and conclusions found to be—（A）arbitrary, capricious, an abuse of discretion, or otherwise not in accordance with law.

13959号行政命令对其施加的限制措施属于越权行为，请求法院判决：针对小米公司执行第13959号行政命令是违法且违宪的。

2021年2月12日，小米公司向法院提交“关于简报时间表的无异议动议”①（unopposed motion for brief schedule），请求向法院提交初步禁令动议②（motion for preliminary injunction），并进行程序上的时间节点确认。孔特雷拉斯法官遂于当日发布“简单命令”（minute order），要求原告在2月17日前提交初步禁令动议。被告可于2月26日前作出回应，而原告可于3月5日前提交任何能够支持其动议的材料。口头辩论时间定于2021年3月9日上午10点。

2021年2月17日，原告向法院如期提交初步禁令动议，请求法院阻止被告对小米实施第13959号行政命令。在该动议中，小米公司主要提出以下几点法律依据：（1）由于被告没有对其定性行为做出合理解释，违反正当程序原则，而原告能够证明被告无权作出这些行为，并且这是一个无涉政治问题、可以被司法审查的案件，所以原告提出的诉讼主张可能得到法院支持；（2）被告对小米公司的相关定性与限制行为，正在并将持续对原告造成无法弥补的损失；（3）衡平法（equity）与公共利益支持法院授予初步禁令。

遵循法院给出的程序时间节点，2021年2月26日，被告向法院提交针对初步禁令动议的反对意见，对原告所提各项法律主张分别进行反驳：（1）原告不太可能在《行政程序法》和正当程序原则的主张上获得法院支持；（2）原告并未证明自身受到“紧迫且无法弥补的损失”；（3）衡平法与公共利益明显倾向于政府。在具体论述中，被告认为，美国国防部与财政部在认定“中国军方相关企业”的问题上，享有很大的自由裁量权，而且相关“定性”建立在小米公司与中国军事、国防之间存在密切关系的证据基础之上，是一个理性的、具有证据支撑的决定。此外，小米公司并不享有对未来股票的财产权，尽管它对现有股票确实享有财产利益，但在行政命令规定的365日之内仍可持有这些股票，直至将其卖出，因此这并不是一项紧迫的损害，而且作为推测的金钱损失，也并非不可填补。最后，公共利益支持总统行使缓解国家安全风险的职权，正如本案中被告所做的

① 动议（motion）是民事诉讼中应用最为广泛和灵活的法律行动，可以在案件审理的任何阶段向法庭提出。提出动议通常旨在向法庭寻求一项有利于己方的命令。

② 初步禁令动议（motion for preliminary injunction）是指一方当事人在诉讼未决期间，请求法院阻止另一方采取行动或迫使另一方维持现状，直到法院对案件作出最终判决。

一样。

2021年3月5日，小米公司和其他原告针对被告的反驳作出回复，并向法院提交“准予补充声明的动议”（Motion for Leave to File Supplemental Declaration）。

2021年3月9日，孔特雷拉斯法官听取原、被告庭审辩论，要求双方于3月16日之前联合提交一份“案件状态报告”，并确定一份简要时间表，以供法院进一步考虑。

2021年3月12日，孔特雷拉斯法官以“备忘录意见”①（memorandum opinion）的形式，批准14名原告提出的初步禁令动议。②

2021年3月16日，原、被告共同提交“案件状态联合报告”，提议被告在3月23日前向原告提供其作出决定的“行政过程记录”（certified unclassified administrative record）。在该份报告中，原告倾向于立即提出“案件简要处理动议”③（briefing dispositive motion）。

2021年4月6日，原、被告再次联合提交“案件状态报告”，美国国防部、司法部和财政部依然未就本案下一步进展达成一致意见。

经过一个多月的沟通与交涉，原、被告于2021年5月11日提交了最终的“案件状态报告”，被告决定放弃对3月12日法院作出的初步禁令判决进行上诉。原、被告共同决定以“非争议”的方式结束此次诉讼。

2021年5月20日，原、被告共同向法院提交“判决建议书”，建议法院判决撤销对小米公司的“中国军方相关企业”定性。

2021年5月25日，美国哥伦比亚特区地方法院颁发了最终判决，解除了美国国防部对于小米公司“中国军方相关企业”的认定，正式撤销了美国投资者购买或持有小米公司证券的全部限制。

---

① “备忘录意见”是一种较为简短的判决意见，没有过长的论述，一般不涉及复杂的法律争议，不允许当事人对其提出上诉。

② XIAOMI CORPORATION, et al., Plaintiffs, v. DEPARTMENT OF DEFENSE, et al., Defendants. Civil Action No. 21-280 (RC) Signed 03/12/2021. 2021 WL 950144.

③ 在美国法律中，“案件简要处理动议”分为两种。第一种是“驳回动议”（motion to dismiss），这种动议针对的是案件的具体法律诉求，而非案件事实，用于提议方驳回另一方的诉讼请求，若当事一方提出此动议，法院则会考虑提出动议的一方是否认可对方提出的诉求，如果提议方认可，则法院不会批准此动议，反之法院则会批准提议方的动议驳回另一方的诉求，并对该决定给出简要说理，在正式裁判前结束案件。第二种是“简易判决动议”（summary judgment motion），这种动议针对的是案件事实，看案件事实是否存在争议点，若当事人双方对案件事实不存在争议点，则法院会批准此动议。本案中小米公司并未明确具体动议的种类，但依据案件进展情况，应为第一种“驳回动议”。

第二节 法院分析

本案主要涉及的法律条文是1999年度《国防授权法》第1237条，该条将“中国军方相关企业”定义为“任何由中国人民解放军（People's Liberation Army）或中国政府部门拥有、控制或附属于它们的企业，或者由隶属于中国国防工业基地的实体拥有或控制的企业”①。该条文进一步将“中国人民解放军”定义为“陆军、海军和空军部队，人民警察和政府情报部门，以及任何相关情报或警卫服务机构”。②

第1237条要求国防部部长在司法部部长、联邦调查局局长和中央情报局局长的协助下，共同认定“在美国境内或任何美国领土内直接或间接运营的中国军方相关企业。”③“中国军方相关企业”名单将在联邦公报上发布，并同时提供给众议院军事委员会、参议院军事委员会、国务卿、财政部部长、商务部部长、能源部部长及中央情报局局长。

尽管根据该条法律规定，美国国防部应当每年更新一次“中国军方相关企业”名单，但实际上直到2020年6月24日，美国国防部21年以来才首次制定“中国军方相关企业”名单，共有20家中国企业被列入第一批名单。2020年底，又有另外几家中国企业被列入名单。2021年1月14日，美国国防部公布“中国军方相关企业”名单，共计44家中国企业位列其中，④当然也包括本案原告小米公司。

小米公司提出的初步禁令动议是否应当被批准，是法院分析说理的核心。依据美国法律规定，初步禁令是一种“不同寻常的救济”（extraordinary

---

① Any person who “is owned or controlled by, or affiliated with, the People's Liberation Army or a ministry of the government of the People's Republic of China or that is owned or controlled by an entity affiliated with the defense industrial base of the People's Republic of China.” Strom Thurmond National Defense Authorization Act for Fiscal Year 1999, Section 1237（b）(4)（B）(i）.

② The land, naval, and air military services, the police, and the intelligence services of the Communist Government of the People's Republic of China, and any member of any such service or of such police. Strom Thurmond National Defense Authorization Act for Fiscal Year 1999, Section 1237（c）.

③ [CCMCs] that operate directly or indirectly in the United States or any of its territories or possessions. Strom Thurmond National Defense Authorization Act for Fiscal Year 1999, Section 1237（b）.

④ Qualifying Entities Prepared in Response to Section 1237 of the National Defense Authorization Act for Fiscal Year 1999（PUBLIC LAW 105-261）Tranche 5.

relief)，只有在明确证明此种救济有必要的情况下，才能授予初步禁令。请求法院授予初步禁令的当事方必须证明：(1) 其诉讼请求可能得到法院支持；(2) 若缺少初步禁令，其将会遭受无法弥补的损失；(3) 衡平法支持授予初步禁令；(4) 禁令符合公共利益。值得注意的是，四个条件必须同时满足。[①]当被告是美国政府时，第三点和第四点应当合并考量。本案中，法院针对小米公司是否完成举证责任的问题，切分为三部分逐一展开分析。

一、诉讼请求得到法院支持的可能性

诉讼请求得到法院支持的可能性，是审理初步禁令动议中最重要的一个判断标准，因此法院首先对其进行分析。法院认为，原告已经证明被告将小米公司认定为“中国军方相关企业”的行为是武断且任性的，违反《行政程序法》相关规定，超越了第 1237 条所授予被告的权限，故而原告已经成功说服法院，其诉讼请求可能得到支持。

《行政程序法》第 706 (2)(A) 条和第 706 (2)(C) 条要求法院撤销行政部门作出的“任意、反复无常、滥用自由裁量权，或者其他不符合法律规定的行为”。在涉及国家安全的案件中（例如本案），法院需要对政府部门的决定给予较高程度的尊重（afford heightened deference）。然而，即使在这种情况下，法院仍然扮演着监督政府部门是否作出了有理有据的决定（reasoned decision-making）的重要角色。

“有理有据的决定”要求作出决定的政府部门，能够清楚说明决定理由，并且展示出其依据的事实与作出的决定之间存在合理的逻辑联系。换言之，政府部门作出的决定需要有充足的证据支持，并留有明确记录。本案中，法院采纳了原告一方的论证逻辑和证据，认为原告已经超额完成相关举证责任，以证明其诉求可能得到支持。

1. 对于将小米定性为“中国军方相关企业”的决定，美国国防部没有提供充分解释

美国国防部将小米定性为“中国军方相关企业”的决定，主要依据两项源自小米公司年报的事实：(1) 小米 CEO 雷军曾被中国工业和信息化部授予“优秀中国特色社会主义事业建设者”荣誉称号；(2) 小米公司的五年发展规划提出投资建设 5G 和人工智能产业与项目，而 5G 和人工智能是现代军队运作所必不可少的核心技术。仅仅依据这两项事实，美国国防部与财

---

① *Winter v. Natural Res. Def. Council, Inc.*, 555 U.S. 7, 22 (2008).

政部便得出小米公司符合“中国军方相关企业”的标准。

首先，法院指出，美国国防部与财政部的决定“地基不牢”(begins on a shaky ground)。决定没有说清楚部门权力的来源，即便是在应当援引第1237条的地方，也仅仅是间接转述而非直接引用，而且还将1237条中的“由隶属于中国国防工业基地的实体拥有或控制”随意改变为“与中国国防工业基地相关”①。美国国防部实际上是错误理解了法条规定，这也至少能够说明，美国国防部在作出决定时没有履行严谨义务（fastidiousness）。

其次，美国国防部提供的解释与整体决定过程存在重大问题。法院将美国国防部的决定拆分为三部分：（1）对“中国军方相关企业”认定标准的重述（而且还是错误重述）；（2）从小米公司年报中截取的两项事实；（3）小米公司符合“中国军方相关企业”标准的结论。法院指出，美国国防部的决定缺乏将事实与结论有机联系在一起的逻辑论证，整份决定文件至多只是对法条语言的机械重复，没有充分的论述过程。

因此，法院认为，将小米定性为“中国军方相关企业”的决定是专断且任意的。

2. 小米公司不符合第1237条规定的“中国军方相关企业”标准

依据《行政程序法》的规定，法院有权撤销行政部门的越权决定。美国国防部必须严格依据第1237条，以确定某一企业是否属于“中国军方相关企业”。第1237条列出两项需要同时满足的标准：（1）由中国人民解放军或中国政府部门拥有、控制或与之相关联的企业，或者与中国国防工业基地相关联的实体拥有或控制的企业；（2）提供商业、制造业、生产或出口服务。

被告承认，小米公司不构成第1237条中的“被中国人民解放军或中国政府部门拥有或控制”，但是被告辩称，小米公司之所以被定性为“中国军方相关企业”，是因为其与中国军事和国防建设相关。为证明此观点，被告援引了两本字典中关于“相关联”(affiliated)一词的定义，认为小米公司与中国国防工业相关，因为它们都是为了“相同的目的”“拥有相同的特性”。

---

① 法院在判决书脚注中指出：The DoD Memo states that to be designated as a CCMC，an“entity must be owned，controlled，or affiliated with the People's Liberation Army（PLA），government ministries［sic］People's Republic of China（PRC），or affiliated with the PRC defense industrial base.”In actuality，Section 1237 defines a CCMC as a person that“（i）is owned or controlled by，or affiliated with，the［PLA］or a ministry of the government of the［PRC］or that is owned or controlled by an entity affiliated with the defense industrial base of the［PRC］”。

然而在这一问题上，法院赞成原告观点，即“相关联”的通常含义是指“一家公司被另一家公司拥有或实际行使控制权，或者两家公司被同一实体控制或拥有”①。在美国法律规定中，有许多例证可以说明这一点。例如，美国国防部出台的一份规章将“关联公司”定义为“拥有或实际控制，或者被拥有或实际控制的实体”；司法部法律顾问办公室同样表示，“通常而言，两个实体具有紧密关联，如尽管在不同地区运营但被同一实体控制或拥有，则可以认为两个实体相关联”。此外，国会也通过了大量采取相同定义的法条，而且各联邦法院也对该定义形成共识。

相反，被告对“相关联”一词的定义，已经明确被联邦第十一巡回上诉法院认定为“不具有说服力，并且与大量法规依据相悖”。法院在本案中认同原告观点，认为被告的定义将使法条覆盖范围过于宽泛，超出法条用语的一般范畴，也超出国会立法原意。因此，法院认为应当采纳原告的解释方法，而在此定义下，小米公司不属于第 1237 条规定实体的关联企业。

小米是一家以民用为目的、提供商业产品的公开上市公司，受董事会与控股股东控制，没有受到政府的干预。由此，美国国防部将小米公司定性为“中国军方相关企业”的行为属于越权行为。

3. 美国国防部的决定缺乏充分的证据

最后，法院认定美国国防部未能满足《行政程序法》对于作出决定时须有充分证据的要求。在考虑政府部门的决定是否基于充分证据时，法院采取的标准并非简单地在各种可能的观点之间进行选择。法院应当秉持一个理性人的视角，考察决定所依据的事实证据，是否足以得出政府部门的结论。在本案中，尽管国防部对于涉及国家安全的问题享有自由裁量权，法院依然认为一个理性人不会接受国防部作出的决定，国防部提供的事实依据远远不够充分。

如上文所述，美国国防部的决定仅仅依据两项事实：（1）雷军被授予“优秀中国特色社会主义事业建设者”荣誉称号；（2）小米公司大量投资 5G 与人工智能建设领域。法院认为，这两项事实证据并不足以支持国防部将小米定性为“中国军方相关企业”的做法。

第一，这两份证据需要结合大环境和整体背景进行考量，而不能孤立地看待。小米是一家电子产品销售企业，而 5G 和人工智能是目前电子产品消费市场上的两大热点，小米的其他竞争对手也在生产配有 5G 性能与

① *Mey v. DIRECTV, LLC*, 971 F.3d 284, 289 (4th Cir. 2020).

人工智能技术的智能手机。拒绝跟上5G和人工智能的发展趋势，将使小米公司的产品竞争力大大降低；两者也可以作为军事技术投入应用这一事实，不足以支持将小米公司定性为“中国军方企业”的做法。否则，这将会导致一个“怪象”：只要一项技术可以被运用到军事领域，所有涉足该技术领域的中国企业都会被认定为“中国军方相关企业”，甚至可能导致涉及该技术的、在中国设有子公司的美国公司，也会成为“中国军方相关企业”。法院对上述过于宽泛的解释逻辑表示担忧，因为这将使国防部认定“中国军方相关企业”的权力缺乏限制。

第二，雷军所获荣誉称号也很难支持被告的观点。依据原告提交的证据，这一荣誉称号是针对为中国经济发展作出卓越贡献的私人企业家而专门设置的。自2004年起，累计超过500位企业家被授予此称号，包括中国婴幼儿奶粉与婴幼儿配方食品企业家，这些企业明显没有涉及军事方面。再者，工信部也不是为雷军授予荣誉称号的直接决定者，而是经由当地政府推荐，再由国务院各部委官员所组成的委员会最终选举出来的。

综上所述，美国国防部将小米定性为“中国军方相关企业”的决定充满瑕疵，不符合《行政程序法》的要求，原告满足了申请初步禁令的第一项基本要求。

二、无法弥补的损失

法院随后分析，若不向原告授予初步禁令，原告是否会遭受不可弥补的损失。对此，美国法律要求“存在避免无法弥补之损失发生的、确定且重大的必要性，必须给予立即的救济”，而且这种损失应当是无法完全填补的（beyond remediation）。同时，原告也必须证明其损失与请求禁止的行为之间存在直接因果联系（directly result from the action which the movant seeks to enjoin）。

首先，小米指出，美国政府将其定性为“中国军方相关企业”的做法会毁损公司名誉。法院通过列举先例，指出名誉损害可以满足授予禁令的必要性。例如，政府将公司描述为“从事令人讨厌的业务，失去消费者的信赖”，就是对公司造成的名誉损害，这种损害无法用金钱来衡量，属于典型的“无法弥补的损失”。

美国国防部将小米公司定性为“中国军方相关企业”的行为，无疑影响了小米公司在其合作伙伴与消费者心中的形象。小米公司也向法院提交了自己不得不在商业伙伴当中平息谣言（squash rumors）的证据，并提到一家著名美国技术企业将停止支持小米公司的智能手机业务。13959 号行政命令还将"中国军方相关企业"描述为"表面上的私营企业，但实则为中国军队对抗美国海外军事力量提供帮助，包括研发大规模破坏性武器、对美国开展恶性网络攻击"。这一描述更加能够证明政府行为对小米公司所造成的名誉损害，并且无法采取合适的措施，以挽回这种损失造成的影响，很有可能造成长期的损害（long-term reputation harm）。因此，在名誉损害方面，小米公司满足了授予初步禁令的要求。

被告在这一问题上辩称，小米公司此处受到的损失，实际上也可以转化为经济损失。法院指出，依据哥伦比亚特区联邦巡回上诉法院确立的规则，经济损失一般不足以构成"不可弥补的损失"，但是在本案中，由于被告享有国家主权豁免，小米公司即便遭受经济损失，也将是不可弥补的。

同时，法院也谨慎指出，并非所有由于政府行为造成损失的情形本身（per se），都会直接构成"不可弥补的损失"，否则只要是享有主权豁免的机构造成的损失，无论数额多少（即便只有 1 美元），都可以轻而易举地满足"不可弥补的损失"这一标准[①]。由此，法院认为这种不可弥补的损失应当是"重大"(significant）损失，小米公司此处遭受的损失，明显已经符合"重大损失"标准。

自从 2021 年 2 月 16 日小米公司被定性为"中国军方相关企业"以来，小米公司的股价已下跌 9.5%，导致将近 100 亿美元的巨大损失，而其他竞争公司的股票同期都在上涨。此外，包括摩根士丹利、高盛在内的多家银行宣布，自 2021 年 3 月 15 日之后，将暂停与小米及其香港关联公司的所有交易，并且把小米从其港交所交易列表中删除。由于将一家公司从交易列表中删除的做法，会劝退不少预期购买者（chilling effect），因而小米公司的股价与市值持续缩水。

同时，小米公司也收到一大批消费者以"中国军方相关企业"的定性为理由，从而要求解除交易合同的通知。在 2021 年 2 月底，一个重要的欧洲客户解除了与小米计划已久的战略合作，另两家重要合作商也表示将另寻其他品牌进行合作。这一系列事件都将造成小米的市场份额逐渐被其他竞争对手瓜分。如果整体看待这些损失，无论是已经发生的，还是将要发生的，都根本不是被告所述仅为推测性（speculative）损失，并且足以构成重

---

① *Air Transp. Ass'n of Am.*, *Inc. v. Exp.-Imp. Bank of the U.S.*, 840 F. Supp. 2d 327, 335 (D.D.C. 2012).

大的经济损失。

此外，由于限制措施，小米公司的人才招聘也会受到影响，甚至还会进一步对其商业运作造成损害。公司面临的人才流失以及吸引力的下降，也可以构成一种“不可弥补的损失”。

三、衡平法与公共利益的要求

最后，对于是否应当颁发初步禁令，还需要考虑衡平法和公共利益的要求。鉴于本案被告为政府，因此衡平法与公共利益可合并为一个问题进行探讨。

被告指出，如果法院在本案授予初步禁令，就是将 1000 亿美元凌驾于国民安全之上。法院认为，国家安全确为应当优先考虑的利益，并且在敏感、重要的国家安全和外交问题上，应当尊重政府的自由裁量权及其相关决定。

但是，法院对于本案究竟是否存在重要的国家安全利益表示怀疑。诚如上文分析，被告作出决定的依据，仅仅是从小米公司年报中截取出的两条没有实质影响的信息（innocuous facts），并且被告在口头辩论中也承认，他们实际上并未得到小米公司向中国政府进行技术转让的任何证据。更有甚者，第 1237 条在出台后的二十年内都没有被实际运用过，这说明“中国军方相关企业”的认定作为一种维护国家安全的“名义”措施，实际上并没有起到什么关键作用。总而言之，法院认为，被告并未成功展现在本案中考虑国家安全利益的必要性。

其次，法院需要考虑本案是否存在不可忽视的实质性“公共利益”（substantial public interest）。“实质性公共利益”要求政府部门遵守规制和约束其存在与运行的联邦法规。鉴于原告已经证明被告违反《行政程序法》的规定，法院认为“实质性公共利益”倾向于原告方，并且政府不会因为一项旨在制止违法行为的禁令而遭受损失。

总之，无论是从衡平法还是公共利益的角度，都支持法院在本案中授予初步禁令。

第三节 法院判决

2021 年 3 月 12 日，地区法院批准小米公司申请的初步禁令动议，禁止被告实施将小米公司定性为“中国军方相关企业”的决定，以及针对小米公司的股票交易限制措施。2021 年 5 月 11 日，原被告达成诉讼和解，并建议法院撤销对小米公司的“中国军方相关企业”定性。2021 年 5 月 25 日，美国哥伦比亚特区地方法院判决撤销对于小米公司“中国军方相关企业”的认定。

第四节　简要评论

本案中小米公司此次针对两部门的挑战获得胜利。在关于初步禁令的裁判文书中，已经可以清晰看到法院的态度，即小米公司关于《行政程序法》的诉请全部得到法院支持，但是关于美国宪法第五修正案的诉求，由于原、被告不再争讼，无法从判决进一步读出法院的立场。

本案系小米公司受到美国制裁后，利用美国国内法寻求救济的案例。通常而言，若外国投资者在东道国的投资过程中发生争议，可通过协商、调解、法院诉讼或国际商事仲裁等方式进行争议解决。① 小米公司并非第一家提起初步禁令动议的中国公司，字节跳动也曾针对美国前总统特朗普在任时期下发的行政命令，在美国国内法院提起诉讼，并通过法院颁发初步禁令的方式，暂时阻止相应限制措施生效。尽管从法律规定来看，初步禁令仅能持续至法院作出最终判决之前，但仍具有重要意义。例如本案，法院下达的初步禁令直接促使两被告放弃进一步争讼达成和解。最终，法院下达判决撤销 1 月 14 日作出的“中国军方相关企业”定性决定。

本文就美国总统行政命令的效力、法律不当域外适用及其反制进行简要评析。

一、美国总统行政命令

美国总统的行政命令（executive order）可以起到行政立法的作用，并指导下级行政机关的工作。但在一定情形下，总统行政命令实则没有充分的法律依据，法院对其进行司法审查的标准，目前在美国法律中也不够明晰。

例如，本案所涉第 13959 号行政命令，虽然自称法律依据包括美国宪法、《国际紧急经济权力法》(The International Emergency Economic Powers Act)、《国家紧急状态法》(National Emergencies Act）以及“301 条款”，但实

① 余劲松：《国际投资法》，法律出版社 2018 年版，第 299 页。

际上并未明确、具体指出总统针对“中国军方相关企业”实施金融制裁的直接法律授权。此时，行政命令的合法性问题显现出来，美国法学界也由此发展出“默示权力”和“固有权力”理论，其中前者是指“可以从宪法规定中合理推断出来的权力”，而后者是指“无需以其他权力为依据而独立存在的权力”①。

值得注意的是，在每项总统行政命令的最后，都会写有一个通用条款（general provision），注明“本行政命令不旨在为（也不为）任何当事人创设针对美国及其政府部门、机构或实体，或者其官员、雇员、代理人或其他人员的、实体或程序上的、可通过法律或衡平法强制执行的权利或利益”②。但在现实中，行政命令确实可能达到创设权利的效果，并超出法律的实际规定，例如国防部和财政部对小米公司的决定，即超出行政法授予两部门的职权范围。

综合以上几点，可知美国总统行政命令在一定程度上具有任意性，需要司法权力对总统权力加以制衡。但在现实中，这一制约并不容易实现。历史上，美国联邦最高法院仅废除过两项总统命令。③在“扬斯敦钢铁公司诉索耶案”④中，美国联邦最高法院判决杜鲁门总统无权接管各大钢铁公司的财产，布莱克大法官反驳了“从宪法条文中可以推断出总统默示权力”的观点；而在“赖希案”⑤中，最高法院强调只有国会才有权通过正式立法程序推翻司法先例，因而废除了克林顿总统的行政命令。⑥

值得注意的是，小米公司在本案中并未针对特朗普总统的第13959号行政命令的合法性直接发起挑战，而是就该行政命令对小米公司的具体实施方式寻求法律救济，即针对国防部与财政部的具体行政行为。

自2016年特朗普执政以来，美国在贸易与投资领域对中国发起多项制裁措施。目前，已有44家中国公司被列为“中国军方相关企业”，小米公司在此次初步禁令动议上的成功，对其他公司也具有重要参考价值。一般而

① 贾圣真：《总统立法——美国总统的“行政命令”初探》，《行政法学研究》2016年第6期。

② Sec. 4（c）This order is not intended to，and does not，create any right or benefit，substantive or procedural，enforceable at law or in equity by any party against the United States，its departments，agencies，or entities，its officers，employees，or agents，or any other person. Executive Order 13959 of November 12，2020.

③ 张金勇：《美国总统行政命令》，《当代美国评论》2018年第3期。

④ Youngstown Sheet & Tube Co. v. Sawyer，343 U.S. 579（1952）.

⑤ Chamber of Commerce v. Reich，74 F.3d 1322（D.C. Cir. 1996）.

⑥ 贾圣真：《总统立法——美国总统的“行政命令”初探》，《行政法学研究》2016年第6期。

言，美国总统的行政命令不具有域外效力，例如在本案中，由于小米公司确实在美国设有子公司，而且大量美国公民持有小米的股票，针对小米的制裁属于美国法律管辖范围内的事项。因此，小米利用美国国内法进行救济，实则是最佳的维权途径。

二、法律不当域外适用及其反制

本案中，特朗普总统第13959号行政命令并无直接的域外效力，国防部和财务部对小米公司的“中国军方相关企业”定性是否构成“美国法律的域外管辖”却值得进一步探讨。应注意，法律域外适用、域外管辖和长臂管辖是不同概念。“域外管辖指的是一国将其法律的适用范围或其司法和行政管辖范围扩展至该国领土以外，包括域外立法管辖权、司法管辖权和执法管辖权”；“美国法的域外适用是行政机关和司法机关将立法机关通过的具有域外效力的立法适用于美国境外的人和事。”① 可见，法律域外管辖的概念比域外适用更加宽泛，后者局限于本身具有域外效力的法律规范，而前者则并非如此。最后，长臂管辖是美国民事诉讼程序法中的特有概念，不能将其与域外适用、域外管辖相混淆。

尽管，如上文所言，美国国防部、财政部对小米公司进行制裁的决定本质上属于美国法律的管辖范围，即通过对美国证券市场进行规制，阻止小米在美融资，并未超出“属地管辖”之界限。但仔细分析后可发现，美国实则在玩“规则游戏”。小米公司作为一家总部设立在中国的“外国公司”，美国国防部、财政部“醉翁之意不在酒”，想要针对的是作为中国公司的小米的未来发展，打压中国公司在5G、人工智能等高科技领域的竞争力。

在当前国际贸易和投资皆非常活跃的背景下，法律管辖与域外适用现象并不少见，判断其是否可为相关国际法规则所接受的重要一点即是否存在合适的管辖权依据。目前，对于国际经贸和投资领域的各国法律域外管辖现象并未形成统一的国际法规则。若诉诸传统国际法理论，可从属地管辖、属人管辖、普遍管辖和保护管辖这四点进行分析。其中，属地管辖是建立管辖权的一般原则，而属人管辖、普遍管辖和保护管辖则是对属地管辖在不同程度上的扩张。若无合适管辖权依据，则可以认定为“不当域外管辖”行为。具体而言，美国的次级制裁措施即是一种典型的“不当域外管辖”措施。“次级制裁”，指的是制裁国为了保证初级制裁的效力，禁止或限

① 李庆明：《论美国域外管辖：概念、实践及中国因应》，《国际法研究》2019年第3期。

制第三国实体和个人与初级制裁目标进行交易的行为。违反次级制裁将导致第三国实体和个人被纳入制裁国的制裁对象范围。①

近年来，美国法律的域外管辖现象有增无减，势必对我国在美投资者的商业利益产生影响。为应对这种情况，主要有三种思路。“一是在美国国内行政程序中进行抗辩，以及要求对行政机关的决定进行司法审查，但这种方式不仅费时费力，抗辩成功的可能性也不高。二是将美国的域外适用行为诉诸国际争端解决机制，但这种方式受到国际争端解决机制管辖权的限制，反制范围和效果较为有限。三是通过适用本国国内有关法律进行反制，但这种反制也不是直接针对他国政府国内法域外适用的措施进行”。②

2021 年 1 月 9 日，我国商务部颁布《阻断外国法律与措施不当域外适用办法（阻断办法）》，其中第 5 条规定“中国公民、法人或者其他组织遇到外国法律与措施禁止或者限制其与第三国（地区）及其公民、法人或者其他组织正常的经贸及相关活动情形的，应当在 30 日内向国务院商务主管部门如实报告有关情况”。该办法主要针对外国法律的不当次级制裁行为实施阻断，因此，本案中美国国防部和财政部的制裁行为并不属于《阻断办法》的适用范围。但是该规定对于企业在美国未来可能面临的次级制裁行为，仍然具有现实意义。

《阻断办法》属于我国完善涉外法治领域的重要一环，但目前还有较多方面有待完善。

其一，如何理解“中国”公民、法人或其他组织，即《阻断办法》的属人适用范围如何进行具体确认。是否包含港澳台企业，以及注册在中国的外国公司的子公司。

其二，《阻断办法》第 9 条③所言“当事人”是否包含外国企业？纵观《阻断办法》全文，“当事人”这一术语的表达仅在第 9 条中出现，与其他条

① 廖诗评：《〈阻断外国法律与措施不当域外适用办法〉的属事适用范围》，《国际法研究》2021 年第 2 期。

② 廖诗评：《国内法域外适用及其应对——以美国法域外适用措施为例》，《国际法研究》2019 年第 3 期。

③ 第 9 条　当事人遵守禁令范围内的外国法律与措施，侵害中国公民、法人或者其他组织合法权益的，中国公民、法人或者其他组织可以依法向人民法院提起诉讼，要求该当事人赔偿损失；但是，当事人依照本办法第 8 条规定获得豁免的除外。根据禁令范围内的外国法律作出的判决、裁定致使中国公民、法人或者其他组织遭受损失的，中国公民、法人或者其他组织可以依法向人民法院提起诉讼，要求在该判决、裁定中获益的当事人赔偿损失。本条第一款、第二款规定的当事人拒绝履行人民法院生效的判决、裁定的，中国公民、法人或者其他组织可以依法申请人民法院强制执行。

文中的“中国公民、法人和其他组织”进行了明确的区分。从理论上来看，“当事人”应当包含外国企业，否则《阻断办法》将很难在实际上阻止次级制裁的效力。另外，第9条允许受影响的中国实体通过司法途径对自己的权利进行救济，但如何理解该诉讼的具体性质：违约之诉、侵权之诉抑或两者兼而有之？

其三，《阻断办法》第13条[①]提到若中国公民、法人或其他组织不遵守禁令，则商务部有权予以行政处罚。依据我国2021年最新修订的《行政处罚法》第13条[②]，作为部门规章的《阻断办法》可以在尚无上位法规定的情况下设置警告、通报批评或一定数额的罚款。但是，我国仍需要在对外贸易和投资领域对基本法律进行修改，为《阻断办法》提供充足的上位法依据。

其四，《阻断办法》本质上是我国对外国法律和措施的反制行为。在国际法领域，其合法性基础应建立在外国法律和措施的国际法违法性上。但如何判断“违法性”在国际法理论上也并无定论，主要有以下两种思路：（1）该法律或措施是否有正向的、充分的国际法“允许性规范（permissive rules）”的支持；（2）该法律或措施是否违反了国际法上否定性的“禁止性规范（prohibitive rules）”。1927年国际常设仲裁法院的“荷花号案”所确立的“国际法无禁止则允许”原则在法律域外适用领域是否依然适用需要进一步仔细论证。另外，即使是拥有合法性基础的反制措施，也需要遵循“比例原则（proportionality）”，我国如何把握好这一反制措施的“限度”也需进一步斟酌和考量。

综上所述，小米公司利用美国国内法维权的方式值得肯定。中国在美投资者仍需面对美国总统行政令的任意性所带来的风险，需要勇于维护自身合法权利。在涉外法治领域，我国仍须对相关法律法规作出进一步细化与完善。

---

① 第13条　中国公民、法人或者其他组织未按照规定如实报告有关情况或者不遵守禁令的，国务院商务主管部门可以给予警告，责令限期改正，并可以根据情节轻重处以罚款。

② 第13条　国务院部门规章可以在法律、行政法规规定的给予行政处罚的行为、种类和幅度的范围内作出具体规定。尚未制定法律、行政法规的，国务院部门规章对违反行政管理秩序的行为，可以设定警告、通报批评或者一定数额罚款的行政处罚。罚款的限额由国务院规定。

附

相关法规（英文原文）

1.《2018 年外国投资风险审查现代化法》（The Foreign Investment Risk Review Modernization Act of 2018）

Subtitle A—Committee on Foreign Investment in the United States

SEC. 1701. SHORT TITLE: FOREIGN INVESTMENT RISK REVIEW MODERNIZATION ACT OF 2018.

This subtitle may be cited as the "Foreign Investment Risk Review Modernization Act of 2018".

SEC. 1702. FINDINGS; SENSE OF CONGRESS.

（a）FINDINGS.—Congress makes the following findings:

（1）According to a February 2016 report by the International Trade Administration of the Department of Commerce，12,000,000 United States workers，equivalent to 8.5 percent of the labor force，have jobs resulting from foreign investment，including 3,500,000 jobs in the manufacturing sector alone.

（2）In 2016，new foreign direct investment in United States manufacturing totaled $129,400,000,000.

（3）The Bureau of Economic Analysis of the Department of Commerce concluded that，in 2015—

（A）foreign-owned affiliates in the United States—

（i）contributed $894,500,000,000 in value added to the United States economy;

（ii）exported goods valued at $352,800,000,000，

accounting for nearly a quarter of total exports of goods from the United States; and

(iii) undertook $56,700,000,000 in research and development; and (B) the 7 countries investing the most in the United States, all of which are United States allies (the United Kingdom, Japan, Germany, France, Canada, Switzerland, and the Netherlands) accounted for 72.1 percent of the value added by foreign-owned affiliates in the United States and more than 80 percent of research and development expenditures by such entities.

(4) According to the Government Accountability Office, from 2011 to 2016, the number of transactions reviewed by the Committee on Foreign Investment in the United States (commonly referred to as "CFIUS") grew by 55 percent, while the staff of the Committees assigned to the reviews increased by 11 percent.

(5) According to a February 2018 report of the Government Accountability Office on the Committee on Foreign Investment in the United States (GAO-18-249): "Officials from Treasury and other member agencies are aware of pressures on their CFIUS staff given the current workload and have expressed concerns about possible workload increases." The Government Accountability Office concluded: "Without attaining an understanding of the staffing levels needed to address the current and future CFIUS workload, particularly if legislative changes to CFIUS's authorities further expand its workload, CFIUS may be limited in its ability to fulfill its objectives and address threats to the national security of the United States."

(6) On March 30, 1954, Dwight David Eisenhower—fivestar general, Supreme Allied Commander, and 34th President of the United States—in his "Special Message to the Congress on Foreign Economic Policy", counseled: "Great mutual advantages to buyer and seller, to producer and consumer, to investor and to the community where investment is made, accrue from high levels of trade and investment." President Eisenhower continued: "The internal strength of the American

economy has evolved from such a system of mutual advantage. In the press of other problems and in the haste to meet emergencies, this nation—and many other nations of the free world—have all too often lost sight of this central fact." President Eisenhower concluded: "If we fail in our trade policy, we may fail in all. Our domestic employment, our standard of living, our security, and the solidarity of the free world—all are involved."

(b) SENSE OF CONGRESS.—It is the sense of Congress that—

(1) foreign investment provides substantial economic benefits to the United States, including the promotion of economic growth, productivity, competitiveness, and job creation, thereby enhancing national security;

(2) maintaining the commitment of the United States to an open investment policy encourages other countries to reciprocate and helps open new foreign markets for United States businesses;

(3) it should continue to be the policy of the United States to enthusiastically welcome and support foreign investment, consistent with the protection of national security;

(4) at the same time, the national security landscape has shifted in recent years, and so has the nature of the investments that pose the greatest potential risk to national security, which warrants an appropriate modernization of the processes and authorities of the Committee on Foreign Investment in the United States and of the United States export control system;

(5) the Committee on Foreign Investment in the United States plays a critical role in protecting the national security of the United States, and, therefore, it is essential that the member agencies of the Committee are adequately resourced and able to hire appropriately qualified individuals in a timely manner, and that those individuals' security clearances are processed as a high priority;

(6) the President should conduct a more robust international outreach effort to urge and help allies and partners of the United States to establish processes that are similar to the Committee on Foreign Investment in the United States to screen foreign investments for national security risks and

to facilitate coordination;

(7) the President should lead a collaborative effort with allies and partners of the United States to strengthen the multilateral export control regime;

(8) any penalties imposed by the United States Government with respect to an individual or entity pursuant to a determination that the individual or entity has violated sanctions imposed by the United States or the export control laws of the United States should not be reversed for reasons unrelated to the national security of the United States; and

(9) the Committee on Foreign Investment in the United States should continue to review transactions for the purpose of protecting national security and should not consider issues of national interest absent a national security nexus.

(c) SENSE OF CONGRESS ON CONSIDERATION OF COVERED TRANSACTIONS.—It is the sense of Congress that, when considering national security risks, the Committee on Foreign Investment in the United States may consider—

(1) whether a covered transaction involves a country of special concern that has a demonstrated or declared strategic goal of acquiring a type of critical technology or critical infrastructure that would affect United States leadership in areas related to national security;

(2) the potential national security-related effects of the cumulative control of, or pattern of recent transactions involving, any one type of critical infrastructure, energy asset, critical material, or critical technology by a foreign government or foreign person;

(3) whether any foreign person engaging in a covered transaction with a United States business has a history of complying with United States laws and regulations;

(4) the control of United States industries and commercial activity by foreign persons as it affects the capability and capacity of the United States to meet the requirements of national security, including the availability of human resources, products, technology, materials, and other supplies and services, and in considering "the availability of human resources",

should construe that term to include potential losses of such availability resulting from reductions in the employment of United States persons whose knowledge or skills are critical to national security，including the continued production in the United States of items that are likely to be acquired by the Department of Defense or other Federal departments or agencies for the advancement of the national security of the United States；

（5）the extent to which a covered transaction is likely to expose，either directly or indirectly，personally identifiable information，genetic information，or other sensitive data of United States citizens to access by a foreign government or foreign person that may exploit that information in a manner that threatens national security；and

（6）whether a covered transaction is likely to have the effect of exacerbating or creating new cybersecurity vulnerabilities in the United States or is likely to result in a foreign government gaining a significant new capability to engage in malicious cyber-enabled activities against the United States，including such activities designed to affect the outcome of any election for Federal office.

SEC. 1703. DEFINITIONS.

Section 721（a）of the Defense Production Act of 1950（50 U.S.C. 4565（a））is amended to read as follows：

"（a）DEFINITIONS.—In this section：

"（1）CLARIFICATION.—The term 'national security' shall be construed so as to include those issues relating to 'homeland security'，including its application to critical infrastructure.

"（2）COMMITTEE；CHAIRPERSON.—The terms 'Committee' and 'chairperson' mean the Committee on Foreign Investment in the United States and the chairperson thereof，respectively.

"（3）CONTROL.—The term 'control' means the power，direct or indirect，whether exercised or not exercised，to determine，direct，or decide important matters affecting an entity，subject to regulations prescribed by the Committee.

"（4）COVERED TRANSACTION.—

"(A) IN GENERAL.—Except as otherwise provided, the term 'covered transaction' means—

"(i) any transaction described in subparagraph (B)(i); and

"(ii) any transaction described in clauses (ii) through (v) of subparagraph (B) that is proposed, pending, or completed on or after the effective date set forth in section 1727 of the Foreign Investment Risk Review Modernization Act of 2018.

"(B) TRANSACTIONS DESCRIBED.—A transaction described in this subparagraph is any of the following:

"(i) Any merger, acquisition, or takeover that is proposed or pending after August 23, 1988, by or with any foreign person that could result in foreign control of any United States business, including such a merger, acquisition, or takeover carried out through a joint venture.

"(ii) Subject to subparagraphs (C) and (E), the purchase or lease by, or a concession to, a foreign person of private or public real estate that—

"(I) is located in the United States;

"(II)(aa) is located within, or will function as part of, an air or maritime port; or

"(bb)(AA) is in close proximity to a United States military installation or another facility or property of the United States Government that is sensitive for reasons relating to national security;

"(BB) could reasonably provide the foreign person the ability to collect intelligence on activities being conducted at such an installation, facility, or property; or

"(CC) could otherwise expose national security activities at such an installation, facility, or property to the risk of foreign surveillance; and

"(III) meets such other criteria as the Committee prescribes by regulation, except that such criteria may not expand the categories of real estate to which this clause applies beyond the categories described in subclause (II).

"(iii) Any other investment, subject to regulations prescribed under subparagraphs (D) and (E), by a foreign person in any unaffiliated United States business that—

"(I) owns, operates, manufactures, supplies, or services critical infrastructure;

"(II) produces, designs, tests, manufactures, fabricates, or develops one or more critical technologies; or

"(III) maintains or collects sensitive personal data of United States citizens that may be exploited in a manner that threatens national security.

"(iv) Any change in the rights that a foreign person has with respect to a United States business in which the foreign person has an investment, if that change could result in—

"(I) foreign control of the United States business; or

"(II) an investment described in clause (iii).

"(v) Any other transaction, transfer, agreement, or arrangement, the structure of which is designed or intended to evade or circumvent the application of this section, subject to regulations prescribed by the Committee.

"(C) REAL ESTATE TRANSACTIONS.—

"(i) EXCEPTION FOR CERTAIN REAL ESTATE TRANSACTIONS.—A real estate purchase, lease, or concession described in subparagraph (B)(ii) does not include a purchase, lease, or concession of—

"(I) a single 'housing unit', as defined by the Census Bureau; or

"(II) real estate in 'urbanized areas', as defined by the Census Bureau in the most recent census, except as otherwise prescribed by the Committee in regulations in consultation with the Secretary of Defense.

"(ii) DEFINITION OF CLOSE PROXIMITY.—With respect to a real estate purchase, lease, or concession described in subparagraph (B)(ii)(II)(bb)(AA), the Committee shall prescribe regulations to ensure that the term 'close proximity' refers only to a distance or distances within which the purchase, lease, or concession of real estate could pose a national security risk in connection with a United States military installation or another facility or property of the United States Government described in that subparagraph.

"(D) OTHER INVESTMENTS.—

"(i) OTHER INVESTMENT DEFINED.—For purposes of subparagraph (B)(iii), the term 'other investment' means an investment, direct or indirect, by a foreign person in a United States business described in that subparagraph that is not an investment described in subparagraph (B)(i) and that affords the foreign person—

"(I) access to any material nonpublic technical information in the possession of the United States business;

"(II) membership or observer rights on the board of directors or equivalent governing body of the United States business or the right to nominate an individual to a position on the board of directors or equivalent governing body; or

"(III) any involvement, other than through voting of shares, in substantive decisionmaking of the United States business regarding—

"(aa) the use, development, acquisition, safekeeping, or release of sensitive personal data of United States citizens maintained or collected by the United States business;

"(bb) the use, development acquisition, or release of critical technologies; or "(cc) the management, operation, manufacture, or supply of critical infrastructure.

"(ii) MATERIAL NONPUBLIC TECHNICAL INFORMATION DEFINED.—

"(I) IN GENERAL.—For purposes of clause (i)(I), and subject to regulations prescribed by the Committee, the term 'material nonpublic technical information' means information that—

"(aa) provides knowledge, know-how, or understanding, not available in the public domain, of the design, location, or operation of critical infrastructure; or

"(bb) is not available in the public domain, and is necessary to design, fabricate, develop, test, produce, or manufacture critical technologies, including processes, techniques, or methods.

"(II) EXEMPTION FOR FINANCIAL INFORMATION.—Notwithstanding subclause (I), for purposes of this subparagraph, the term 'material nonpublic technical information' does not include financial information regarding the performance of a United States business.

"(iii) REGULATIONS.—

"(I) IN GENERAL.—The Committee shall prescribe regulations providing guidance on the types of transactions that the Committee considers to be 'other investment' for purposes of subparagraph (B)(iii).

"(II) UNITED STATES BUSINESSES THAT OWN, OPERATE, MANUFACTURE, SUPPLY, OR SERVICE CRITICAL INFRASTRUCTURE.—The regulations prescribed by the Committee with respect to an investment described in subparagraph (B)(iii)(I) shall—

"(aa) specify the critical infrastructure subject to that subparagraph based on criteria intended to limit application of that subparagraph to the subset of critical infrastructure that is likely to be of importance to the national security of the United States; and

"(bb) enumerate specific types and examples of such critical infrastructure.

"(iv) SPECIFIC CLARIFICATION FOR INVESTMENT FUNDS.—

"(I) TREATMENT OF CERTAIN INVESTMENT FUND INVESTMENTS.—Notwithstanding clause (i)(II) and subject to regulations prescribed by the Committee, an indirect investment by a foreign person in a United States business described in subparagraph (B)(iii) through an investment fund that affords the foreign person (or a designee of the foreign person) membership as a limited partner or equivalent on an advisory board or a committee of the fund shall not be considered an 'other investment' for purposes of subparagraph (B)(iii) if—

"(aa) the fund is managed exclusively by a general partner, a managing member, or an equivalent;

"(bb) the general partner, managing member, or equivalent is not a foreign person;

"(cc) the advisory board or committee does not have the ability to approve, disapprove, or otherwise control—

"(AA) investment decisions of the fund; or

"(BB) decisions made by the general partner, managing member, or equivalent related to entities in which the fund is invested;

"(dd) the foreign person does not otherwise have the ability to control the fund, including the authority—

"(AA) to approve, disapprove, or

otherwise control investment decisions of the fund;

"(BB) to approve, disapprove, or otherwise control decisions made by the general partner, managing member, or equivalent related to entities in which the fund is invested; or

"(CC) to unilaterally dismiss, prevent the dismissal of, select, or determine the compensation of the general partner, managing member, or equivalent;

"(ee) the foreign person does not have access to material nonpublic technical information as a result of its participation on the advisory board or committee; and

"(ff) the investment otherwise meets the requirements of this subparagraph.

"(II) TREATMENT OF CERTAIN WAIVERS.—

"(aa) IN GENERAL.—For the purposes of items (cc) and (dd) of subclause (I) and except as provided in item (bb), a waiver of a potential conflict of interest, a waiver of an allocation limitation, or a similar activity, applicable to a transaction pursuant to the terms of an agreement governing an investment fund shall not be considered to constitute control of investment decisions of the fund or decisions relating to entities in which the fund is invested.

"(bb) EXCEPTION.—The Committee may prescribe regulations providing for exceptions to item (aa) for extraordinary circumstances.

"(v) EXCEPTION FOR AIR CARRIERS.—For purposes of subparagraph (B)(iii), the term 'other investment' does not include an investment involving an air carrier, as defined in section 40102（a)(2）of title 49，United States Code，that holds a certificate issued under section 41102 of that title.

"（vi）RULE OF CONSTRUCTION.—Any definition of 'critical infrastructure' established under any provision of law other than this section shall not be determinative for purposes of this section.

"（E）COUNTRY SPECIFICATION.—The Committee shall prescribe regulations that further define the term 'foreign person' for purposes of clauses（ii）and（iii）of subparagraph（B）. In prescribing such regulations，the Committee shall specify criteria to limit the application of such clauses to the investments of certain categories of foreign persons. Such criteria shall take into consideration how a foreign person is connected to a foreign country or foreign government，and whether the connection may affect the national security of the United States.

"（F）TRANSFERS OF CERTAIN ASSETS PURSUANT TO BANKRUPTCY PROCEEDINGS OR OTHER DEFAULTS.—The Committee shall prescribe regulations to clarify that the term 'covered transaction' includes any transaction described in subparagraph（B）that arises pursuant to a bankruptcy proceeding or other form of default on debt.

"（5）CRITICAL INFRASTRUCTURE.—The term 'critical infrastructure' means，subject to regulations prescribed by the Committee，systems and assets，whether physical or virtual，so vital to the United States that the incapacity or destruction of such systems or assets would have a debilitating impact on national security.

"（6）CRITICAL TECHNOLOGIES.—

"（A）IN GENERAL.—The term 'critical technologies' means the following：

"（i）Defense articles or defense services included on the United States Munitions List set forth in the International Traffic in Arms Regulations under subchapter M of chapter I of title 22，Code of Federal Regulations.

"(ii) Items included on the Commerce Control List set forth in Supplement No.1 to part 774 of the Export Administration Regulations under subchapter C of chapter VII of title 15, Code of Federal Regulations, and controlled—

"(I) pursuant to multilateral regimes, including for reasons relating to national security, chemical and biological weapons proliferation, nuclear nonproliferation, or missile technology; or

"(II) for reasons relating to regional stability or surreptitious listening.

"(iii) Specially designed and prepared nuclear equipment, parts and components, materials, software, and technology covered by part 810 of title 10, Code of Federal Regulations (relating to assistance to foreign atomic energy activities).

"(iv) Nuclear facilities, equipment, and material covered by part 110 of title 10, Code of Federal Regulations (relating to export and import of nuclear equipment and material).

"(v) Select agents and toxins covered by part 331 of title 7, Code of Federal Regulations, part 121 of title 9 of such Code, or part 73 of title 42 of such Code.

"(vi) Emerging and foundational technologies controlled pursuant to section 1758 of the Export Control Reform Act of 2018.

"(B) RECOMMENDATIONS.—

"(i) IN GENERAL.—The chairperson may recommend technologies for identification under the interagency process set forth in section 1758 (a) of the Export Control Reform Act of 2018.

"(ii) MATTERS INFORMING RECOMMENDATIONS.—Recommendations by the chairperson under clause (i) shall draw upon information arising from reviews and investigations conducted under subsection (b), notices submitted under subsection (b)(1)(C)(i), declarations filed under subsection (b)(1)(C)(v), and non-notified and non-declared transactions identified under subsection (b)(1)(H).

"(7) FOREIGN GOVERNMENT-CONTROLLED TRANSACTION.— The term 'foreign government-controlled transaction' means any covered transaction that could result in the control of any United States business by a foreign government or an entity controlled by or acting on behalf of a foreign government.

"(8) INTELLIGENCE COMMUNITY.—The term 'intelligence community' has the meaning given that term in section 3 (4) of the National Security Act of 1947 (50 U.S.C. 3003 (4)).

"(9) INVESTMENT.—The term 'investment' means the acquisition of equity interest, including contingent equity interest, as further defined in regulations prescribed by the Committee.

"(10) LEAD AGENCY.—The term 'lead agency' means the agency or agencies designated as the lead agency or agencies pursuant to subsection (k)(5).

"(11) PARTY.—The term 'party' has the meaning given that term in regulations prescribed by the Committee.

"(12) UNITED STATES.—The term 'United States' means the several States, the District of Columbia, and any territory or possession of the United States.

"(13) UNITED STATES BUSINESS.—The term 'United States business' means a person engaged in interstate commerce in the United States."

SEC. 1704. ACCEPTANCE OF WRITTEN NOTICES.

Section 721 (b)(1)(C)(i) of the Defense Production Act of 1950 (50 U.S.C. 4565 (b)(1)(C)(i)) is amended—

(1) by striking "Any party" and inserting the following:

"(I) IN GENERAL.—Any party"; and

(2) by adding at the end the following:

"(II) COMMENTS AND ACCEPTANCE.—

"(aa) IN GENERAL.—Subject to item (cc),

the Committee shall provide comments on a draft or formal written notice or accept a formal written notice submitted under subclause（I）with respect to a covered transaction not later than the date that is 10 business days after the date of submission of the draft or formal written notice.

"（bb）COMPLETENESS.—If the Committee determines that a draft or formal written notice described in item（aa）is not complete，the Committee shall notify the party or parties to the transaction in writing that the notice is not complete and provide an explanation of all material respects in which the notice is incomplete.

"（cc）STIPULATIONS REQUIRED.—The timing requirement under item（aa）shall apply only in a case in which the parties stipulate under clause（vi）that the transaction is a covered transaction."

SEC. 1705. INCLUSION OF PARTNERSHIP AND SIDE AGREEMENTS IN NOTICE.

Section 721（b)(1)(C）of the Defense Production Act of 1950（50 U.S.C. 4565（b)(1)(C））is amended by adding at the end the following:

"（iv）INCLUSION OF PARTNERSHIP AND SIDE AGREEMENTS.—The Committee may require a written notice submitted under clause（i）to include a copy of any partnership agreements，integration agreements，or other side agreements relating to the transaction，as specified in regulations prescribed by the Committee."

SEC. 1706. DECLARATIONS FOR CERTAIN COVERED TRANSACTIONS.

Section 721（b)(1)(C）of the Defense Production Act of 1950（50 U.S.C. 4565（b)(1)(C）)，as amended by section 1705，is further amended by adding at the end the following:

"(v) DECLARATIONS FOR CERTAIN COVERED TRANSACTIONS.—

"(I) IN GENERAL.—A party to any covered transaction may submit to the Committee a declaration with basic information regarding the transaction instead of a written notice under clause (i).

"(II) REGULATIONS.—The Committee shall prescribe regulations establishing requirements for declarations submitted under this clause. In prescribing such regulations, the Committee shall ensure that such declarations are submitted as abbreviated notifications that would not generally exceed 5 pages in length.

"(III) COMMITTEE RESPONSE TO DECLARATION.—

"(aa) IN GENERAL.—Upon receiving a declaration under this clause with respect to a covered transaction, the Committee may, at the discretion of the Committee—

"(AA) request that the parties to the transaction file a written notice under clause (i);

"(BB) inform the parties to the transaction that the Committee is not able to complete action under this section with respect to the transaction on the basis of the declaration and that the parties may file a written notice under clause (i) to seek written notification from the Committee that the Committee has completed all action under this section with respect to the transaction;

"(CC) initiate a unilateral review of the transaction under subparagraph (D); or

"(DD) notify the parties in writing that the Committee has completed all action under this section with respect to the transaction.

"(bb) TIMING.—The Committee shall take action under item (aa) not later than 30 days after receiving a declaration under this clause.

"(cc) RULE OF CONSTRUCTION.—Nothing in this subclause (other than item (aa)(CC)) shall be construed to affect the authority of the President or the Committee to take any action authorized by this section with respect to a covered transaction.

"(IV) MANDATORY DECLARATIONS.—

"(aa) REGULATIONS.—The Committee shall prescribe regulations specifying the types of covered transactions for which the Committee requires a declaration under this subclause.

"(bb) CERTAIN COVERED TRANSACTIONS WITH FOREIGN GOVERNMENT INTERESTS.—

"(AA) IN GENERAL.—Except as provided in subitem (BB), the parties to a covered transaction shall submit a declaration described in subclause (I) with respect to the transaction if the transaction involves an investment that results in the acquisition, directly or indirectly, of a substantial interest in a United States business described in subsection (a)(4)(B)(iii) by a foreign person in which a foreign government has, directly or indirectly, a substantial interest.

"(BB) SUBSTANTIAL INTEREST DEFINED.—In this item, the term 'substantial interest' has the meaning given that term in regulations which the Committee shall prescribe. In developing those regulations, the Committee shall consider the means by which a foreign government could influence the actions of a foreign person, including through board membership, ownership interest, or shareholder rights. An interest that is excluded under subparagraph (D) of subsection (a)(4) from the term 'other investment' as used in subparagraph (B)(iii) of that subsection or that is less than a 10 percent voting interest shall not be considered a substantial interest.

"(CC) WAIVER.—The Committee may waive, with respect to a foreign person, the requirement under subitem (AA) for the submission of a declaration described in subclause (I) if the Committee determines that the foreign person demonstrates that the investments of the foreign person are not directed by a foreign government and the foreign person has a history of cooperation with the Committee.

"(cc) OTHER DECLARATIONS REQUIRED BY COMMITTEE.—The Committee may require the submission of a declaration described in subclause (I) with respect to any covered transaction identified under regulations prescribed by the Committee for purposes of this item, at the discretion of the Committee, that involves a United States business described in subsection (a)(4)(B)(iii)(II).

"(dd) EXCEPTION.—The submission of a declaration described in subclause (I) shall not be required pursuant to this subclause with respect to an investment by an investment fund if—

"（AA）the fund is managed exclusively by a general partner，a managing member，or an equivalent；

"（BB）the general partner，managing member，or equivalent is not a foreign person；and

"（CC）the investment fund satisfies，with respect to any foreign person with membership as a limited partner on an advisory board or a committee of the fund，the criteria specified in items（cc）and（dd）of subsection（a)(4)(D)（iv）.

"（ee）SUBMISSION OF WRITTEN NOTICE AS AN ALTERNATIVE.—Parties to a covered transaction for which a declaration is required under this subclause may instead elect to submit a written notice under clause（i）.

"（ff）TIMING AND REFILING OF SUBMISSION.—

"（AA）IN GENERAL.—In the regulations prescribed under item（aa），the Committee may not require a declaration to be submitted under this subclause with respect to a covered transaction more than 45 days before the completion of the transaction.

"（BB）REFILING OF DECLARATION.—The Committee may not request or recommend that a declaration submitted under this subclause be withdrawn and refiled，except to permit parties to a covered transaction to correct material errors or omissions in the declaration submitted with respect to that transaction.

"（gg）PENALTIES.—The Committee may

impose a penalty pursuant to subsection (h)(3) with respect to a party that fails to comply with this subclause."

SEC. 1707. STIPULATIONS REGARDING TRANSACTIONS.

Section 721 (b)(1)(C) of the Defense Production Act of 1950 (50 U.S.C. 4565 (b)(1)(C)), as amended by section 1706, is further amended by adding at the end the following:

"(vi) STIPULATIONS REGARDING TRANSACTIONS.—

"(I) IN GENERAL.—In a written notice submitted under clause (i) or a declaration submitted under clause (v) with respect to a transaction, a party to the transaction may—

"(aa) stipulate that the transaction is a covered transaction; and

"(bb) if the party stipulates that the transaction is a covered transaction under item (aa), stipulate that the transaction is a foreign government-controlled transaction.

"(II) BASIS FOR STIPULATION.—A written notice submitted under clause (i) or a declaration submitted under clause (v) that includes a stipulation under subclause (I) shall include a description of the basis for the stipulation."

SEC. 1708. AUTHORITY FOR UNILATERAL INITIATION OF REVIEWS.

Section 721 (b)(1) of the Defense Production Act of 1950 (50 U.S.C. 4565 (b)(1)) is amended—

(1) by redesignating subparagraphs (E) and (F) as subparagraphs (F) and (G), respectively;

(2) in subparagraph (D) —

(A) in the matter preceding clause (i), by striking

"subparagraph (F)" and inserting "subparagraph (G)";

(B) in clause (i), by inserting "(other than a covered transaction described in subparagraph (E))" after "any covered transaction";

(C) by striking clause (ii) and inserting the following:

"(ii) any covered transaction described in subparagraph (E), if any party to the transaction submitted false or misleading material information to the Committee in connection with the Committee's consideration of the transaction or omitted material information, including material documents, from information submitted to the Committee; or"; and

(D) in clause (iii)—

(i) in the matter preceding subclause (I), by striking "any covered transaction that has previously been reviewed or investigated under this section," and inserting "any covered transaction described in subparagraph (E),";

(ii) in subclause (I), by striking "intentionally";

(iii) in subclause (II), by striking "an intentional" and inserting "a"; and

(iv) in subclause (III), by inserting "adequate and appropriate" before "remedies or enforcement tools"; and

(3) by inserting after subparagraph (D) the following:

"(E) COVERED TRANSACTIONS DESCRIBED.—A covered transaction is described in this subparagraph if—

"(i) the Committee has informed the parties to the transaction in writing that the Committee has completed all action under this section with respect to the transaction; or

"(ii) the President has announced a decision not to exercise the President's authority under subsection (d) with respect to the transaction."

SEC. 1709. TIMING FOR REVIEWS AND INVESTIGATIONS.

Section 721 (b) of the Defense Production Act of 1950 (50 U.S.C. 4565 (b)), as amended by section 1708, is further amended—

(1) in paragraph (1)(F), by striking "30" and inserting "45";

(2) in paragraph (2), by striking subparagraph (C) and inserting the following:

"(C) TIMING.—

"(i) IN GENERAL.—Except as provided in clause (ii), any investigation under subparagraph (A) shall be completed before the end of the 45-day period beginning on the date on which the investigation commenced.

"(ii) EXTENSION FOR EXTRAORDINARY CIRCUMSTANCES.—

"(I) IN GENERAL.—In extraordinary circumstances (as defined by the Committee in regulations), the chairperson may, at the request of the head of the lead agency, extend an investigation under subparagraph (A) for one 15-day period.

"(II) NONDELEGATION.—The authority of the chairperson and the head of the lead agency referred to in subclause (I) may not be delegated to any person other than the Deputy Secretary of the Treasury or the deputy head (or equivalent thereof) of the lead agency, as the case may be.

"(III) NOTIFICATION TO PARTIES.—If the Committee extends the deadline under subclause (I) with respect to a covered transaction, the Committee shall notify the parties to the transaction of the extension." and

(3) by adding at the end the following:

"(8) TOLLING OF DEADLINES DURING LAPSE IN APPROPRIATIONS.—Any deadline or time limitation under this subsection shall be tolled during a lapse in appropriations."

SEC. 1710. IDENTIFICATION OF NON-NOTIFIED AND NON-DECLARED TRANSACTIONS.

Section 721 (b)(1) of the Defense Production Act of 1950 (50 U.S.C.

4565（b)(1)），as amended by sections 1708 and 1709，is further amended by adding at the end the following：

"（H）IDENTIFICATION OF NON-NOTIFIED AND NONDECLARED TRANSACTIONS.—The Committee shall establish a process to identify covered transactions for which—

"（i）a notice under clause（i）of subparagraph（C）or a declaration under clause（v）of that subparagraph is not submitted to the Committee；and

"（ii）information is reasonably available."

SEC. 1711. SUBMISSION OF CERTIFICATIONS TO CONGRESS.

Section 721（b)(3)(C）of the Defense Production Act of 1950（50 U.S.C.4565（b)(3)(C)）is amended—

（1）in clause（i），by striking subclause（II）and inserting the following：

"（II）a certification that all relevant national security factors have received full consideration"；

（2）in clause（iv），by striking subclause（II）and inserting the following：

"（II）DELEGATION OF CERTIFICATIONS.—

"（aa）IN GENERAL.—Subject to item（bb），the chairperson，in consultation with the Committee，may determine the level of official to whom the signature requirement under subclause（I）for the chairperson and the head of the lead agency may be delegated. The level of official to whom the signature requirement may be delegated may differ based on any factor relating to a transaction that the chairperson，in consultation with the Committee，deems appropriate，including the type or value of the transaction.

"（bb）LIMITATION ON DELEGATION WITH RESPECT TO CERTAIN TRANSACTIONS.—The signature requirement under subclause（I）may be delegated not below the level of the Assistant Secretary of the Treasury or an equivalent official of the lead agency"; and

(3) by adding at the end the following:

"(v) AUTHORITY TO CONSOLIDATE DOCUMENTS.—Instead of transmitting a separate certified notice or certified report under subparagraph (A) or (B) with respect to each covered transaction, the Committee may, on a monthly basis, transmit such notices and reports in a consolidated document to the Members of Congress specified in clause (iii)."

SEC. 1712. ANALYSIS BY DIRECTOR OF NATIONAL INTELLIGENCE.

Section 721 (b)(4) of the Defense Production Act of 1950 (50 U.S.C. 4565 (b)(4)) is amended—

(1) by striking subparagraph (A) and inserting the following:

"(A) ANALYSIS REQUIRED.—

"(i) IN GENERAL.—Except as provided in subparagraph (B), the Director of National Intelligence shall expeditiously carry out a thorough analysis of any threat to the national security of the United States posed by any covered transaction, which shall include the identification of any recognized gaps in the collection of intelligence relevant to the analysis.

"(ii) VIEWS OF INTELLIGENCE COMMUNITY.—The Director shall seek and incorporate into the analysis required by clause (i) the views of all affected or appropriate agencies of the intelligence community with respect to the transaction.

"(iii) UPDATES.—At the request of the lead agency, the Director shall update the analysis conducted under clause (i) with respect to a covered transaction with respect to which an agreement was entered into under subsection (l)(3)(A).

"(iv) INDEPENDENCE AND OBJECTIVITY.—The Committee shall ensure that its processes under this section preserve the ability of the Director to conduct analysis under clause (i) that is independent, objective, and consistent with all applicable directives, policies, and analytic tradecraft standards of the intelligence community";

(2) by redesignating subparagraphs (B), (C), and (D) as subparagraphs (C), (D), and (E), respectively;

(3) by inserting after subparagraph (A) the following:

"(B) BASIC THREAT INFORMATION.—

"(i) IN GENERAL.—The Director of National Intelligence may provide the Committee with basic information regarding any threat to the national security of the United States posed by a covered transaction described in clause (ii) instead of conducting the analysis required by subparagraph (A).

"(ii) COVERED TRANSACTION DESCRIBED.—A covered transaction is described in this clause if—

"(I) the transaction is described in subsection (a)(4)(B)(ii);

"(II) the Director of National Intelligence has completed an analysis pursuant to subparagraph (A) involving each foreign person that is a party to the transaction during the 12 months preceding the review or investigation of the transaction under this section; or

"(III) the transaction otherwise meets criteria agreed upon by the Committee and the Director for purposes of this subparagraph";

(4) in subparagraph (C), as redesignated by paragraph (2), by striking "20" and inserting "30"; and

(5) by adding at theend the following:

"(F) ASSESSMENT OF OPERATIONAL IMPACT.—The Director may provide to the Committee an assessment, separate from the analyses under subparagraphs (A) and (B), of any operational impact of a covered transaction on the intelligence community and a description of any actions that have been or will be taken to mitigate any such impact.

“（G）SUBMISSION TO CONGRESS.—The Committee shall submit the analysis required by subparagraph（A）with respect to a covered transaction to the Select Committee on Intelligence of the Senate and the Permanent Select Committee on Intelligence of the House of Representatives upon the conclusion of action under this section（other than compliance plans under subsection（l)（6））with respect to the transaction.”

SEC. 1713. INFORMATION SHARING.

Section 721（c）of the Defense Production Act of 1950（50 U.S.C. 4565（c））is amended—

（1）by striking “Any information” and inserting the following：

“（1）IN GENERAL.—Except as provided in paragraph（2），any information”；

（2）by striking，“except as may be relevant” and all that follows and inserting a period；and

（3）by adding at the end the following：

“（2）EXCEPTIONS.—Paragraph（1）shall not prohibit the disclosure of the following：

“（A）Information relevant to any administrative or judicial action or proceeding.

“（B）Information to Congress or any duly authorized committee or subcommittee of Congress.

“（C）Information important to the national security analysis or actions of the Committee to any domestic governmental entity，or to any foreign governmental entity of a United States ally or partner，under the exclusive direction and authorization of the chairperson，only to the extent necessary for national security purposes，and subject to appropriate confidentiality and classification requirements.

“（D）Information that the parties have consented to be disclosed to third parties.

“（3）COOPERATION WITH ALLIES AND PARTNERS.—

"(A) IN GENERAL.—The chairperson, in consultation with other members of the Committee, should establish a formal process for the exchange of information under paragraph (2)(C) with governments of countries that are allies or partners of the United States, in the discretion of the chairperson, to protect the national security of the United States and those countries.

"(B) REQUIREMENTS.—The process established under subparagraph (A) should, in the discretion of the chairperson—

"(i) be designed to facilitate the harmonization of action with respect to trends in investment and technology that could pose risks to the national security of the United States and countries that are allies or partners of the United States;

"(ii) provide for the sharing of information with respect to specific technologies and entities acquiring such technologies as appropriate to ensure national security; and

"(iii) include consultations and meetings with representatives of the governments of such countries on a recurring basis."

SEC. 1714. ACTION BY THE PRESIDENT.

Section 721 (d)(2) of the Defense Production Act of 1950 (50 U.S.C. 4565 (d)(2)) is amended by striking "not later than 15 days" and all that follows and inserting the following: "with respect to a covered transaction not later than 15 days after the earlier of—

"(A) the date on which the investigation of the transaction under subsection (b) is completed; or

"(B) the date on which the Committee otherwise refers the transaction to the President under subsection (l)(2)."

SEC. 1715. JUDICIAL REVIEW.

Section 721 (e) of the Defense Production Act of 1950 (50 U.S.C. 4565 (e)) is amended—

(1) by striking "The actions" and inserting the following:

“(1) IN GENERAL.—The actions”; and

(2) by adding at the end the following:

“(2) CIVIL ACTIONS.—A civil action challenging an action or finding under this section may be brought only in the United States Court of Appeals for the District of Columbia Circuit.

“(3) PROCEDURES FOR REVIEW OF PRIVILEGED INFORMATION.—If a civil action challenging an action or finding under this section is brought, and the court determines that protected information in the administrative record, including classified or other information subject to privilege or protections under any provision of law, is necessary to resolve the challenge, that information shall be submitted exparte and in camera to the court and the court shall maintain that information under seal.

“(4) APPLICABILITY OF USE OF INFORMATION PROVISIONS.— The use of information provisions of sections 106, 305, 405, and 706 of the Foreign Intelligence Surveillance Act of 1978 (50 U.S.C. 1806, 1825, 1845, and 1881e) shall not apply in a civil action brought under this subsection.”

SEC. 1716. CONSIDERATIONS FOR REGULATIONS.

Section 721 (h) of the Defense Production Act of 1950 (50 U.S.C. 4565 (h)) is amended—

(1) by striking paragraph (2);

(2) by redesignating paragraph (3) as paragraph (2); and

(3) in paragraph (2), as redesignated—

(A) in subparagraph (A), by striking “including any mitigation” and all that follows through “subsection (l) ” and inserting “including any mitigation agreement entered into, conditions imposed, or order issued pursuant to this section”;

(B) in subparagraph (B)(ii), by striking “and” at the end;

(C) in subparagraph (C), by striking the period at the end and inserting “ ; and”; and

(D) by adding at the end the following:

"(D) provide that, in any review or investigation of a covered transaction conducted by the Committee under subsection (b), the Committee should—

"(i) consider the factors specified in subsection (f); and

"(ii) as appropriate, require parties to provide to the Committee the information necessary to consider such factors."

SEC. 1717. MEMBERSHIP AND STAFF OF COMMITTEE.

(a) HIRING AUTHORITY.—Section 721 (k) of the Defense Production Act of 1950 (50 U.S.C. 4565 (k)) is amended by striking paragraph (4) and inserting the following:

"(4) HIRING AUTHORITY.—

"(A) SENIOR OFFICIALS.—

"(i) IN GENERAL.—Each member of the Committee shall designate an Assistant Secretary, or an equivalent official, who is appointed by the President, by and with the advice and consent of the Senate, to carry out such duties related to the Committee as the member of the Committee may delegate.

"(ii) DEPARTMENT OF THE TREASURY.—

"(I) IN GENERAL.—There shall be established in the Office of International Affairs at the Department of the Treasury 2 additional positions of Assistant Secretary of the Treasury, who shall be appointed by the President, by and with the advice and consent of the Senate, to carry out such duties related to the Committee as the Secretary of the Treasury may delegate, consistent with this section.

"(II) ASSISTANT SECRETARY FOR INVESTMENT SECURITY.—One of the positions of Assistant Secretary of the Treasury authorized under subclause (I) shall be the Assistant Secretary for Investment Security, whose duties shall be principally related to the Committee, as delegated by the Secretary of the Treasury under this section.

“（B）SPECIAL HIRING AUTHORITY.—The heads of the departments and agencies represented on the Committee may appoint，without regard to the provisions of sections 3309 through 3318 of title 5，United States Code，candidates directly to positions in the competitive service（as defined in section 2102 of that title）in their respective departments and agencies. The primary responsibility of positions authorized under the preceding sentence shall be to administer this section.”

（b）PROCEDURES FOR RECUSAL OF MEMBERS OF COMMITTEE FOR CONFLICTS OFINTEREST.—Not later than 90 days after the date of the enactment of this Act，the Committee on Foreign Investment in the United States shall—

（1）establish procedures for the recusal of any member of the Committee that has a conflict of interest with respect to a covered transaction（as defined in section 721（a）of the Defense Production Act of 1950，as amended by section1703）；

（2）submit to the Committee on Banking，Housing，and Urban Affairs of the Senate and the Committee on Financial Services of the House of Representatives a report describing those procedures；and

（3）brief the committees specified in paragraph（1）on the report required by paragraph（2）.

SEC. 1718. ACTIONS BY THE COMMITTEE TO ADDRESS NATIONAL SECURITY RISKS.

Section 721（l）of the Defense Production Act of 1950（50 U.S.C. 4565（l））is amended—

（1）in the subsection heading，by striking“MITIGATION，TRACKING，AND POSTCONSUMMATION MONITORING AND ENFORCEMENT”and inserting“ACTIONS BY THE COMMITTEE TO ADDRESS NATIONAL SECURITY RISKS”；

（2）by redesignating paragraphs（1），（2），and（3）as paragraphs（3），（5），and（6），respectively；

（3）by inserting before paragraph（3），as redesignated by paragraph

(2), the following:

"(1) SUSPENSION OF TRANSACTIONS.—The Committee, acting through the chairperson, may suspend a proposed or pending covered transaction that may pose a risk to the national security of the United States for such time as the covered transaction is under review or investigation under subsection (b).

"(2) REFERRAL TO PRESIDENT.—The Committee may, at any time during the review or investigation of a covered transaction under subsection (b), complete the action of the Committee with respect to the transaction and refer the transaction to the President for action pursuant to subsection (d)";

(4) in paragraph (3), as redesignated by paragraph (2)—

(A) in subparagraph (A)—

(i) in the subparagraph heading, by striking "IN GENERAL" and inserting "AGREEMENTS AND CONDITIONS";

(ii) by striking "The Committee" and inserting the following:

"(i) IN GENERAL.—The Committee";

(iii) by striking "threat" and inserting "risk"; and

(iv) by adding at the end the following:

"(ii) ABANDONMENT OF TRANSACTIONS.—If a party to a covered transaction has voluntarily chosen to abandon the transaction, the Committee or lead agency, as the case may be, may negotiate, enter into or impose, and enforce any agreement or condition with any party to the covered transaction for purposes of effectuating such abandonment and mitigating any risk to the national security of the United States that arises as a result of the covered transaction.

"(iii) AGREEMENTS AND CONDITIONS RELATING TO COMPLETED TRANSACTIONS.—The Committee or lead agency, as the case may be, may negotiate, enter into or impose, and enforce any agreement or condition with any party to a completed covered transaction in order to mitigate any interim risk to the national security of the United States that may arise as a result of the covered transaction until such time that the Committee has completed action pursuant to subsection (b) or the President has taken action pursuant to subsection (d) with respect to the transaction."; and

(B) by striking subparagraph (B) and inserting the following:

"(B) TREATMENT OF OUTDATED AGREEMENTS OR CONDITIONS.—The chairperson and the head of the lead agency shall periodically review the appropriateness of an agreement or condition imposed under subparagraph (A) and terminate, phase out, or otherwise amend the agreement or condition if a threat no longer requires mitigation through the agreement or condition.

"(C) LIMITATIONS.—An agreement may not be entered into or condition imposed under subparagraph (A) with respect to a covered transaction unless the Committee determines that the agreement or condition resolves the national security concerns posed by the transaction, taking into consideration whether the agreement or condition is reasonably calculated to—

"(i) be effective;

"(ii) allow for compliance with the terms of the agreement or condition in an appropriately verifiable way; and

"(iii) enable effective monitoring of compliance with and enforcement of the terms of the agreement or condition.

"(D) JURISDICTION.—The provisions of section 706 (b) shall apply to any mitigation agreement entered into or condition imposed under subparagraph (A).";

(5) by inserting after paragraph (3), as redesignated by paragraph (2), the following:

"(4) RISK-BASED ANALYSIS REQUIRED.—

"(A) IN GENERAL.—Any determination of the Committee

to suspend a covered transaction under paragraph (1), to refer a covered transaction to the President under paragraph (2), or to negotiate, enter into or impose, or enforce any agreement or condition under paragraph (3)(A) with respect to a covered transaction, shall be based on a riskbased analysis, conducted by the Committee, of the effects on the national security of the United States of the covered transaction, which shall include an assessment of the threat, vulnerabilities, and consequences to national security related to the transaction.

"(B) ACTIONS OF MEMBERS OF THE COMMITTEE.—

"(i) IN GENERAL.—Any member of the Committee who concludes that a covered transaction poses an unresolved national security concern shall recommend to the Committee that the Committee suspend the transaction under paragraph (1), refer the transaction to the President under paragraph (2), or negotiate, enter into or impose, or enforce any agreement or condition under paragraph (3)(A) with respect to the transaction. In making that recommendation, the member shall propose or contribute to the risk-based analysis required by subparagraph (A).

"(ii) FAILURE TO REACH CONSENSUS.—If the Committee fails to reach consensus with respect to a recommendation under clause (i) regarding a covered transaction, the members of the Committee who support an alternative recommendation shall produce—

"(I) a written statement justifying the alternative recommendation; and

"(II) as appropriate, a risk-based analysis that supports the alternative recommendation.

"(C) DEFINITIONS.—For purposes of subparagraph (A), the terms 'threat', 'vulnerabilities', and 'consequences to national security' shall have the meanings given those terms by the Committee by regulation.";

(6) in paragraph (5)(B), as redesignated by paragraph (2), by striking "(as defined in the National Security Act of 1947)"; and

(7) in paragraph (6), as redesignated by paragraph (2)—

(A) in subparagraph (A)—

(i) by striking "paragraph (1)" and inserting "paragraph (3)"; and

(ii) by striking the second sentence and inserting the following: "The lead agency may, at its discretion, seek and receive the assistance of other departments or agencies in carrying out the purposes of this paragraph.";

(B) in subparagraph (B)—

(i) by striking "DESIGNATED AGENCY" and all that follows through "The lead agency in connection" and inserting "DESIGNATED AGENCY.—The lead agency in connection";

(ii) by striking clause (ii); and

(iii) by redesignating subclauses (I) and (II) as clauses (i) and (ii), respectively, and by moving such clauses, as so redesignated, 2 ems to the left; and (C) by adding at the end the following:

"(C) COMPLIANCE PLANS.—

"(i) IN GENERAL.—In the case of a covered transaction with respect to which an agreement is entered into under paragraph (3)(A), the Committee or lead agency, as the case may be, shall formulate, adhere to, and keep updated a plan for monitoring compliance with the agreement.

"(ii) ELEMENTS.—Each plan required by clause (i) with respect to an agreement entered into under paragraph (3)(A) shall include an explanation of—

"(I) which member of the Committee will have primary responsibility for monitoring compliance with the agreement;

"(II) how compliance with the agreement will be monitored;

"（III） how frequently compliance reviews will be conducted;

"（IV） whether an independent entity will be utilized under subparagraph （E） to conduct compliance reviews; and

"（V） what actions will be taken if the parties fail to cooperate regarding monitoring compliance with the agreement.

"（D） EFFECT OF LACK OF COMPLIANCE.—If, at any time after a mitigation agreement or condition is entered into or imposed under paragraph （3）（A）, the Committee or lead agency, as the case may be, determines that a party or parties to the agreement or condition are not in compliance with the terms of the agreement or condition, the Committee or lead agency may, in addition to the authority of the Committee to impose penalties pursuant to subsection （h）（3） and to unilaterally initiate a review of any covered transaction under subsection （b）（1）（D）（iii）—

"（i） negotiate a plan of action for the party or parties to remediate the lack of compliance, with failure to abide by the plan or otherwise remediate the lack of compliance serving as the basis for the Committee to find a material breach of the agreement or condition;

"（ii） require that the party or parties submit a written notice under clause （i） of subsection （b）（1）（C） or a declaration under clause （v） of that subsection with respect to a covered transaction initiated after the date of the determination of noncompliance and before the date that is 5 years after the date of the determination to the Committee to initiate a review of the transaction under subsection （b）; or

"（iii） seek injunctive relief.

"（E） USE OF INDEPENDENT ENTITIES TO MONITOR COMPLIANCE.—If the parties to an agreement entered into under paragraph （3）（A） enter into a contract with an independent entity from outside the United States Government for the purpose of monitoring compliance with the agreement, the Committee shall take such action as is necessary to prevent a conflict of interest from arising by ensuring that the independent entity owes no fiduciary duty to the parties.

"(F) SUCCESSORS AND ASSIGNS.—Any agreement or condition entered into or imposed under paragraph (3)(A) shall be considered binding on all successors and assigns unless and until the agreement or condition terminates on its own terms or is otherwise terminated by the Committee in its sole discretion.

"(G) ADDITIONAL COMPLIANCE MEASURES.—Subject to subparagraphs (A) through (F), the Committee shall develop and agree upon methods for evaluating compliance with any agreement entered into or condition imposed with respect to a covered transaction that will allow the Committee to adequately ensure compliance without unnecessarily diverting Committee resources from assessing any new covered transaction for which a written notice under clause (i) of subsection (b)(1)(C) or declaration under clause (v) of that subsection has been filed, and if necessary, reaching a mitigation agreement with or imposing a condition on a party to such covered transaction or any covered transaction for which a review has been reopened for any reason.".

SEC. 1719. MODIFICATION OF ANNUAL REPORT AND OTHER REPORTING REQUIREMENTS.

(a) MODIFICATION OF ANNUAL REPORT.—Section 721 (m) of the Defense Production Act of 1950 (50 U.S.C. 4565 (m)) is amended—

(1) in paragraph (2)—

(A) by amending subparagraph (A) to read as follows:

"(A) A list of all notices filed and all reviews or investigations of covered transactions completed during the period, with—

"(i) a description of the outcome of each review or investigation, including whether an agreement was entered into or condition was imposed under subsection (l)(3)(A) with respect to the transaction being reviewed or investigated, and whether the President took any action under this section with respect to that transaction;

"(ii) basic information on each party to each such transaction;

"(iii) the nature of the business activities or products of the United States business with which the transaction was entered into or intended to be entered into; and

"(iv) information about any withdrawal from the process."; and

(B) by adding at the end the following:

"(G) Statistics on compliance plans conducted and actions taken by the Committee under subsection (l)(6), including subparagraph (D) of that subsection, during that period, a general assessment of the compliance of parties with agreements entered into and conditions imposed under subsection (l)(3)(A) that are in effect during that period, including a description of any actions taken by the Committee to impose penalties or initiate a unilateral review pursuant to subsection (b)(1)(D)(iii), and any recommendations for improving the enforcement of such agreements and conditions.

"(H) Cumulative and, as appropriate, trend information on the number of declarations filed under subsection (b)(1)(C)(v), the actions taken by the Committee in response to those declarations, the business sectors involved in those declarations, and the countries involved in those declarations.

"(I) A description of—

"(i) the methods used by the Committee to identify non-notified and non-declared transactions under subsection (b)(1)(H);

"(ii) potential methods to improve such identification and the resources required to do so; and

"(iii) the number of transactions identified through the

process established under that subsection during the reporting period and the number of such transactions flagged for further review.

"(J) A summary of the hiring practices and policies of the Committee pursuant to subsection (k)(4).

"(K) A list of the waivers granted by the Committee under subsection (b)(1)(C)(v)(IV)(bb)(CC).";

(2) in paragraph (3)—

(A) by striking "CRITICAL TECHNOLOGIES" and all that follows through "In order to assist" and inserting "CRITICAL TECHNOLOGIES.—In order to assist";

(B) by striking subparagraph (B);

(C) by redesignating clauses (i) and (ii) as subparagraphs (A) and (B), respectively, and by moving such subparagraphs, as so redesignated, 2 ems to the left;

(D) in subparagraph (A), as redesignated by subparagraph (C), by striking "; and" and inserting a semicolon;

(E) in subparagraph (B), as so redesignated, by striking the period and inserting "; and"; and

(F) by adding at the end the following:

"(C) a description of the technologies recommended by the chairperson under subsection (a)(6)(B) for identification under the interagency process set forth in section 1758 (a) of the Export Control Reform Act of 2018.".

(3) by adding at the end the following:

"(4) FORM OF REPORT.—

"(A) IN GENERAL.—All appropriate portions of the annual report under paragraph (1) may be classified. An unclassified version of the report, as appropriate, consistent with safeguarding national security and privacy, shall be made available to the public.

"(B) INCLUSION IN CLASSIFIED VERSION.—If the Committee recommends that the President suspend or prohibit a covered transaction because the transaction threatens to impair the national security of the United States, the Committee shall, in the classified version of the report required under paragraph (1), notify Congress of the recommendation and, upon request, provide a classified briefing on the recommendation.

"(C) INCLUSIONS IN UNCLASSIFIED VERSION.—The unclassified version of the report required under paragraph (1) shall include, with respect to covered transactions for the reporting period—

"(i) the number of notices submitted under subsection (b)(1)(C)(i);

"(ii) the number of declarations submitted under subsection (b)(1)(C)(v) and the number of such declarations that were required under subclause (IV) of that subsection;

"(iii) the number of declarations submitted under subsection (b)(1)(C)(v) for which the Committee required resubmission as notices under subsection (b)(1)(C)(i);

"(iv) the average number of days that elapsed between submission of a declaration under subsection (b)(1)(C)(v) and the acceptance of the declaration by the Committee;

"(v) the median and average number of days that elapsed between acceptance of a declaration by the Committee and a response described in subsection (b)(1)(C)(v)(III);

"(vi) information on the time it took the Committee to provide comments on, or to accept, notices submitted under subsection (b)(1)(C)(i), including—

"(I) the average number of business days that elapsed between the date of submission of a draft notice and the date on which the Committee provided written comments on the draft notice;

"(II) the average number of business days that elapsed between the date of submission of a formal written notice and the date on which the Committee accepted or provided written comments on the formal written notice;

and

"(III) if the average number of business days for a response by the Committee reported under subclause (I) or (II) exceeded 10 business days—

"(aa) an explanation of the causes of such delays, including whether such delays are caused by resource shortages, unusual fluctuations in the volume of notices, transaction characteristics, or other factors; and

"(bb) an explanation of the steps that the Committee anticipates taking to mitigate the causes of such delays and otherwise to improve the ability of the Committee to provide comments on, or to accept, notices within 10 business days;

"(vii) the number of reviews or investigations conducted under subsection (b);

"(viii) the number of investigations that were subject to an extension under subsection (b)(2)(C)(ii);

"(ix) information on the duration of those reviews and investigations, including the median and average number of days required to complete those reviews and investigations;

"(x) the number of notices submitted under subsection (b)(1)(C)(i) and declarations submitted under subsection (b)(1)(C)(v) that were rejected by the Committee;

"(xi) the number of such notices and declarations that were withdrawn by a party to the covered transaction;

"(xii) the number of such withdrawals that were followed by the submission of a subsequent such notice or declaration relating to a substantially similar covered transaction; and

"(xiii) such other specific, cumulative, or trend information that the Committee determines is advisable to provide for an assessment of the time required for reviews and investigations of covered transactions under this section.".

(b) REPORT ON CHINESE INVESTMENT.—

(1) IN GENERAL.—Not later than 2 years after the date of the enactment of this Act, and every 2 years thereafter through 2026, the Secretary of Commerce shall submit to Congress and the Committee on Foreign Investment in the United States a report on foreign direct investment transactions made by entities of the People's Republic of China in the United States.

(2) ELEMENTS.—Each report required by paragraph (1) shall include the following:

(A) Total foreign direct investment from the People's Republic of China in the United States, including total foreign direct investment disaggregated by ultimate beneficial owner.

(B) A breakdown of investments from the People's Republic of China in the United States by value using the following categories:

(i) Less than $50,000,000.

(ii) Greater than or equal to $50,000,000 and less than $100,000,000.

(iii) Greater than or equal to $100,000,000 and less than $1,000,000,000.

(iv) Greater than or equal to $1,000,000,000 and less than $2,000,000,000.

(v) Greater than or equal to $2,000,000,000 and less than $5,000,000,000.

(vi) Greater than or equal to $5,000,000,000.

(C) A breakdown of investments from the People's Republic of China in the United States by 2-digit North American Industry Classification System code.

(D) A breakdown of investments from the People's Republic of China in the United States by investment type, using the following categories:

(i) Businesses established.

(ii) Businesses acquired.

（E）A breakdown of investments from the People's Republic of China in the United States by government and non-government investments，including volume，sector，and type of investment within each category.

（F）A list of companies incorporated in the United States purchased through government investment by the People's Republic of China.

（G）The number of United States affiliates of entities under the jurisdiction of the People's Republic of China，the total employees at those affiliates，and the valuation for any publicly traded United States affiliate of such an entity.

（H）An analysis of patterns in the investments described in subparagraphs（A）through（F），including in volume，type，and sector，and the extent to which those patterns of investments align with the objectives outlined by the Government of the People's Republic of China in its Made in China 2025 plan，including a comparative analysis of investments from the People's Republic of China in the United States and all foreign direct investment in the United States.

（I）An identification of any limitations on the ability of the Secretary of Commerce to collect comprehensive information that is reasonably and lawfully available about foreign investment in the United States from the People's Republic of China on a timeline necessary to complete reports every 2 years as required by paragraph（1），including—

（i）an identification of any discrepancies between government and private sector estimates of investments from the People's Republic of China in the United States；

（ii）a description of the different methodologies or data collection methods，including by private sector entities，used to measure foreign investment that may result in different estimates；and

（iii）recommendations for enhancing the ability of

the Secretary of Commerce to improve data collection of information about foreign investment in the United States from the People's Republic of China.

（3）EXTENSION OF DEADLINE.—If，as a result of a limitation identified under paragraph（2）(I)，the Secretary of Commerce determines that the Secretary will be unable to submit a report at the time required by paragraph（1），the Secretary may request additional time to complete the report.

（c）REPORT ON CERTAIN RAIL INVESTMENTS BY STATE-OWNED OR STATE-CONTROLLED ENTITIES.—

（1）IN GENERAL.—Not later than one year after the date of the enactment of this Act，the Secretary of Homeland Security shall，in coordination with the appropriate members of the Committee on Foreign Investment in the United States，submit to Congress a report assessing—

（A）national security risks，if any，related to investments in the United States by state-owned or state-controlled entities in the manufacture or assembly of rolling stock or other assets for use in freight rail，public transportation rail systems，or intercity passenger rail systems；and

（B）how the number and types of such investments could affect any such risks.

（2）CONSULTATION.—The Secretary，in preparing the report required by paragraph（1），shall consult with the Secretary of Transportation and the head of any agency that is not represented on the Committee on Foreign Investment in the United States that has significant technical expertise related to the assessments required by that paragraph.

SEC. 1720. CERTIFICATION OF NOTICES AND INFORMATION.

Section 721（n）of the Defense Production Act of 1950（50 U.S.C.4565（n））is amended—

（1）by redesignating paragraphs（1）and（2）as subparagraphs（A）and（B），respectively，and by moving such subparagraphs，as so redesignated，2 ems to the right；

（2）by striking"Each notice"and inserting the following：

"（1）IN GENERAL.—Each notice"；

（3）by striking"paragraph（3）(B）"and inserting"paragraph（6）（B）"；

（4）by striking"paragraph（1）(A）"and inserting"paragraph（3）（A）"；

（5）by adding at the end the following：

"（2）EFFECT OF FAILURE TO SUBMIT.—The Committee may not complete a review under this section of a covered transaction and may recommend to the President that the President suspend or prohibit the transaction under subsection（d）if the Committee determines that a party to the transaction has—

"（A）failed to submit a statement required by paragraph（1）；or

"（B）included false or misleading information in a notice or information described in paragraph（1）or omitted material information from such notice or information.

"（3）APPLICABILITY OF LAW ON FRAUD AND FALSE STATEMENTS.—The Committee shall prescribe regulations expressly providing for the application of section 1001 of title 18，United States Code，to all information provided to the Committee under this section by any party to a covered transaction.".

SEC. 1721. IMPLEMENTATION PLANS.

（a）IN GENERAL.—Not later than 180 days after the date of the enactment of this Act，the chairperson of the Committee on Foreign Investment in the United States and the Secretary of Commerce shall，in consultation with the appropriate members of the Committee—

（1）develop plans to implement this subtitle；and

（2）submit to the appropriate congressional committees a report on the plans developed under paragraph (1), which shall include a description of—

(A) the timeline and process to implement the provisions of, and amendments made by, this subtitle;

(B) any additional staff necessary to implement the plans; and

(C) the resources required to effectively implement the plans.

(b) ANNUAL RESOURCE NEEDS OF CFIUS MEMBER AGENCIES.— Not later than one year after the submission of the report under subsection (a)(2), and annually thereafter for 7 years, each department or agency represented on the Committee on Foreign Investment in the United States shall submit to the appropriate congressional committees a detailed spending plan to expeditiously meet the requirements of section 721 of the Defense Production Act of 1950, as amended by this subtitle, including estimated expenditures and staffing levels for not less than the following fiscal year.

(c) TESTIMONY.—Section 721 of the Defense Production Act of 1950 (50 U.S.C. 4565) is amended by adding at the end the following:

"(o) TESTIMONY.—

"(1) IN GENERAL.—Not later than March 31 of each year, the chairperson, or the designee of the chairperson, shall appear before the Committee on Financial Services of the House of Representatives and the Committee on Banking, Housing, and Urban Affairs of the Senate to present testimony on—

"(A) anticipated resources necessary for operations of the Committee in the following fiscal year at each of the departments or agencies represented on the Committee;

"(B) the adequacy of appropriations for the Committee in the current and the previous fiscal year to—

"(i) ensure that thorough reviews and investigations are completed as expeditiously as possible;

"(ii) monitor and enforce mitigation agreements; and

"(iii) identify covered transactions for which a notice

under clause (i) of subsection (b)(1)(C) or a declaration under clause (v) of that subsection was not submitted to the Committee;

"(C) management efforts to strengthen the ability of the Committee to meet the requirements of this section; and

"(D) activities of the Committee undertaken in order to—

"(i) educate the business community, with a particular focus on the technology sector and other sectors of importance to national security, on the goals and operations of the Committee;

"(ii) disseminate to the governments of countries that are allies or partners of the United States best practices of the Committee that—

"(I) strengthen national security reviews of relevant investment transactions; and

"(II) expedite such reviews when appropriate; and

"(iii) promote openness to foreign investment, consistent with national security considerations.

"(2) SUNSET.—This subsection shall have no force or effect on or after the date that is 7 years after the date of the enactment of the Foreign Investment Risk Review Modernization Act of 2018.".

(d) APPROPRIATE CONGRESSIONAL COMMITTEES DEFINED.—In this section, the term "appropriate congressional committees" means—

(1) the Committee on Banking, Housing, and Urban Affairs and the Committee on Appropriations of the Senate; and

(2) the Committee on Financial Services and the Committee on Appropriations of the House of Representatives.

SEC. 1722. ASSESSMENT OF NEED FOR ADDITIONAL RESOURCES FOR COMMITTEE.

The President shall—

(1) determine whether and to what extent the expansion of the

responsibilities of the Committee on Foreign Investment in the United States pursuant to the amendments made by this subtitle necessitates additional resources for the Committee and the departments and agencies represented on the Committee to perform their functions under section 721 of the Defense Production Act of 1950, as amended by this subtitle; and

(2) if the President determines that additional resources are necessary, include in the budget of the President for fiscal year 2019 and each fiscal year thereafter submitted to Congress under section 1105 (a) of title 31, United States Code, a request for such additional resources.

SEC. 1723. FUNDING.

Section 721 of the Defense Production Act of 1950 (50 U.S.C. 4565), as amended by section 1721, is further amended by adding at the end the following:

"(p) FUNDING.—

"(1) ESTABLISHMENT OF FUND.—There is established in the Treasury of the United States a fund, to be known as the 'Committee on Foreign Investment in the United States Fund' (in this subsection referred to as the 'Fund'), to be administered by the chairperson.

"(2) AUTHORIZATION OF APPROPRIATIONS FOR THE COMMITTEE.—There are authorized to be appropriated to the Fund for each of fiscal years 2019 through 2023 $20,000,000 to perform the functions of the Committee.

"(3) FILING FEES.—

"(A) IN GENERAL.—The Committee may assess and collect a fee in an amount determined by the Committee in regulations, to the extent provided in advance in appropriations Acts, without regard to section 9701 of title 31, United States Code, and subject to subparagraph (B), with respect to each covered transaction for which a written notice is submitted to the Committee under subsection (b)(1)(C)(i). The total amount of fees collected under this paragraph may not exceed the costs of administering this section.

"(B) DETERMINATION OF AMOUNT OF FEE.—

"(i) IN GENERAL.—The amount of the fee to be assessed under subparagraph (A) with respect to a covered transaction—

"(I) may not exceed an amount equal to the lesser of—

"(aa) 1 percent of the value of the transaction; or

"(bb) $300,000, adjusted annually for inflation pursuant to regulations prescribed by the Committee; and

"(II) shall be based on the value of the transaction, taking into account—

"(aa) the effect of the fee on small business concerns (as defined in section 3 of the Small Business Act (15 U.S.C. 632));

"(bb) the expenses of the Committee associated with conducting activities under this section;

"(cc) the effect of the fee on foreign investment; and

"(dd) such other matters as the Committee considers appropriate.

"(ii) UPDATES.—The Committee shall periodically reconsider and adjust the amount of the fee to be assessed under subparagraph (A) with respect to a covered transaction to ensure that the amount of the fee does not exceed the costs of administering this section and otherwise remains appropriate.

"(C) DEPOSIT AND AVAILABILITY OF FEES.—Notwithstanding section 3302 of title 31, United States Code, fees collected under subparagraph (A) shall—

"(i) be deposited into the Fund solely for use in carrying out activities under this section;

"(ii) to the extent and in the amounts provided in advance in appropriations Acts, be available to the chairperson;

"(iii) remain available until expended; and

"(iv) be in addition to any appropriations made available to the members of the Committee.

"(D) STUDY ON PRIORITIZATION FEE.—

"(i) IN GENERAL.—Not later than 270 days after the date of the enactment of the Foreign Investment Risk Review Modernization Act of 2018, the chairperson, in consultation with the Committee, shall complete a study of the feasibility and merits of establishing a fee or fee scale to prioritize the timing of the response of the Committee to a draft or formal written notice during the period before the Committee accepts the formal written notice under subsection (b)(1)(C)(i), in the event that the Committee is unable to respond during the time required by subclause (II) of that subsection because of an unusually large influx of notices, or for other reasons.

"(ii) SUBMISSION TO CONGRESS.—After completing the study required by clause (i), the chairperson, or a designee of the chairperson, shall submit to the Committee on Banking, Housing, and Urban Affairs of the Senate and the Committee on Financial Services of the House of Representatives a report on the findings of the study.

"(4) TRANSFER OF FUNDS.—To the extent provided in advance in appropriations Acts, the chairperson may transfer any amounts in the Fund to any other department or agency represented on the Committee for the purpose of addressing emerging needs in carrying out activities under this section. Amounts so transferred shall be in addition to any other amounts available to that department or agency for that purpose.".

SEC. 1724. CENTRALIZATION OF CERTAIN COMMITTEE FUNCTIONS.

Section 721 of the Defense Production Act of 1950 (50 U.S.C.4565), as amended by section 1723, is further amended by adding at the end the following:

"(q) CENTRALIZATION OF CERTAIN COMMITTEE FUNCTIONS.—

"(1) IN GENERAL.—The chairperson, in consultation with the Committee, may centralize certain functions of the Committee within the Department of the Treasury for the purpose H. R. 5515—571 of enhancing interagency coordination and collaboration in carrying out the functions of the Committee under this section.

"(2) FUNCTIONS.—Functions that may be centralized under paragraph (1) include identifying non-notified and non-declared transactions pursuant to subsection (b)(1)(H), and other functions as determined by the chairperson and the Committee.

"(3) RULE OF CONSTRUCTION.—Nothing in this section shall be construed as limiting the authority of any department or agency represented on the Committee to represent its own interests before the Committee.".

SEC. 1725. CONFORMING AMENDMENTS.

Section 721 of the Defense Production Act of 1950 (50 U.S.C.4565), as amended by this subtitle, is further amended—

(1) in subsection (b) —

(A) in paragraph (1)(D)(iii)(I), by striking "subsection (l)(1)(A) " and inserting "subsection (l)(3)(A) "; and

(B) in paragraph (2)(B)(i)(I), by striking "that threat" and inserting "the risk";

(2) in subsection (d)(4)(A), by striking "the foreign interest exercising control" and inserting "a foreign person that would acquire an interest in a United States business or its assets as a result of the covered transaction"; and

(3) in subsection (j), by striking "merger, acquisition, or takeover" and inserting "transaction".

SEC. 1726. BRIEFING ON INFORMATION FROM TRANSACTIONS REVIEWED BY COMMITTEE ON FOREIGN INVESTMENT IN THE UNITED STATES RELATING TO FOREIGN EFFORTS TO INFLUENCE DEMOCRATIC

INSTITUTIONS AND PROCESSES.

Not later than 60 days after the date of the enactment of this Act, the Secretary of the Treasury (or a designee of the Secretary) shall provide a briefing to the Committee on Banking, Housing, and Urban Affairs of the Senate and the Committee on Financial Services of the House of Representatives on—

(1) transactions reviewed by the Committee on Foreign Investment in the United States during the 5-year period preceding the briefing that the Committee determined would have allowed foreign persons to inappropriately influence democratic institutions and processes within the United States and in other countries; and

(2) the disposition of such reviews, including any steps taken by the Committee to address the risk of allowing foreign persons to influence such institutions and processes.

SEC. 1727. EFFECTIVE DATE.

(a) IMMEDIATE APPLICABILITY OF CERTAIN PROVISIONS.—The following shall take effect on the date of the enactment of this Act and, as applicable, apply with respect to any covered transaction the review or investigation of which is initiated under section 721 of the Defense Production Act of 1950 on or after such date of enactment:

(1) Sections 1705, 1707, 1708, 1709, 1710, 1713, 1714, 1715, 1716, 1717, 1718, 1720, 1721, 1722, 1723, 1724, and 1725 and any amendments made by those sections.

(2) Section 1712 and the amendments made by that section (except for clause (iii) of section 721 (b)(4)(A) of the Defense Production Act of 1950, as added by section 1712).

(3) Paragraphs (1), (2), (3), (4)(A)(i), (4)(B)(i), (4)(B)(iv)(I), (4)(B)(v), (4)(C)(v), (5), (6), (7), (8), (9), (10), (11), (12), and (13) of subsection (a) of section 721 of the Defense Production Act of 1950, as amended by section 1703.

(4) Section 721 (m)(4) of the Defense Production Act of 1950, as

amended by section 1719（except for clauses（ii），（iii），（iv），and（v）of subparagraph（B）of that section）.

（b）DELAYED APPLICABILITY OF CERTAIN PROVISIONS.—

（1）IN GENERAL.—Any provision of or amendment made by this subtitle not specified in subsection（a）shall—

（A）take effect on the earlier of—

（i）the date that is 18 months after the date of the enactment of this Act；or

（ii）the date that is 30 days after publication in the Federal Register of a determination by the chairperson of the Committee on Foreign Investment in the United States that the regulations，organizational structure，personnel，and other resources necessary to administer the new provisions are in place；and

（B）apply with respect to any covered transaction the review or investigation of which is initiated under section 721 of the Defense Production Act of 1950 on or after the date described in subparagraph（A）.

（2）NONDELEGATION OF DETERMINATION.—The determination of the chairperson of the Committee on Foreign Investment in the United States under paragraph（1）(A）may not be delegated.

（c）AUTHORIZATION FOR PILOT PROGRAMS.—

（1）IN GENERAL.—Beginning on the date of the enactment of this Act and ending on the date that is 570 days thereafter，the Committee on Foreign Investment in the United States may，at its discretion，conduct one or more pilot programs to implement any authority provided pursuant to any provision of or amendment made by this subtitle not specified in subsection（a）.

（2）PUBLICATION IN FEDERAL REGISTER.—A pilot program under paragraph（1）may not commence until the date that is 30 days after publication in the Federal Register of a determination by the chairperson of the Committee of the scope of and procedures for the pilot program. That determination may not be delegated.

SEC. 1728. SEVERABILITY.

If any provision of this subtitle or an amendment made by this subtitle，or the application of such a provision or amendment to any person or circumstance，is held to be invalid，the application of that provision or amendment to other persons or circumstances and the remainder of the provisions of this subtitle and the amendments made by this subtitle，shall not be affected thereby.

2.《哈特—斯科特—罗迪诺法反托拉斯改进法》（Hart-Scott-Rodino Antitrust Improvements Act of 1976）

An Act

To improve and facilitate the expeditious and effective enforcement of the antitrust laws, and for other purposes.

Be it enacted by the Senate and House of Representatives of the United States of America in Congress assembled, That this Act may be cited as the "Hart-Scott-Rodino Antitrust Improvements Act of 1976".

TITLE I—ANTITRUST CIVIL PROCESS ACT AMENDMENTS DEFINITIONS

SEC. 101. Section 2 of the Antitrust Civil Process Act (15 U.S.C.1311) is amended—

(1) in subsection (a) —

(A) by inserting "and" after the semicolon at the end of paragraph (1);

(B) by striking out paragraph (2) and redesignating paragraph (3) as paragraph (2); and

(C) by striking out "(A) " and ", or (B) any unfair trade practice in or affecting such commerce" in paragraph (2) (as redesignated by subparagraph (B)).

(2) by amending subsection (c) to read as follows:

"(c) The term 'antitrust investigation' means any inquiry conducted by any antitrust investigator for the purpose of ascertaining whether any person is or has been engaged in any antitrust violation or in any activities in preparation for a merger, acquisition, joint venture, or similar transaction, which, if consummated, may result in an antitrust violation; ".

(3) by amending subsection (f) to read as follows:

"(f) The term 'person' means any natural person, partnership, corporation, association, or other legal entity, including any person acting under color or authority of State law; ".

(4) by amending subsection (h) to read as follows:

"(h) The term 'custodian' means the custodian or any deputy custodian designated under section 4 (a) of this Act.".

CIVIL INVESTIGATIVE DEMANDS

SEC. 102. Section 3 of the Antitrust Civil Process Act (15 U.S.C. 1312) is amended to read as follows:

"CIVIL INVESTIGATIVE DEMANDS

"SEC. 3. (a) Whenever the Attorney General, or the Assistant Attorney General in charge of the Antitrust Division of the Department of Justice, has reason to believe that any person may be in possession, custody, or control of any documentary material, or may have any information, relevant to a civil antitrust investigation, he may, prior to the institution of a civil or criminal proceeding thereon, issue in writing, and cause to be served upon such person, a civil investigative demand recquiring such person to produce such documentary material for inspection and copying or reproduction, to answer in writing written interrogatories, to give oral testimony concerning documentary material or information, or to furnish any combination of such material, answers, or testimony.

"(b) Each such demand shall—

"(1) state the nature of—

"(A) the conduct constituting the alleged antitrust violation, or

"(B) the activities in preparation for a merger, acquisition, joint venture, or similar transaction, which, if consummated, may result in an antitrust violation, which are under investigation and the provision of law applicable thereto;

"(2) if it is a demand for production of documentary material—

"(A) describe the class or classes of documentary material to be produced thereunder with such definiteness and certainty as to permit such material to be fairly identified;

"(B) prescribe a return date or dates which will provide a reasonable period of time within which the material so demanded may be assembled and made available for inspection and copying or reproduction; and

"(C) identify the custodian to whom such material shall be made available; or

"(3) if it is a demand for answers to written interrogatories—

"(A) propound with definiteness and certainty the written interrogatories to be answered;

"(B) prescribe a date or dates at which time answers to written interrogatories shall be submitted; and

"(C) identify the custodian to whom such answers shall be submitted; or

"(4) if it is a demand for the giving of oral testimony—

"(A) prescribe a date, time, and place at which oral testimony shall be commenced; and

"(B) identify an antitrust investigator who shall conduct the examination and the custodian to whom the transcript of such examination shall be submitted.

"(c) No such demand shall require the production of any documentary material, the submission of any answers to written interrogatories, or the giving of any oral testimony, if such material, answers, or testimony would be protected from disclosure under—

"(1) the standards applicable to subpenas or subpenas duces tecum issued by a court of the United States in aid of a grand jury investigation, or

"(2) the standards applicable to discovery requests under the Federal Kules of Civil Procedure, to the extent that the application of such standards to any such demand is appropriate and consistent with the provisions and purposes of this Act.

"(d) (1) Any such demand may be served by any antitrust investigator, or by any United States marshal or deputy marshal, at any place within the territorial jurisdiction of any court of the United States.

"(2) any such demand or any petition filed under section 5 of this Act may be served upon any person who is not to be found within the territorial jurisdiction of any court of the United States, in such manner as the Federal Rules of Civil Procedure prescribe for service in a foreign country. To the extent that the courts of the United States can assert jurisdiction over such person consistent with due process, the United States District Court for the District of Columbia shall have the same jurisdiction to take any action respecting compliance with this Act by such person that such court would have if such person were personally within the jurisdiction of such court.

"(e) (1) Service of any such demand or of any petition filed under section 5 of this Act may be made upon a partnership, corporation, association, or other legal entity by—

"(A) delivering a duly executed copy thereof to any partner, executive officer, managing agent, or general agent thereof, or to any agent thereof authorized by appointment or by law to receive service of process on behalf of such partnership, corporation, association, or entity;

"(B) delivering a duly executed copy thereof to the principal office or place of business of the partnership, corporation, association, or entity to be served; or

"(C) depositing such copy in the United States mails, by registered or certified mail, return receipt requested, duly addressed to such partnership, corporation, association, or entity at its principal office or place of business.

"(2) Service of any such demand or of any petition filed under section 5 of this Act may be made upon any natural person by—

"(A) delivering a duly executed copy thereof to the person to be served; or

"(B) depositing such copy in the United States mails- by registered or certified mail, return receipt requested, duly addressed to such person at his residence or principal office or place of business.

"(f) A verified return by the individual serving any such demand or petition setting forth the manner of such service shall be proof of such service. In the case of service by registered or certified mail, such return shall be accompanied by the return post office receipt of delivery of such demand.

"(g) The production of documentary material in response to a demand served pursuant to this section shall be made under a sworn certificate, in such form as the demand designates, by the person, if a natural person, to whom the demand is directed or, if not a natural person, by a person or persons having knowledge of the facts and circumstances relating to such production, to the effect that all of the documentary material required by the demand and in the possession, custody, or control of the person to whom the demand is directed has been produced and made available to the custodian.

"(h) Each interrogatory in a demand served pursuant to this section shall be answered separately and fully in writing under oath, unless it is objected to, in which event the reasons for the objection shall be stated in lieu of an answer, and it shall be submitted under a sworn certificate, in such form as the demand designates, by the person, if a natural person, to whom the demand is directed or, if not a natural person, by a person or persons responsible for answering each interrogatory, to the effect that all information required by the demand and in the possession, custody, control, or knowledge of the person to whom the demand is directed has been submitted.

"(i) (1) The examination of any person pursuant to a demand for oral testimony served under this section shall be taken before an officer authorized to administer oaths and affirmations by the laws of the United States or of the place where the examination is held. The officer before whom the testimony is to be taken shall put the witness on oath or affirmation and shall personally, or by someone acting under his direction and in his presence, record the testimony of the witness. The testimony shall be taken stenographically and transcribed. When the testimony is fully transcribed, the officer before whom the testimony is taken shall promptly transmit a copy of the transcript of the testimony to the custodian.

"(2) The antitrust investigator or investigators conducting the examination shall exclude from the place where the examination is held all other persons except the person being examined, his counsel, the officer before whom the testimony is to be taken, and any stenographer taking such testimony. The provisions of the Act of March 3, 1913 (Ch. 114, 37 Stat. 731; 15 U.S.C. 30), shall not apply to such examinations.

"(3) The oral testimony of any person taken pursuant to a demand served under this section shall be taken in the judicial district of the United States within which such person resides, is found, or transacts business, or in such other place as may be agreed upon by the antitrust investigator conducting the examination and such person.

"(4) When the testimony is fully transcribed, the antitrust investigator or the officer shall afford the witness (who may be accompanied by counsel) a reasonable opportunity to examine the transcript; and the transcript shall be read to or by the witness, unless such examination and reading are waived by the witness. Any changes in form or substance which the witness desires to make shall be entered and identified upon the transcript by the officer or the antitrust investigator with a statement of the reasons given by the witness for making such changes. The transcript shall then be signed by the witness, unless the witness in writing waives the signing, is ill, cannot be found, or refuses to sign. If the transcript is not signed by the witness within thirty days of his being afforded a reasonable opportunity to examine it, the officer or the antitrust investigator shall sign it and state on the record the fact of the waiver, illness, absence of the witness, or the refusal to sign, together with the reason, if any, given therefor.

"(5) The officer shall certify on the transcript that the witness was duly sworn by him and that the transcript is a true record of the testimony given by the witness, and the officer or antitrust investigator shall promptly deliver it or send it by registered or certified mail to the custodian.

"(6) Upon payment of reasonable charges therefor, the antitrust investigator shall furnish a copy of the transcript to the witness only, except that the Assistant Attorney General in charge of the Antitrust Division may for good cause limit such witness to inspection of the official transcript of his testimony.

"(7) (A) Any person compelled to appear under a demand for oral testimony pursuant to this section may be accompanied, represented, and advised by counsel. Counsel may advise such person, in confidence, either upon the request of such person or upon counsel's own initiative, with respect to any question asked of such person. Such person or counsel may object on the record to any question, in whole or in part, and shall briefly state for the record the reason for the objection. An objection may properly be made, received, and entered upon the record when it is claimed that such person is entitled to refuse to answer the question on grounds of any constitutional or other legal right or privilege, including the privilege against self-incrimination. Such person shall not otherwise object to or refuse to answer any question, and shall not by himself or through counsel otherwise interrupt the oral examination. If such person refuses to answer any question, the antitrust investigator conducting the examination may petition the district court of the United States pursuant to section 5 of this Act for an order compelling such person to answer such question.

"(B) If such person refuses to answer any question on grounds of the privilege against self-incrimination, the testimony of such person may be compelled in accordance with the provisions of part V of title 18, United States Code.

"(8) Any person appearing for oral examination pursuant to a demand served under this section shall be entitled to the same fees and mileage which are paid to witnesses in the district courts of the United States.".

CUSTODIAN OF DOCUMENTS, ANSWERS, AND TRANSCRIPTS

SEC. 103. Section 4 of such Act is amended to read as follows:

"CUSTODIAN OF DOCUMENTS, ANSWERS, AND TRANSCRIPTS

"SEC. 4. (a) The Assistant Attorney General in charge of the Antitrust Division of the Department of Justice shall designate an antitrust investigator to serve as custodian of documentary material, answers to interrogatories, and transcripts of oral testimony received under this Act, and such additional antitrust investigators as he shall determine from time to time to be necessary to serve as deputies to such officer.

"(b) Any person, upon whom any demand under section 3 of this Act for the production of documentary material has been duly served, shall make such material available for inspection and copying or reproduction to the custodian designated therein at the principal place of business of such person (or at such other place as such custodian and such person thereafter may agree and prescribe in writing or as the court may direct, pursuant to section 5 (d) of this Act) on the return date specified in such demand (or on such later date as such custodian may prescribe in writing). Such person may upon written agreement between such person and the custodian substitute copies for originals of all or any part of such material.

"(c) (1) The custodian to whom any documentary material, answers to interrogatories, or transcripts of oral testimony are delivered shall take physical possession thereof, and shall be responsible for the use made thereof and for the return of documentary material, pursuant to this Act.

"(2) The custodian may cause the preparation of such copies of such documentary material, answers to interrogatories, or transcripts of oral testimony as may be required for official use by any duly authorized official or employee of the Department of Justice under regulations which shall be promulgated by the Attorney General. Notwith standing paragraph (3) of this subsection, such material, answers, and transcripts may be used by any such official or employee in connection with the taking of oral testimony pursuant to this Act.

"(3) Except as otherwise provided in this section, while in the possession of the custodian, no documentary material, answers to interrogatories, or transcripts of oral testimony, or copies thereof, so produced shall be available for examination, without the consent of the person who produced such material, answers, or transcripts, by any individual other than a duly authorized official or employee of the Department of Justice. Nothing in this section is intended to prevent disclosure to either body of the Congress or to any authorized committee or subcommittee thereof.

"(4) While in the possession of the custodian and under such reasonable terms and conditions as the Attorney General shall prescribe, (A) documentary material and answers to interrogatories shall be available for examination by the person who produced such material or answers, or by any duly authorized representative of such person, and (B) transcripts of oral testimony shall be available for examination by the person who produced such testimony, or his counsel.

"(d) (1) Whenever any attorney of the Department of Justice has been designated to appear before any court, grand jury, or Federal administrative or regulatory agency in any case or proceeding, the custodian of any documentary material, answers to interrogatories, or transcripts of oral testimony may deliver to such attorney such material, answers, or transcripts for official use in connection with any such case, grand jury, or proceeding as such attorney determines to be required. Upon the completion of any such case, grand jury, or proceeding, such attorney shall return to the custodian any such material, answers, or transcripts so delivered which have not passed into the control of such court, grand jury, or agency through the introduction thereof into the record of such case or proceeding.

"(2) The custodian of any documentary material, answers to interrogatories, or transcripts of oral testimony may deliver to the Federal Trade Commission, in response to a written request, copies of such material, answers, or transcripts for use in connection with an investigation or proceeding under the Commission's jurisdiction. Such material, answers, or transcripts may only be used by the Commission in such manner and subject to such conditions as apply to the Department of Justice under this Act.

"(e) If any documentary material has been produced in the course of any antitrust investigation by any person pursuant to a demand under this Act and—

"(1) any case or proceeding before any court or grand jury arising out of such investigation, or any proceeding before any Federal administrative or regulatory agency involving such material, has been completed, or

"(2) no case or proceeding, in which such material may be used, has been commenced within a reasonable time after completion of the examination and analysis of all documentary material and other information assembled in the course of such investigation the custodian shall, upon written request of the person who produced such material, return to such person any such material [other than copies thereof furnished to the custodian pursuant to subsection (b) of this section or made by the Department of Justice pursuant to subsection (c) of this section] which has not passed into the control of any court, grand jury, or agency through the introduction thereof into the record of such case or proceeding.

"(f) In the event of the death, disability, or separation from service in the Department of Justice of the custodian of any documentary material, answers to interrogatories, or transcripts of oral testimony produced under any demand issued pursuant to this Act, or the official relief of such custodian from responsibility for the custody and control of such material, answers, or transcripts, the Assistant Attorney General in charge of the Antitrust Division shall promptly (1) designate another antitrust investigator to serve as custodian of such material, answers, or transcripts, and (2) transmit in writing to the person who produced such material, answers, or testimony notice as to the identity and address of the successor so designated. Any successor designated under this subsection shall have with regard to such material, answers, or transcripts all duties and responsibilities imposed by this Act upon his predecessor in office with regard thereto, except that he shall not be held responsible for any default or dereliction which occurred prior to his designation.".

JUDICIAL PROCEEDINGS

SEC. 104. (a) Section 5 (a) of such Act is amended by striking out ", except that if" and all that follows down through the end of the sentence and inserting in lieu thereof a period.

(b) The first sentence of subsection (b) of section 5 of such Act is amended to read as follows: "Within twenty days after the service of any such demand upon any person, or at any time before the return date specified in the demand, whichever period is shorter, or within such period exceeding twenty days after service or in excess of such return date as may be prescribed in writing, subsequent to service, by any antitrust investigator named in the demand, such person may file, in the district court of the United States for the judicial district within which such person resides, is found, or transacts business, and serve upon such antitrust investigator a petition for an order of such court modifying or setting aside such demand.".

(c) The second sentence of subsection (b) of section 5 is amended by striking out the period at the end thereof and by inserting in lieu thereof: ", except that such person shall comply with any portions of the demand not sought to be modified or set aside.".

(d) Subsection (c) of section 5 is amended by striking out "delivered" and inserting in lieu thereof "or answers to interrogatories delivered, or transcripts of oral testimony given".

(e) Section 5 is further amended by adding at the end thereof the following:

"(f) Any documentary material, answers to written interrogatories, or transcripts of oral testimony provided pursuant to any demand issued under this Act shall be exempt from disclosure under section 552 of title 5, United States Code.".

CRIMINAL PENALTY

SEC. 105. The third paragraph of section 1505 of title 18, United States Code, is amended to read as follows:

"Whoever, with intent to avoid, evade, prevent, or obstruct compliance, in whole or in part, with any civil investigative demand duly and properly made under the Antitrust Civil Process Act, willfully withholds, misrepresents, removes from any place, conceals, covers up, destroys, mutilates, alters, or by other means falsifies any documentary material, answers to written interrogatories, or oral testimony, which is the subject of such demand; or attempts to do so or solicits another to do so; or".

EFFECTIVE DATE

SEC. 106. The amendments to the Antitrust Civil Process Act and to section 1505 of title 18, United States Code, made by this title shall take effect on the date of enactment of this Act, except section 3 (i) (8) of the Antitrust Civil Process Act (as amended by this Act) shall take effect on the later of (1) the date of enactment of this Act, or (2) October 1, 1976. Any such amendment which provides for the production of documentary material, answers to interrogatories, or oral testimony shall apply to any act or practice without regard to the date on which it occurred.

TITLE II—PREMERGER NOTIFICATION NOTIFICATION AND WAITING PERIOD

SEC. 201. The Clayton Act (15 U.S.C. 12 et seq.) is amended by inserting immediately after section 7 of such Act the following new section:

"SEC. 7A. (a) Except as exempted pursuant to subsection (c), no person shall acquire, directly or indirectly, any voting securities or assets of any other person, unless both persons (or in the case of a tender offer, the acquiring person) file notification pursuant to rules under subsection (d) (1) and the waiting period described in subsection (b) (1) has expired, if—

"(1) the acquiring person, or the person whose voting securities or assets are being acquired, is engaged in commerce or in any activity affecting commerce;

"(2) (A) any voting securities or assets of a person engaged in manufacturing which has annual net sales or total assets of $10,000,000 or more are being acquired by any person which has total assets or annual net sales of $100,000,000 or more;

"（B）any voting securities or assets of a person not engaged in manufacturing which has total assets of $10,000,000 or more are being acquired bv any person which has total assets or annual net sales of $100,000,000 or more；or

"（C）any voting securities or assets of a person with annual net sales or total assets of $100,000,000 or more are being acquired by any person with total assets or annual net sales of $10,000,000 or more；and

"（3）as a result of such acquisition，the acquiring person would hold—

"（A）15 per centum or more of the voting securities or assets of the acquired person，or

"（B）an aggregate total amount of the voting securities and assets of the acquired person in excess of $15,000,000.

In the case of a tender offer，the person whose voting securities are sought to be acquired by a person required to file notification under this subsection shall file notification pursuant to rules under subsection（d）.

"（b）（1）The waiting period required under subsection（a）shall—

"（A）begin on the date of the receipt by the Federal Trade Commission and the Assistant Attorney General in charge of the Antitrust Division of the Department of Justice（hereinafter referred to in this section as the 'Assistant Attorney General'）of—

"（i）the completed notification required under subsection（a），or

"（ii）if such notification is not completed，the notification to the extent completed and a statement of the reasons for such noncompliance，from both persons，or，in the case of a tender offer，the acquiring person；and

"（B）end on the thirtieth day after the date of such receipt（or in the case of a cash tender offer，the fifteenth day），or on such later date as may be set under subsection（e）（2）or（g）（2）.

"（2）The Federal Trade Commission and the Assistant Attorney General may，in individual cases，terminate the waiting period specified in paragraph（1）and allow any person to proceed with any acquisition subject to this section，and promptly shall cause to be published in the Federal Register a notice that neither intends to take any action within such period with respect to such acquisition.

"(3) As used in this section—

"(A) The term 'voting securities' means any securities which at present or upon conversion entitle the owner or holder thereof to vote for the election of directors of the issuer or, with respect to unincorporated issuers, persons exercising similar functions.

"(B) The amount or percentage of voting securities or assets of a person which are acquired or held by another person shall be determined by aggregating the amount or percentage of such voting securities or assets held or acquired by such other person and each affiliate thereof.

"(c) The following classes of transactions are exempt from the requirements of this section—

"(1) acquisitions of goods or realty transferred in the ordinary course of business;

"(2) acquisitions of bonds, mortgages, deeds of trust, or other obligations which are not voting securities;

"(3) acquisitions of voting securities of an issuer at least 50 per centum of the voting securities of which are owned by the acquiring person prior to such acquisition;

"(4) transfers to or from a Federal agency or a State or political subdivision thereof;

"(5) transactions specifically exempted from the antitrust laws by Federal statute;

"(6) transactions specifically exempted from the antitrust laws by Federal statute if approved by a Federal agency, if copies of all information and documentary material filed with such agency are contemporaneously filed with the Federal Trade Commission and the Assistant Attorney General;

"(7) transactions which require agency approval under section 18 (c) of the Federal Deposit Insurance Act (12 U.S.C. 1828 (c)), or section 3 of the Bank Holding Company Act of 1956 (12 U.S.C. 1842);

"(8) transactions which require agency approval under section 4 of the Bank Holding Company Act of 1956 (12 U.S.C. 1843), section 403 or 408 (e) of the National Housing Act (12 U.S.C. 1726 and 1730a), or section 5 of the Home Owners' Loan Act of 1933 (12 U.S.C. 1464), if copies of all information and documentary material filed with any such agency are contemporaneously filed with the Federal Trade Commission and the Assistant Attorney General at least 30 days prior to consummation of the proposed transaction;

"(9) acquisitions, solely for the purpose of investment, of voting securities, if, as a result of such acquisition, the securities acquired or held do not exceed 10 per centum of the outstanding voting securities of the issuer;

"(10) acquisitions of voting securities, if, as a result of such acquisition, the voting securities acquired do not increase, directly or indirectly, the acquiring person's per centum share of outstanding voting securities of the issuer;

(11) acquisitions, solely for the purpose of investment, by any bank, banking association, trust company, investment company, or insurance company, of (A) voting securities pursuant to a plan of reorganization or dissolution; or (B) assets in the ordinary course of its business; and

"(12) such other acquisitions, transfers, or transactions, as may be exempted under subsection (d)(2)(B).

"(d) The Federal Trade Commission, with the concurrence of the Assistant Attorney General and by rule in accordance with section 553 of title 5, United States Code, consistent with the purposes of this section—

"(1) shall require that the notification required under subsection (a) be in such form and contain such documentary material and information relevant to a proposed acquisition as is necessary and appropriate to enable the Federal Trade Commission and the Assistant Attorney General to determine whether such acquisition may, if consummated, violate the antitrust laws; and

"(2) may—

"(A) define the terms used in this section;

"(B) exempt, from the requirements of this section, classes of persons，acquisitions，transfers，or transactions which are not likely to violate the antitrust laws；and

"（C）prescribe such other rules as may be necessary and appropriate to carry out the purposes of this section.

"（e）（1）The Federal Trade Commission or the Assistant Attorney General may，prior to the expiration of the 30-day waiting period（or in the case of a cash tender offer，the 15-day waiting period）specified in subsection（b）（1）of this section，require the submission of additional information or documentary material relevant to the proposed acquisition，from a person required to file notification with respect to such acquisition under subsection（a）of this section prior to the expiration of the waiting period specified in subsection（b）（1）of this section，or from any officer，director，partner，agent，or employee of such person.

"（2）The Federal Trade Commission or the Assistant Attorney General，in its or his discretion，may extend the 30-day waiting period（or in the case of a cash tender offer，the 15-day waiting period）specified in subsection（b）（1）of this section for an additional period of not more than 20 days（or in the case of a cash tender offer，10 days）after the date on which the Federal Trade Commission or the Assistant Attorney General，as the case may be，receives from any person to whom a request is made under paragraph（1），or in the case of tender offers，the acquiring person，（A）all the information and documentary material required to be submitted pursuant to such a request，or（B）if such request is not fully complied with，the information and documentary material submitted and a statement of the reasons for such noncompliance. Such additional period may be further extended only by the United States district court，upon an application by the Federal Trade Commission or the Assistant Attorney General pursuant to subsection（g）（2）.

"（f）If a proceeding is instituted or an action is filed by the Federal Trade Commission，alleging that a proposed acquisition violates section 7 of this Act or section 5 of the Federal Trade Commission Act，or an action is filed by the United States，alleging that a proposed acquisition violates such section 7 or section 1 or 2 of the Sherman Act，and the Federal Trade Commission or the Assistant Attorney General（1）files a motion for a preliminary injunction against consummation of such acquisition pendente lite, and (2) certifies to the United States district court for the judicial district within which the respondent resides or carries on business, or in which the action is brought, that it or he believes that the public interest requires relief pendente lite pursuant to this subsection—

"(A) upon the filing of such motion and certification, the chief judge of such district court shall immediately notify the chief judge of the United States court of appeals for the circuit in which such district court is located, who shall designate a United States district judge to whom such action shall be assigned for all purposes; and

"(B) the motion for a preliminary injunction shall be set down for hearing by the district judge so designated at the earliest practicable time, shall take precedence over all matters except older matters of the same character and trials pursuant to section 3161 of title 18, United States Code, and shall be in every way expedited.

"(g) (1) Any person, or any officer, director, or partner thereof, who fails to comply with any provision of this section shall be liable to the United States for a civil penalty of not more than $10,000 for each day during which such person is in violation of this section. Such penalty may be recovered in a civil action brought by the United States.

"(2) If any person, or any officer, director, partner, agent, or employee thereof, fails substantially to comply with the notification requirement under subsection (a) or any request for the submission of additional information or documentary material under subsection (e) (1) of this section within the waiting period specified in subsection (b) (1) and as may be extended under subsection (e) (2), the United States district court—

"(A) may order compliance;

"(B) shall extend the waiting period specified in subsection (b) (1) and as may have been extended under subsection (e) (2) until there has been substantial compliance, except that, in the case of a tender offer, the court may not extend such waiting period on the basis of a failure, by the person whose stock is sought to be acquired, to comply substantially with such notification requirement or any such request; and

"(C) may grant such other equitable relief as the court in its discretion determines necessary or appropriate, upon application of the Federal Trade Commission or the Assistant Attorney General.

"(h) Any information or documentary material filed with the Assistant Attorney General or the Federal Trade Commission pursuant to this section shall be exempt from disclosure under section 552 of title 5, United States Code, and no such information or documentary material may be made public, except as may be relevant to any administrative or judicial action or proceeding. Nothing in this section is intended to prevent disclosure to either body of Congress or to any duly authorized committee or subcommittee of the Congress.

"(i) (1) Any action taken by the Federal Trade Commission or the Assistant Attorney General or any failure of the Federal Trade Commission or the Assistant Attorney General to take any action under this section shall not bar any proceeding or any action with respect to such acquisition at any time under any other section of this Act or any other provision of law.

"(2) Nothing contained in this section shall limit the authority of the Assistant Attorney General or the Federal Trade Commission to secure at any time from any person documentary material, oral testimony, or other information under the Antitrust Civil Process Act, the Federal Trade Commission Act, or any other provision of law.

"(j) Beginning not later than January 1, 1978, the Federal Trade Commission, with the concurrence of the Assistant Attorney General, shall annually report to the Congress on the operation of this section. Such report shall include an assessment of the effects of this section, of the effects, purpose, and need for any rules promulgated pursuant thereto, and any recommendations for revisions of this section.".

EFFECTIVE DATES

SEC. 202. (a) The amendment made by section 201 of this Act shall take effect 150 days after the date of enactment of this Act, except that subsection (d) of section 7A of the Clayton Act (as added by section 201 of this Act) shall take effect on the date of enactment of this Act.

TITLE III—PARENS PATRIAE PARENS PATRIAE ACTIONS BY STATE ATTORNEYS GENERAL

SEC. 301. The Clayton Act is amended by inserting immediately following section 4B the following new sections:

"ACTIONS BY STATE ATTORNEYS GENERAL

"SEC. 4C. (a) (1) Any attorney general of a State may bring a civil action in the name of such State, as parens patriae on behalf of natural persons residing in such State, in any district court of the United States having jurisdiction of the defendant, to secure monetary relief as provided in this section for injury sustained by such natural persons to their property by reason of any violation of the Sherman Act. The court shall exclude from the amount of monetary relief awarded in such action any amount of monetary relief (A) which duplicates amounts which have been awarded for the same injury, or (B) which is properly allocable to (i) natural persons who have excluded their claims pursuant to subsection (b) (2) of this section, and (ii) any business entity.

"(2) The court shall award the State as monetary relief threefold the total damage sustained as described in paragraph (1) of this subsection, and the cost of suit, including a reasonable attorney's fee.

"(b)(1) In any action brought under subsection (a)(1) of this section, the State attorney general shall, at such times, in such manner, and with such content as the court may direct, cause notice thereof to be given by publication. If the court finds that notice given solely by publication would deny due process of law to any person or persons, the court may direct further notice to such person or persons according to the circumstances of the case.

"(2) Any person on whose behalf an action is brought under subsection (a) (1) may elect to exclude from adjudication the portion of the State claim for monetary relief attributable to him by filing notice of such election with the court within such time as specified in the notice given pursuant to paragraph (1) of this subsection.

"(3) The final judgment in an action under subsection (a) (1) shall be res judicata as to any claim under section 4 of this Act by any person on behalf of whom such action was brought and who fails to give such notice within the period specified in the notice given pursuant to paragraph (1) of this subsection.

"(c) An action under subsection (a) (1) shall not be dismissed or compromised without the approval of the court, and notice of any proposed dismissal or compromise shall be given in such manner as the court directs.

"(d) In any action under subsection (a) —

"(1) the amount of the plaintiffs' attorney's fee, if any, shall be determined by the court; and

"(2) the court may, in its discretion, award a reasonable attorney's fee to a prevailing defendant upon a finding that the State attorney general has acted in bad faith, vexatiously, wantonly, or for oppressive reasons.

"MEASUREMENT OF DAMAGES

"SEC. 4D. In any action under section 4C (a)(1), in which there has been a determination that a defendant agreed to fix prices in violation of the Sherman Act, damages may be proved and assessed in the aggregate by statistical or sampling methods, by the computation of illegal overcharges, or by such other reasonable system of estimating aggregate damages as the court in its discretion may permit without the necessity of separately proving the individual claim of, or amount of damage to, persons on whose behalf the suit was brought.

"DISTRIBUTION OF DAMAGES

"SEC. 4E. Monetary relief recovered in an action under section 4C (a)(1) shall—

"(1) be distributed in such manner as the district court in its discretion may authorize; or

"(2) be deemed a civil penalty by the court and deposited with the

State as general revenues; subject in either case to the requirement that any distribution procedure adopted afford each person a reasonable opportunity to secure his appropriate portion of the net monetary relief.

"ACTIONS BY ATTORNEY GENERAL OF THE UNITED STATES

"SEC. 4F. (a) Whenever the Attorney General of the United States has brought an action under the antitrust laws, and he has reason to believe that any State attorney general would be entitled to bring an action under this Act based substantially on the same alleged violation of the antitrust laws, he shall promptly give written notification thereof to such State attorney general.

"(b) To assist a State attorney general in evaluating the notice or in bringing any action under this Act, the Attorney General of the United States shall, upon request by such State attorney general, make available to him, to the extent permitted by law, any investigative files or other materials which are or may be relevant or material to the actual or potential cause of action under this Act.

"DEFINITIONS

"SEC. 4G. For the purposes of sections 4C, 4D, 4E, and 4F of this Act:

"(1) The term 'State attorney general' means the chief legal officer of a State, or any other person authorized by State law to bring actions under section 4C of this Act, and includes the Corporation Counsel of the District of Columbia, except that such term does not include any person employed or retained on—

"(A) a contingency fee based on a percentage of the monetary relief awarded under this section; or

"(B) any other contingency fee basis, unless the amount of the award of a reasonable attorney's fee to a prevailing plaintiff is determined by the court under section 4C (d)(1).

“(2) The term ‘State’ means a State, the District of Columbia, the Commonwealth of Puerto Rico, and any other territory or possession of the United States.

“(3) The term ‘natural persons’ does not include proprietorships or partnerships.

“APPLICABILITT OF PARENS PATRIAE ACTIONS

“SEC. 4H. Sections 4C, 4D, 4E, 4F, and 4G shall apply in any State, unless such State provides by law for its nonapplicability in such State.”.

CONFORMING AMENDMENTS

SEC. 302. The Clayton Act (15 U.S.C. 12 et seq.), is amended—

(1) in section 4B (15 U.S.C. 15b), by striking out “sections 4 or 4A” and inserting in lieu thereof “section 4, 4A, or 4C”;

(2) in section 5 (i) (15 U.S.C. 16 (i)), by striking out “private right of action” and inserting in lieu thereof “private or State right of action”; and by striking out “section 4” and inserting in lieu thereof “section 4 or 4C”; and

(3) by adding at the end of section 16 (15 U.S.C. 26) the following: “In any action under this section in which the plaintiff substantially prevails, the court shall award the cost of suit, including a reasonable attorney’s fee, to such plaintiff.”.

CONSOLIDATION

SEC. 303. Section 1407 of title 28, United States Code, is amended by adding at the end thereof the following new section:

“(h) Notwithstanding the provisions of section 1404 or subsection (f) of this section, the judicial panel on multidistrict litigation may consolidate and transfer with or without the consent of the parties, for both pretrial purposes and for trial, any action brought under section 4C of the Clayton Act.

EFFECTIVE DATE

SEC. 304. The amendments to the Clayton Act made by section 301 of this Act shall not apply to any injury sustained prior to the date of enactment of this Act.

SHORT TITLES FOR CERTAIN ANTITRUST LAWS

SEC. 305. (a) The Act entitled "An Act to protect trade and commerce against unlawful restraints and monopolies", approved July 2, 1890 (15 U.S.C. 1 et seq.), is amended by adding immediately after the enacting clause the following: "That this Act may be cited as the 'Sherman Act'.".

(b) The Act entitled "An Act to supplement existing laws against unlawful restraints and monopolies, and for other purposes", approved October 15, 1914 (15 U.S.C. 12 et seq.), is amended by—

(1) inserting "(a) " after "That" in the first section; and

(2) adding at the end of the first section the following new subsection:

"(b) This Act may be cited as the 'Clayton Act'.".

(c) The Act entitled "An Act to promote export trade, and for other purposes", approved April 10, 1918 (40 Stat. 516; 15 U.S.C. 61 et seq.) is amended by adding at the end thereof the following new section:

"SEC. 6. This Act may be cited as the 'Webb-Pomerene Act'.".

(d) The Act entitled "An Act to reduce taxation, to provide revenue for the Government, and for other purposes", approved August 27, 1894 (28 Stat. 509; 15 U.S.C. 8 et seq.), is amended by adding at the end thereof the following new section:

"SEC. 78. Sections 73, 74, 75, 76, and 77 of this Act may be cited as the 'Wilson Tariff Act'.".

Approved September 30, 1976.

3.《外国公司问责法》(Holding Foreign Companies Accountable Act)

An Act

To amend the Sarbanes-Oxley Act of 2002 to require certain issuers to disclose to the Securities and Exchange Commission information regarding foreign jurisdictions that prevent the Public Company Accounting Oversight Board from performing inspections under that Act，and for other purposes.

Be it enacted by the Senate and House of Representatives of the United States of America in Congress assembled，

SECTION 1. SHORT TITLE.

This Act may be cited as the "Holding Foreign Companies Accountable Act".

SEC. 2. DISCLOSURE REQUIREMENT.

Section 104 of the Sarbanes-Oxley Act of 2002 (15 U.S.C. 7214) is amended by adding at the end the following:

"(i) Disclosure Regarding Foreign Jurisdictions That Prevent Inspections.—

"(1) Definitions.—In this subsection—

"(A) the term 'covered issuer' means an issuer that is required to file reports under section 13 or 15 (d) of the Securities Exchange Act of 1934 (15 U.S.C. 78m，78o (d))；and

"(B) the term 'non-inspection year' means，with respect to a covered issuer，a year—

"(i) during which the Commission identifies the covered

issuer under paragraph (2)(A) with respect to every report described in subparagraph (A) filed by the covered issuer during that year; and

"(ii) that begins after the date of enactment of this subsection.

"(2) Disclosure to commission.—The Commission shall—

"(A) identify each covered issuer that, with respect to the preparation of the audit report on the financial statement of the covered issuer that is included in a report described in paragraph (1)(A) filed by the covered issuer, retains a registered public accounting firm that has a branch or office that—

"(i) is located in a foreign jurisdiction; and

"(ii) the Board is unable to inspect or investigate completely because of a position taken by an authority in the foreign jurisdiction described in clause (i), as determined by the Board; and

"(B) require each covered issuer identified under subparagraph (A) to, in accordance with the rules issued by the Commission under paragraph (4), submit to the Commission documentation that establishes that the covered issuer is not owned or controlled by a governmental entity in the foreign jurisdiction described in subparagraph (A)(i).

"(3) Trading prohibition after 3 years of non-inspections.—

"(A) In general.—If the Commission determines that a covered issuer has 3 consecutive non-inspection years, the Commission shall prohibit the securities of the covered issuer from being traded—

"(i) on a national securities exchange; or

"(ii) through any other method that is within the jurisdiction of the Commission to regulate, including through the method of trading that is commonly referred to as the 'over-the-counter' trading of securities.

"(B) Removal of initial prohibition.—If, after the Commission imposes a prohibition on a covered issuer under subparagraph (A), the covered issuer certifies to the Commission that the covered issuer has retained a registered public accounting firm that the Board has inspected under this section to the satisfaction of the Commission, the Commission shall end that prohibition.

"(C) Recurrence of non-inspection years.—If, after the Commission ends a prohibition under subparagraph (B) or (D) with respect to a covered issuer, the Commission determines that the covered issuer has a non-inspection year, the Commission shall prohibit the securities of the covered issuer from being traded—

"(i) on a national securities exchange; or

"(ii) through any other method that is within the jurisdiction of the Commission to regulate, including through the method of trading that is commonly referred to as the 'over-the-counter' trading of securities.

"(D) Removal of subsequent prohibition.—If, after the end of the 5-year period beginning on the date on which the Commission imposes a prohibition on a covered issuer under subparagraph (C), the covered issuer certifies to the Commission that the covered issuer will retain a registered public accounting firm that the Board is able to inspect under this section, the Commission shall end that prohibition.

"(4) Rules.—Not later than 90 days after the date of enactment of this subsection, the Commission shall issue rules that establish the manner and form in which a covered issuer shall make a submission required under paragraph (2)(B).".

SEC. 3. ADDITIONAL DISCLOSURE.

(a) Definitions.—In this section—

(1) the term "audit report" has the meaning given the term in section 2 (a) of the Sarbanes-Oxley Act of 2002 (15 U.S.C. 7201 (a));

(2) the term "Commission" means the Securities and Exchange Commission;

(3) the term "covered form"—

(A) means—

(i) the form described in section 249.310 of title 17, Code of Federal Regulations, or any successor regulation; and

(ii) the form described in section 249.220 of title 17, Code of Federal Regulations, or any successor regulation; and

(B) includes a form that—

(i) is the equivalent of, or substantially similar to, the form described in clause (i) or (ii) of subparagraph (A); and

(ii) a foreign issuer files with the Commission under the Securities Exchange Act of 1934 (15 U.S.C. 78a et seq.) or rules issued under that Act;

(4) the terms "covered issuer" and "non-inspection year" have the meanings given the terms in subsection (i)(1) of section 104 of the Sarbanes-Oxley Act of 2002 (15 U.S.C. 7214), as added by section 2 of this Act; and

(5) the term "foreign issuer" has the meaning given the term in section 240.3b-4 of title 17, Code of Federal Regulations, or any successor regulation.

(b) Requirement.—Each covered issuer that is a foreign issuer and for which, during a non-inspection year with respect to the covered issuer, a registered public accounting firm described in subsection (i)(2)(A) of section 104 of the Sarbanes-Oxley Act of 2002 (15 U.S.C. 7214), as added by section 2 of this Act, has prepared an audit report shall disclose in each covered form filed by that issuer that covers such a non-inspection year—

(1) that, during the period covered by the covered form, such a registered public accounting firm has prepared an audit report for the issuer;

(2) the percentage of the shares of the issuer owned by governmental entities in the foreign jurisdiction in which the issuer is incorporated or otherwise organized;

(3) whether governmental entities in the applicable foreign jurisdiction with respect to that registered public accounting firm have a controlling financial interest with respect to the issuer;

（4）the name of each official of the Chinese Communist Party who is a member of the board of directors of—

（A）the issuer；or

（B）the operating entity with respect to the issuer；and

（5）whether the articles of incorporation of the issuer（or equivalent organizing document）contains any charter of the Chinese Communist Party，including the text of any such charter.

Approved December 18，2020.

图书在版编目(CIP)数据

境外投资:规则与案例. 美国卷/龚柏华,伍穗龙
主编.—上海:上海人民出版社,2023
(上海 WTO 事务咨询中心系列丛书)
ISBN 978-7-208-18409-1

Ⅰ.①境… Ⅱ.①龚… ②伍… Ⅲ.①对外投资-涉
外经济法-案例-中国 Ⅳ.①D922.295.5

中国国家版本馆 CIP 数据核字(2023)第 164359 号

责任编辑 王 吟
封面设计 零创意文化

上海 WTO 事务咨询中心系列丛书
境外投资:规则与案例(美国卷)
龚柏华 伍穗龙 主编

出　　版 上海人民出版社
(201101 上海市闵行区号景路 159 弄 C 座)
发　　行 上海人民出版社发行中心
印　　刷 上海商务联西印刷有限公司
开　　本 720×1000 1/16
印　　张 16.5
插　　页 2
字　　数 270,000
版　　次 2023 年 10 月第 1 版
印　　次 2023 年 10 月第 1 次印刷
ISBN 978-7-208-18409-1/F・2823
定　　价 78.00 元